ハヤカワ文庫NF
〈NF518〉

誰が音楽をタダにした？

巨大産業をぶっ潰した男たち

スティーヴン・ウィット
関 美和訳

HAYAKAWA NONFICTION

JN128924

早川書房
8163

日本語版翻訳権独占
早　川　書　房

©2018 Hayakawa Publishing, Inc.

HOW MUSIC GOT FREE

The End of an Industry, the Turn of the Century, and the Patient Zero of Piracy

by

Stephen Witt

Copyright © 2015 by

Stephen Richard Witt

Translated by

Miwa Seki

Published 2018 in Japan by

HAYAKAWA PUBLISHING, INC.

This book is published in Japan by

arrangement with

THE GERNERT COMPANY

through TUTTLE-MORI AGENCY, INC., TOKYO.

挿画／眞柄花穂（Yoshi-des.）

愛にあふれた両親、レナードとダイアナへ

目次

主な登場人物

ディーター・ザイツァー
ブランデンブルクの師匠

エバハルト・ツビッカー
ザイツァーの師匠で
「音響心理学の父」と呼ばれる

ジェームズ・ジョンストン
声の圧縮技術の専門家で、
ベル研究所所属

KARLHEINZ BRANDENBURG
カールハインツ・ブランデンブルク
mp3生みの親で、フラウンホーファー
集積回路研究所に所属

アンリ・リンデ
mp3に出資するトムソン
のライセンス責任者

FRAUNHOFER INSTITUTE
フラウンホーファーのチーム

ベルンハルト・グリル
コンピュータプログラマー

ハインツ・ゲルホイザー
音響研究グループの責任者

ハラルド・ポップ
ハードウェア専門、のちに販売へ

エルンスト・エーバーライン
信号処理のエキスパート

ユルゲン・ヘーレ
数学の天才

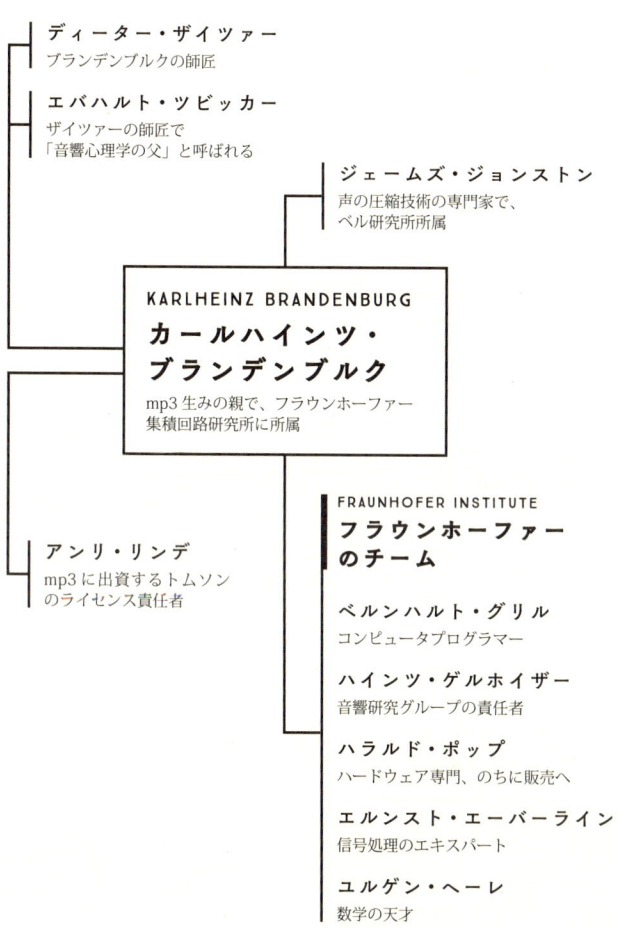

BITTORRENT ADMINISTRATORS

ビットトレント管理者

ブラム・コーエン
ビットトレント発明者

アラン・エリス
オインク・ピンクパレス運営者

DELL GLOVER

デル・グローバー
キングスマウンテン工場の従業員で世界最強の音楽海賊

MEMBERS OF “THE SCENE”

「シーン」のメンバー

カリ
リークグループ RNS のリーダー

サイモン・タイ
リークグループ RNS の
リーク責任者で、
ペンシルベニア大学の学生

パトリック・サンダース
ライバルグループから引き入れられ、
注目コンテンツのリークに成功

トニー・ドッカリー
キングスマウンテン工場の
従業員でグローバーの友人

ANTIPIRACY TEAM

海賊対策班

ピーター・ヴー
FBI のコンピュータ犯罪専門家

ジェイ・プラブー
司法省のコンピュータ犯罪担当者

DOUG MORRIS

ダグ・モリス
最強の音楽エグゼクティブ

アーメット・アーティガン
アトランティック・レコードの
創業者で伝説的な
音楽エグゼクティブ

ジミー・アイオヴィン
インタースコープ・レコードの
共同創業者

エドガー・マイルズ・ブロンフマン・ジュニア
酒造大手シーグラムの CEO で、
ユニバーサルの経営権を獲得

マイケル・フックス
ワーナー・ミュージック CEO

ヒラリー・ローゼン
全米レコード協会（RIAA）の会長

誰が音楽をタダにした？

巨大産業をぶっ潰した男たち

イントロダクション

僕は海賊版の世代だ。1997年に大学に入った時、mp3なんて聞いたこともなかった。初めての学期末に、2ギガバイトのハードドライブに海賊版の曲を何百と詰め込んだ。卒業する頃には、20ギガバイトのドライブ6台がぜんぶ満杯になった。2005年にニューヨークに引っ越した頃には、1500ギガバイトの音楽を集めていた。アルバムにするとおよそ1万5000枚だ。[1]再生待ちに1時間はかかったし、アーティストのアルファベット順に曲を並べ替えたら、ABBAからZZトップまで聞き終わるのに1年半はかかる計算だった。

僕はものすごい数の海賊版をダウンロードして、それをだれにも言わなかった。秘密を守るのは簡単だった。僕はレコード屋にも行かなかったし、パーティーでDJもしなかった。曲のファイルはチャットチャンネルで見つけたり、ナップスターとビットトレントを通して手に入れたりしていた。今世紀に入ってからは、自分のお金でアルバムを買ってない。古いレコードのコレクターは、地下室いっぱいに埃をかぶったアルバムジャケットをため込んでいるけれど、僕のデジタルコレクションは靴箱に収まる。

　聞かない曲も多かった。ABBAなんて大嫌いだし、ZZトップのアルバムは4枚も持っていたのに、正直タイトルも思い出せない。じゃあ、なんでそんなことをやってたんだろう。好奇心もあったけど、何年も経った今思いかえすと、雲の上のエリートの仲間に入りたかったんだとわかる。そう意識していたわけじゃないし、もしそうだろうと言われたら、否定していたはずだ。でもそれが海賊行為のひねくれた魅力だし、だれも気づかなかった点だ。音楽を手に入れることだけが目的じゃなかった。それ自身がサブカルチャーだったんだ。

　僕はデジタルダウンロードというトレンドの最先端にいたことになる。もし何歳か年上だったら、そこまで入れ込んだかどうかわからない。年上の友達は違法コピーをいかがわしく思っていたし、敵意をむき出しにすることもあった。音楽好きの人でさえそうだった。というか、音楽好きの人は特にそうだった。レコードの収集もサブカルチャーだったけど、そんな絶滅危惧種の人たちにとって、アルバム探しはウキウキするような挑戦だった。ガレージセールを回ったり、安売りコーナーを漁ってみたり、バンドのメーリングリストに入ったり、毎週レコード屋巡りをしたり。でも、僕やもっと若い人たちにとって、曲集めに努力はいらなかった。音楽がそこにあったからだ。困ったことといえば、どれを聞いたらいいか決められないことくらいだった。

　数年前のある日、ものすごい数の曲をブラウジングしていた時、急に根本的な疑問が浮かんだ。ってか、この音楽ってみんなどこから来てるんだ？　僕は答えを知らなかった。答えを探すうち、だれもそれを知らないことに気づいた。もちろん、ｍｐ３やアップルやナップスターやパイレートベイについては詳しく報道されていたけれど、その発明者についてはほとんど語られていないし、実際に海賊行為をしている人たちについてはまったくなにも明かされていなかった。

僕はこの疑問に取りつかれ、調べていくうちに今まで知らなかった驚きの事実を発見しはじめた。僕は、初めてのｍｐ３海賊グループによる声明書を見つけた。ファイルが古すぎて、それを見るのにＭＳ‐ＤＯＳのエミュレータが必要だったくらいだ。それから、最初のｍｐ３エンコーダのシェアウェアのデモも見つけた。発明者たちも失くしたと思っていたものだ。30年におよぶ海賊行為を記録した秘密のデータベースも見つけた。[2] １９８２年以降、すべての主な海賊グループがリークしたソフトウェア、音楽、映画のリストがそこにあった。ミクロネシアやコンゴの秘密のウェブサイトも見つけた。サイトの本当の持ち主はわからないが、パナマのペーパーカンパニーのもとに登録されていた。数千枚もの裁判資料の中に埋もれていた盗聴記録やＦＢＩの監視記録も見つけた。協力者の証言からは、人知れず進行していた世界的な陰謀の詳細が、つまびらかになっていた。

音楽の海賊行為はクラウドソーシングがもたらした現象だと僕は思い込んでいた。つまり、僕がダウンロードしたｍｐ３は世界中のあちこちに散らばった人たちがそれぞれにアップロードしたものだとイメージしていた。そうしたバラバラのネットワークが、意味のある形で組織されているとは思いもしなかった。

でもそれは間違っていた。ネット世界に住むどこかのだれかが、わからないところから持ってきたファイルもあったが、海賊版のｍｐ3の大半は、少数の組織されたグループから発信されていた。[3] 犯罪データ分析を使えば、だいたいｍｐ3の発信源を突き止めることもできた。既存の調査報道の手法も取り入れることで、僕はさらにその範囲を絞ることができた。海賊版ファイルの発信源を突き止めただけでなく、多くの場合はその日時や特定の個人を突き止めることもできた。

もちろん、本当の秘密はそこにある。インターネットは人でできている。海賊行為は社会現象だったし、どこを探せばいいかがわかれば、クラウドの中にいる個人も特定できるようになる。エンジニア、企業経営者、従業員、捜査員、犯罪者、働き疲れたサラリーマンなど、あらゆる人が加担していた。

僕はドイツから始めた。無名の発明家たちが、ビジネスに行き詰まり、なんとか生き延びようとして始めたことが、思いがけずグローバル産業を脅かすことになった。その過程で、彼らは大金持ちになった。彼らはインタビューでは本音を明かさず、自分たちの生み出した混乱から距離を置こうとしていた。時には彼らがわざと謙虚さを装っているようにさえ思えたが、僕はその成功をねたまずにいられなかった。何年間も音響研究室に自分を閉じ込めたあとで、彼らは世界を征服するテクノロジーを持って復活したのだから。

その後、ニューヨークに飛んだ僕は、ラップの世界市場を二度も席捲した70歳過ぎの有名な音楽業界のエグゼクティブに会った。彼の業績はそれだけではなかった。調査を進めるうちに、彼自身がポップミュージックだということが見えてきた。スティーヴィー・ニックスからテイラー・スウィフトまで、この40年間に出てきたすべての大物アーティストに、彼はなんらかの形で関わっていた。かつてないほど猛烈な違法コピーの氾濫に彼のビジネスも打撃を受けたけれど、彼は音楽業界と愛するアーティストを守るため果敢に闘った。僕から見ると、彼がライバルを出し抜いて成功を収めていたのは疑いようがないことだった。そのせいで、彼はこのところの音楽エグゼクティブの中で、だれよりも批判を集める存在になってしまった。

マンハッタンの高層ビルから、スコットランドヤードとFBI本部に僕は目を移した。そこでは、粘り強い捜査員のチームが、違法なデジタルコンテンツの発信源を時には何年もかけて追跡するという、だれにも感謝されない仕事を任されていた。彼らのあとを追ってイギリス北部のアパートにたどり着いた僕は、究極の音楽オタクに出会うことになる。彼が持っていたデジタルライブラリーは、『バベルの図書館』を著したボルヘスでさえ感動させられるほどすごかった。そこから飛んだシリコンバレーでは、ある起業家が世界をあっと言わせるテクノロジーを開発していたが、それをおカネにすることには完全に失敗していた。そこから僕はアイオワに、それからロスに飛び、そしてまたニューヨークに戻り、ロンドン、サラソタ、オスロ、ボルティモア、東京に向かい、その後長い間行き詰まっていた。

そして、やっとノースカロライナの西にある田舎町にたどり着いた。一見、グローバルなテクノロジーや音楽の中心地からは遠く離れた、思いがけない場所だった。そこは、ぼろいバプティスト教会と無名企業しかないような、シェルビーという町だ。この町で、ある男がほとんどだれとも関わりを持たずに、8年もの年月をかけて海賊音楽界で最強の男としての評判を揺るぎないものにしていた。僕が入手したファイルの多くは、というかおそらくほとんどは、もともと彼から出たものだった。彼はインターネットの違法ファイルの「第一感染源」だったのに、彼の名前はほとんどだれにも知られていなかった。

僕は3年以上かけて彼に信頼してもらおうと必死で努力した。彼のお姉さんの農家の居間にお邪魔して、何時間も話し込んだ。彼が教えてくれたのは、ありえないことだった。信じられないと思うこともあった。でも、すべての細かい事実に裏付けが取れ、僕はインタビューの最後にこう聞かずにいられなかった。

「なんでこのことを今までだれにも話さなかったんだ？」

「あぁ、だって聞かれなかったから」

1章　mp3が殺される

mp3の死が宣告されたのは、1995年の春、ドイツのエアランゲンの会議室だ。中立であるべき専門家たちがmp3をこき下ろし、ライバルのmp2に軍配を上げて、トドメを刺した。mp3の開発者は、これが死刑宣告に等しいことを知っていた。公的な資金は底をつきかけ、企業スポンサーからは見放され、4年間も売り込みを続けていたのに長期契約のクライアントはひと組も見つかっていなかった。

会議室の目はカールハインツ・ブランデンブルクに集まった。彼が、mp3技術の開発の原動力で、このチームのリーダーだ。大学院時代の研究がmp3技術の基礎になり、彼はこの8年間商業化を目指して働いてきた。ブランデンブルクには野心と頭脳があり、音楽の未来について、周囲を巻き込むビジョンを持っていた。彼のもとで15人のエンジニアが働き、100万ドルの研究資金も与えられていた。だけど、今回の宣告で、チームは墓場に追い込まれたも同然だった。

ブランデンブルクは、お世辞にもリーダーらしく見えなかった。背はすごく高かったけれど猫背で、ジェスチャーも奇妙だった。貧乏ゆすりが止まらず、ひょろ長い身体を前後に揺らし、話す時には頭を回しながらうなずいていた。暗い色の髪を長く伸ばしたままで、いつも緊張したような薄ら笑いを浮かべ、口元からはでこぼこの小さな歯が見えていた。細い金属フレームのメガネの奥に、暗くて細い目が覗き、不揃いのひげがあちこちに飛び出していた。

彼は小さな声で、長く文法的に完璧な文章を話し、その間に短く鋭い息つぎを挟んでいた。礼儀正しく、親切すぎるほど親切で、相手にくつろいでもらおうといつも精一杯努力していたが、それが逆にぎこちなかった。口を開くと、技術的な細かいことをとめどなく話してしまい、相手が退屈していることを感じると、時折つまらないジョークをぼそぼそとつぶやいた。彼の中で、ふたつの強烈な個性が結びつき、それがぎこちなさとして表れていた。ひとつはエンジニアらしい懐疑心。もうひとつは典型的なドイツ人らしい堅苦しさだ。

でも、頭は抜群に良かった。数学の才能は飛びぬけていて、同世代のライバルはみな彼を羨んでいた。ライバルたちもみな難しい学術分野で秀でた成績を残し、競争の激しい分野のトップに立ってきた男たちだ。普通は自分の知性を謙遜などしない彼らが、ブランデンブルクのことを話す時には、傲慢さは消え、静かに告白するような口調に変わっていた。「彼は数学の天才だ」[1]という人もいれば、「本当にすごく頭がいい」という人もいた。「僕が解けなかった問題を彼は解いた」と語った人もいた。それは、エンジニアにとってなによりも恥ずかしい告白だった。

ブランデンブルクは、反論を受けると、間《ま》をとり、目を細め、その反論に科学的な欠陥を見つけて論破する。反対する時の彼の声は聞こえないほど小さくなり、どんな時にもかならずデータを持ち出して自分の主張を注意深く守っていた。あの会議室で、彼は委員会に最後の反論をしたが、ｍｐ3はささやきとともに消えていった。

敗北はいつもつらいものだけど、今回は特にこたえた。というのも、13年間の努力の末に、ブランデンブルクはデジタルオーディオ分野でそれまでだれにも解けなかった大きな問題に、ひとつの答えを見出していたからだ。その時に却下された研究の基礎は数十年前にさかのぼり、1970年代の終わりからエンジニアたちはｍｐ3に近い技術を理論的には打ち立てていた。そしてやっとこの澱《よど》んだ科学の水たまりから、美しいなにかが現れていた。3世代にわたる探究からきちんとした成果が生まれていたのだ。ただし、その会議室にいたスーツ姿の男たちには、それがわかっていなかった。

ブランデンブルクの論文指導者は、ディーター・ザイツァーという名の、ハゲで声の大きなコンピュータエンジニアで、ブランデンブルクがこの道に入ったのはザイツァーの指導だった。ザイツァー自身もエバハルト・ツビッカーという強迫的な研究者に論文を指導してもらっていた。ツビッカーは「音響心理学」の父と呼ばれる人物だ。音響心理学はあまり知られていない学問で、人間がどのように音を認識するかを科学的に研究するものだ。ザイツァーはツビッカーの弟子というだけでなく、音に関する実験対象であり、なによりも永遠のライバルだった。10年近くにわたって、ふたりは平日には欠かさず昼食後に卓球をし、1時間もピンポン玉を思い切り打ちながら、ツビッカーはザイツァーに人間の知覚の限界について講釈を垂れていた。[2] 現実の被験者を対象にした数十年にわたる研究からツビッカーが発見したのは、人間の耳はマイクのように機能しないということだった。耳は適応型の器官で、自然選択によって①言語を聞き取って解釈し、②大型の肉食動物から身を護るための早期警戒システムとして働くようになっていた。

これらの目標を満たすのにちょうどいい程度に耳は機能するが、それ以上の能力はない。だから、耳にはもともと構造的な欠陥があり、ツビッカーの研究はそうした欠陥がかなり広い範囲にわたって存在することを明らかにしていた。たとえば、半音以上ずれた音を同時に聞けば、だれにでも違いがわかるが、ツビッカーはピッチを近づけていくことで、まるでひとつの音を聞いているように思わせることができると気がついた。特に、ピッチの低い音を高い音より大きくすると、そうだった。また、音と音の間に半秒の間があればだれでも区別できるが、その間を数ミリ秒に縮めると、音が同時に聞こえることも発見した。ここでも、片方の音を大きくすると、効果は高まった。このような「マスキング効果」が積み重なると、人間が耳にしているつもりのものは現実ではなくフィクションだとも言えた。

ザイツァーはそのうちに師匠を超えていった。ツビッカーは解剖学者で、彼の知見はアナログ時代の産物だった。それに対してザイツァーはコンピュータ科学者で、デジタル化時代の到来を予想していた。とりわけ、ツビッカーによる聴覚の欠陥の研究を利用すれば、少量のデータでハイファイ音楽を保存できるようになるのではないかと思っていた。このアナログとデジタルの組み合わせが彼に人と違う視点を与えていた。1982年にコンパクトディスクが登場すると、エンジニア仲間はみなこれを歴史的な快挙だと讃えた。ザイツァーだけが、持ち上げすぎだと冷ややかに見ていた。「完璧なサウンドを永遠に」[3]という宣伝文句を見ても、ザイツァーには、人の耳には区別できないどうでもいい情報をすべて詰め込んだ記録媒体にしか思えなかった。CDのデータのほとんどは不要なものだ。人間の聴覚はすでにそれを排除していた。

その同じ年、ザイツァーはデジタルジュークボックスの特許を申請した。これは実にすっきり洗練された音楽流通モデルで、ドイツでちょうど敷設されはじめた新しいデジタル電話線を通して消費者は中央のコンピュータ・サーバーにダイヤルし、キーボードを打つだけで音楽を購入できる。数百万枚ものディスクを焼いてケースに入れて店で売るより、すべてをひとつの電子的なデータベースに保存して、必要に応じてアクセスする方がいい。会員制のサービスなら、電話とステレオを直接つなげることで、物理的な流通にあるたくさんの非効率を省くことができる。

でも、特許は通らなかった。初期のデジタル電話線はかなり原始的で、CDに詰め込まれた大量のオーディオデータをその細い線で送ることは不可能だったのだ。ザイツァーの仕組みがうまくいくには、ファイルのサイズを12分の1にしなければならず、[4]当時のデータ圧縮技術ではそのレベルにはまったく届かなかった。ザイツァーは特許審査官と何年もやり合い、ツビッカーの重要な発見を引き合いに出したが、現実的な実行計画がない中で、望みはなかった。結局、ザイツァーは申請を取り下げた。

それでも、彼はずっとそのアイデアを引きずっていた。ツビッカーが人間の聴覚の限界を明らかにしてくれたのだから、残りの仕事はその限界を数字で表すことだ。ザイツァー自身はこの問題を解くことができず、これに挑戦していたその他の研究者も解けていなかった。そこで、熱心に自分の弟子を指導して、この問題に向かわせた。電気工学を学んでいたカールハインツ・ブランデンブルクという若者は、ザイツァーがそれまでに出会ったもっとも優秀な生徒のひとりだった。

ブランデンブルクはひそかに、ザイツァーは変わり者の聴覚実験家と10年も卓球をしているうちに頭がおかしくなってしまったのではないかと疑っていた。デジタル時代の情報は、「ビット」と呼ばれるゼロか1の二進単位で保存されるが、できるだけビット数を減らすためにデータを圧縮する。音楽CDは、1秒のステレオサウンドの保存に140万ビット以上も使っていた。ザイツァーの目標はそれを12万8000ビットまで圧縮することだった。

ブランデンブルクはありえないと思っていた。200ドルの予算で自動車を作れと言うようなものだ。だけど一方で、自分自身の野心を満たすにはいい目標だとも思った。その後3年間この問題に取り組み続け、1986年のはじめにそれまでだれも手をつけていなかった方向性を発見した。彼はそのアイデアを「合成による分析」と呼び、限られたビットをどう割り当てるかを数学モデルで表すため、それからの数週間は不眠不休で働いた。

ブランデンブルクはまず、音を分解することから始めた。「サンプラー」を使って、入ってくる音を1秒ごとの断片に分けた。さらに「フィルタバンク」を使ってそれを周波数ごとに分類した（プリズムが光を分光するように、フィルタバンクは音を分解する）。すると、ごく短い音の断片を狭い周波数帯で分けた、時間と周波数の網目ができる。これがオーディオ版の「ピクセル」だ。

それから、ブランデンブルクはツビッカーの発見した4つの音響心理学のトリックを使って、このオーディオ版のピクセルをコンピュータでさらに簡素化した。

まず、人間の聴覚は一定の周波数をもっともよく聞き分け、それは人間の声の周波数帯に近い。その範囲を超えるとだんだん聞こえなくなり、特に高くなると聞こえにくくなる。ということは、その周波数帯の両極にはあまりビットを割り当てる必要がない。

次に、ピッチの近い音はお互いを打ち消し合いがちだ。特に低い音は高い音を消すので、複数の楽器が重なる音楽をデジタル化する場合には、たとえばバイオリンとチェロの音が同時に響く場合には、バイオリンにビットを少なく配分すればいい。

3つ目に、大きなバンという音のあとの雑音はかき消される。そこで、たとえば決まった間隔でシンバルが鳴るような音楽をデジタル化する時には、そのシンバル音の直後の数ミリ秒へのビット配分は少なくていい。

4番目に、そして奇妙なことに、大きな音の前にくる雑音も打ち消されることがわかった。なぜなら、耳が知覚を処理するのに数ミリ秒かかり、突然大きな音が入ってくると、この処理が邪魔されてしまうからだ。シンバル音の場合には、シンバルが鳴る前の数ミリ秒も、ビットの割り当ては少なくてすむ。

数十年分の実験データに基づいて、ブランデンブルクはビットの配分を決めた。だがこれは第一歩に過ぎなかった。彼の本当の業績は、このプロセスを反復する方法を見つけたことだ。言い換えると、彼のビット配分のアルゴリズムから生まれたアウトプットをまたアルゴリズムに戻し、もう一度それを走らせることができるようになったのだ。そしてこれを何度でも好きなだけ繰り返し、そのたびに使うビット数を減らして、音声ファイルのサイズを好きなだけ小さくできるようにした。もちろん、音質は下がる。コピーのコピーや、4回もダビングしたカセットのように、アルゴリズムを走らせるたびに、音質は下がっていく。実際に、このプロセスを100万回繰り返すと、1ビットしか残らなくなる。でも、ちょうどいいバランスを見つけられれば、人間の耳で実際に聞き取れるだけのビット数を使って、音質を保ちながらファイルを圧縮できる。

ところが、すべての音楽作品が複雑な楽器演奏から成るわけではない。バイオリン協奏曲には、ありとあらゆる音響心理学的な重複がある。でも、バイオリンソロならそこまでではない。シンバルのシャーンという音も、同じ旋律をなぞるチェロも、高音も処理する必要がなく、純粋なトーンだけで、隠れる場所がない。ここでブランデンブルクにできるのは、自分のメソッドで圧縮したあと、まったく別の手法を使うことだった。

「ハフマン符号」と呼ばれるこの手法は、コンピュータ科学者の草分けとして知られるMITのデビッド・ハフマンによって1950年代に開発された。情報時代の夜明けにいたハフマンは、ビットを節約したければ、パターンを探さなければならないことに気づいていた。

パターンがあれば、反復できるからだ。そうすれば、パターンが起きるたびにいちいちビットを配分しなくても、一度配分してしまえば、必要な時に同じことを繰り返せばいい。彼の情報理論に、バイオリンソロ曲はぴたりと当てはまった。振動する弦、予想できる切れ目、反復される音のパターン。

ふたつの手法はお互いを完璧に補い合っていた。複雑に重なり合う雑音を処理するブランデンブルクのアルゴリズム。純粋でシンプルな音を処理するハフマン符号。そのふたつの組み合わせは、数十年にわたる音響心理学の研究と、情報理論の基本的な原則を結び付けた。1986年の半ばまでには、ブランデンブルクは実際のデモンストレーションができるような原始的なコンピュータプログラムを書き上げるところまで行っていた。それは彼のキャリアを代表する業績だった。オーディオデータのビット数を究極まで減らす方法を実証してみせたのだ。その時ブランデンブルクは31歳だった。

彼はまだ博士論文も書き上げていないのに、最初の特許を取得した。大学院生にしては珍しく、ブランデンブルクは市場の大きな可能性に興味を持っていた。彼ほど頭が良ければ学者としての将来は確実に保証されていたのに、彼自身が学問の道にあまり興味を持てなかった。ブランデンブルクは子供の頃に偉大な発明家の伝記を読み、小さな時から自分の手でなにかを作るのが大好きだった。ベルのように、エジソンのように、ブランデンブルクもまた発明家だった。

その夢は叶えられそうだった。ツビッカーから逃れたザイツァーは、キャリアのほとんどをＩＢＭで過ごし、基本的な特許を取得し、商業的な勘を身につけていた。そして、大学院生の弟子にも同じことを勧めていた。ブランデンブルクの音響心理学分野での成果を見たザイツァーは、ブランデンブルクに大学から出て、近くのフラウンホーファー集積回路研究所に行くよう背中を押した。ここは、バイエルン州が新設してザイツァーが監督していた、テクノロジーのインキュベーターだった。

この研究所は、フラウンホーファー協会の一部門だった。フラウンホーファー協会とはドイツ全土に数多くの拠点を持つ巨大な公的研究機関だ。ドイツ版のベル研究所と言っていい。フラウンホーファーは、さまざまな学術分野の有望な研究に税金を投入し、研究の成果が出ると大手有名企業と商業的な契約を結んでいた。ブランデンブルクのアイデアが収入になることを期待して、フラウンホーファーは最先端のスーパーコンピュータや、ハイエンドの音響機器、著作権の専門家、そして優れたエンジニア人材をブランデンブルクに与えた。

人材は成功への鍵だった。ブランデンブルク方式は複雑で、コンピュータにさえ難しいような複数の演算処理を同時に行う必要があった。１９８０年代のコンピュータ能力はそのレベルにぎりぎり届くか届かないかのところにあり、アルゴリズムの効率が鍵になった。ブランデンブルクには、大学院レベルの数学的コンセプトを完璧なコンピュータコードに変えてくれる、カフェイン中毒のスーパースターが必要だった。そしてフラウンホーファーで、その男を見つけた。26歳のコンピュータプログラマー、ベルンハルト・グリルだ。

グリルはブランデンブルクより背が低く、はるかに落ち着いていた。顔が大きく、親しみやすく、砂色の髪を少し伸ばしていた。ブランデンブルクよりも声は大きく、情熱的で、その話は自然でまとまりがあった。彼も冗談を口にした。あまり笑えない冗談だったが、ブランデンブルクよりはるかにましだった。

音響の世界で、グリルは目立っていた。エンジニアっぽくなかったからだ。グリルもブランデンブルクと同じバイエルンの出身だったが、ボヘミアン的な雰囲気があった。ゆるいオタクといった感じのグリルは、もしアメリカに住んでいたらサンダルとアロハシャツでも着ていそうなタイプだった。おそらく生い立ちがそうさせるのだろう。ブランデンブルクは父親も大学教授で、フラウンホーファーの研究者はみな中流家庭の出身だったが、グリルの父親は工場労働者だった。ブランデンブルクにとって大学教育は当たり前で、生まれつきの権利だと思っていたが、グリルにとっては大きな意味があった。

グリルは、彼なりのやり方で典型的なドイツ人のメンタリティに反抗していた。もともとグリルの情熱は音楽にあった。幼い頃にトランペットに出会い、10代になるまでに日に6時間も練習していた。20代の一時期には9ピースのスウィングバンドでプロとして演奏していたこともある。音楽では生活できないことがわかると、エンジニアリングに戻り、コンピュータを勉強するようになった。それでも、心の中心にはいつも音楽があり、彼は何年もかけてさまざまなジャンルの膨大な数のレコードを集めていた。グリルのもうひとつの趣味はラウドスピーカーを作ることだった。

ブランデンブルクとグリルに、4人のフラウンホーファーの研究者が加わった。ハインツ

・ゲルホイザーはこの研究所の音響研究グループの責任者だった。ハラルド・ポップはハードウェアの専門家。エルンスト・エーバーラインは信号処理のエキスパート。ユルゲン・ヘーレは大学院生で、ブランデンブルクに匹敵する数学の天才だった。のちにこのグループは自分たちを「オリジナル・シックス」と呼ぶようになる。

1987年から、彼らはブランデンブルクの特許をもとにした商業製品の開発にすべての時間をつぎ込んだ。開発の方向性は2通りあった。ひとつはブランデンブルクの圧縮アルゴリズムを使って音楽を「ストリーミング」すること。つまり、ザイツァーが夢見たように、中央サーバーから直接ユーザーに音楽を送ることだ。もうひとつは、この圧縮アルゴリズムを使って音楽を「保存」すること。つまりユーザーがパソコンにファイルを保存して、再生できるようにすることだ。どちらにしろ問題は容量で、データを12分の1に圧縮することが鍵だった。

開発はなかなか進まなかった。コンピュータ自身がまだ生まれたてで、チームは装置のほとんどを手で組み立てていた。研究室はケーブルとスピーカーと信号処理装置とCDプレーヤーとウーファーとコンバーターに埋もれていた。ブランデンブルクのアルゴリズムをプログラム可能なチップ上にコードとして直接書き入れなければならず、その作業には何日もかかった。チップができたら、今度はそれを使ってCDから10秒のサンプルを圧縮し、オリジナルと聞き比べて違いが聞き取れるかを試した。違いがわかれば、といってもはじめの頃はほとんど毎度そうだったが、アルゴリズムを修正して、また同じことを試した。

彼らはピッコロを使って、高い音から始め、音階を下っていった。子供の頃から音の世界に取りつかれていたグリルにとって、この圧縮技術が商業化にほど遠いと感じられた時期もあった。エンコーディングが「ぼやけて」いて、水の中で音が鳴っているように聞こえることもあった。AMラジオの雑音のように「ざざっ」というような電子音が入ることもあった。同じ録音を二度かぶせたように「重複音」が聞こえることもあった。最悪だったのは「先行音」で、曲のフレーズの不気味な残留音が数ミリ秒前に突然鳴り出すこともあった。

ブランデンブルクの数式は優雅で、美しいとも言えたが、乱雑な聴覚の現実をすべて組み入れてはいなかった。人の聴覚をきちんとモデル化するには、人間相手の実験が必要だった。その被験者は、どこがどんな風にダメなのかをグリル並みに言葉で言い表せるように、訓練を受けた人でなければならなかった。それができるようになったあとで、何千回ものランダム化された二重盲検法による比較試験を行う必要があった。

グリルはこの恐ろしく時間のかかる実験に熱心に取り組んだ。彼はいわゆる「神の耳」を持っていた。微分音を聞き分け、子供と犬にしかわからない周波数に反応した。調香師が香りに向き合うように、グリルは音に向き合った。この研ぎ澄まされた感覚から、彼は特定の知覚現象に名前をつけ、段階をつけるようになった。それは、ほかの人には絶対に発見できない、現実のひとつの側面だった。

実験対象に使う音楽選びを任されたグリルは、彼自身の膨大なCDのコレクションから思いつくかぎりすべてのジャンルの音楽を選んでいった。ファンク、ジャズ、ロック、R&B、メタル、クラシック。彼の嫌いなラップ以外のすべてのジャンルが揃っていた。ブランデンブルクのアルゴリズムがどんな音楽でも扱えることを証明するために、見つけられるものはすべて投入したかった。フラウンホーファーの豊富な研究費のおかげで、グリルは音楽以外にも、風変わりな雑音を収集するようになっていた。訛りの強い早口のしゃべりを録音したもの。鳥の鳴き声や群衆の雑音。カスタネットを打つ音や、調律の狂ったハープシコードの音色。シアトルのボーイング本社を訪ねた時にギフトショップで見つけた、ジェットエンジンの轟音のサンプルは、グリルのお気に入りだった。

グリルの指示で、研究所はひとつ数千ドルもするスタックス製のヘッドフォンをいくつか買い入れた。この日本製の「静電型イヤースピーカー」は、レンガほども大きく、専用アンプが必要だった。実用的でないし高価だったけれど、グリルはスタックスのヘッドフォンを、音響の歴史上最高の逸品だと思っていた。このヘッドフォンはどんなささいな欠点も嫌になるほどはっきりと表に出し、デジタル処理の不具合を浮かび上がらせたため、継続的な改善のサイクルを速めてくれた。

SFに出てくる小型化ビームのように、圧縮アルゴリズムも目標とするアウトプットの容量をさまざまに設定できた。[5] サイズを半分にすると、普通に聞こえた。4分の1にすると、まあまあといったところだった。1988年3月に、ブランデンブルクはピアノソロの録音だけを取り出して、圧縮率を、無謀と思えたザイツァーの目標まで、つまりCDの12分の1まで上げてみた。その結果は、エラーだらけで聞くに堪えなかった。ピアニストが「酔っぱらって」演奏しているみたいだった。でも、この不愉快な経験がブランデンブルクの自信になり、そこで初めて、もしかしたらザイツァーの夢がかなうかもしれないと思いはじめた。

処理能力の増加が進歩に拍車をかけた。1年もしないうちに、ブランデンブルクのアルゴリズムは多種多様な録音音楽に対応できるようになっていった。チャイコフスキーの序曲「1812年」でひとつの山を超え、それから、トレーシー・チャップマン、続いてグロリア・エステファンのトラックでも成功を収めた（グリルはラテン音楽にはまっていた）。1988年の終わりには初めて買い手がつき、世界初のmp3エンドユーザーに手作りのデコーダーを出荷した。買ってくれたのは、サイパンの離島にある伝道教会が運営していた小さなラジオ局だった。

だが、どうしても解決できない音源があった。グリルはそれを、拙い英語で「さびしい声《ローンリー》」と呼んでいた（「切り離された声《ローン》」と言いたかったのだと思う）。人間の話し声は、それだけを切り離すと、音響心理学でマスキングできない。ハフマンのパターン認識の手法も使えない。人の話し声には動きがあり、破裂音があり、歯擦音があり、声門閉鎖音がある。ブランデンブルクの圧縮アルゴリズムは、交響曲も、ギターソロも、大砲も、なんならグロリア・エステファンの「オイエ・ミ・カント」だって処理できたのに、ニュース放送にはまだ対応できなかった。

行き詰まったブランデンブルクは、「さびしい」声のサンプルだけを切り離してみた。最初に、ずっと音響エンジニアを悩ませていた、難しいドイツの方言の録音で試してみた。次に試したのは、1987年にラジオでヒットしたスザンヌ・ヴェガの「トムズ・ダイナー」だ。イントロのアカペラを憶えている人も多いだろう。こんな感じだ。

ドゥ、ドゥ、ドア、ドゥ
ドゥ、ドゥ、ドア、ドゥ
ドゥ、ドゥ、ドア、ドゥ
ドゥ、ドゥ、ドア、ドゥ

スザンヌ・ヴェガの声は美しかった。でも初期のステレオエンコーディングでは、ネズミがテープをひっかいているようにしか聞こえなかった。

1989年、ブランデンブルクは論文審査に合格し、博士号を手に入れた。それから研究奨学金を受けて、ニュージャージー州のマリーヒルにあるAT&Tのベル研究所に声のサンプルを持っていった。ベル研で、ブランデンブルクは、ジェームズ・ジョンストンという声の圧縮技術の専門家と一緒に働いた。ブランデンブルクにとってのジョンストンは、ライプニッツにとってのニュートンと同じ存在だった。[6] ジョンストンは独自に、ブランデンブルクとまったく同じ音響心理学の数学モデルを、ほぼ同時期に開発していた。最初はお互いに縄張り争いをしていたが、ふたりは協力することに決めた。1989年の間はずっとエアランゲンとマリーヒルでリスニング実験を並行して行っていたが、アメリカ人の被験者はドイツ人よりも気が短かった。ネズミにかじられたような、4秒間の「トムズ・ダイナー」のサンプルを何百回も繰り返し聞かされていたベル研のボランティアたちが、もう嫌だと言い出したので、ブランデンブルクは自分が被験者になるハメになった。ベルリンの壁が崩壊した時も、彼はニュージャージーでスザンヌ・ヴェガを聞いていた。

ジョンストンはブランデンブルクをすごいと思った。ジョンストン自身もそれまでずっと研究者に囲まれていたし、頭のいい人には慣れていたが、ブランデンブルクほど必死に働く人は初めてだった。ふたりの協力からいくつかのブレークスルーが生まれ、まもなくネズミのひっかくような音は消えた。1990年のはじめにブランデンブルクはほぼ完成品に近いものを持ってドイツに戻った。たくさんの圧縮サンプルが、完全に「透明な」状態を証明していた。グリルのような特別に耳のいい人間が最高の機器を使っても、オリジナルのCDと聞き分けのつかないところまできていた。

感心したAT&Tは、この技術に正式に資金を提供することにした。フランスの家電メーカー、トムソンも資金提供と技術支援を始めた。長らく日の目を見なかった音響心理学に突然注目が集まる中で、どちらの企業もこの分野の先端技術を探していたところだった。ヨーロッパでも、日本でも、アメリカでも、研究チームが同じ問題に取り組み、ほかの大企業もしのぎを削っていた。フラウンホーファーよりも確立されたライバルを支持する企業も多かった。仲裁に入ったのが、MPEG（動画専門家グループ）だ。MPEGとは標準規格を決める委員会で、いまだにこのグループがどの技術を市場に出すかを決めている。[7] 1990年

6月にこのMPEGがストックホルムでコンテストを開き、競合する規格の正式なリスニング実験を行った。

90年代の幕が開くと、MPEGは破壊的イノベーションの時代に備えて、HDTVやデジタルビデオディスクといった近未来のテクノロジーの標準規格を設定しようとしていた。動画専門家のグループとして、はじめは動画の品質だけに焦点を当てていた。音声圧縮の問題は二の次だった。もうサイレント映画を見る人はいないんじゃないかとブランデンブルクに言われて、音声にも取り組みはじめた（これは、ブランデンブルクのお気に入りの笑い話だった）。

MPEGが規格を承認すれば、巨額のライセンス料が入ることになるが、それが難しいこともブランデンブルクは知っていた。ストックホルムのコンテストでは、10種類の音声について評価されることになっていた。[8] オーネット・コールマンのソロ演奏。トレーシー・チャップマンの歌う「ファスト・カー」。トランペットのソロ。鉄琴。花火の録音。2種類のベースのソロ。10秒のカスタネットのサンプル。ニュース放送の一部。そしてスザンヌ・ヴェガの歌う「トムズ・ダイナー」だ（最後のひとつはフラウンホーファーが提案した）。審査員は中立的な参加者で、スウェーデンの大学院生から選ばれた。高い周波数も聞き取れる健康な聴覚を持つ人が必要だったので、審査員には若者が多かった。

MPEGが主催するこのコンテストには、14のグループがエントリーした。それは中学校の科学コンテストのようなものだったが、将来の賭かった戦いだった。コンテスト前夜には、参加グループが非公式なデモンストレーションを行った。ブランデンブルクには勝つ自信があった。未翻訳のツビッカーの研究を入手できる自分たちが、圧倒的に有利だと思っていた。

翌日、耳のいい金髪のスカンジナビアの若者が集まり、14種類の方式で処理された「ファスト・カー」を午前中ずっと聞いていた。リスナーは音質を5段階で評価した。MPEGが評価を集計し、結果を発表した。結果は同点首位だった。トップはフラウンホーファーだったが、ミュージカムというグループがほぼ同点につけていた。ほかのグループには大差をつけていた。

フラウンホーファーがここまで強いとは、だれも予想していなかった。彼らはダークホースだった。研究機関のお抱え院生グループが大企業を相手に張り合っていたのだから。ミュージカムはこの手のコンテストの典型的な勝者だった。ヨーロッパの4つの大学からの潤沢な資金を受け、オランダの家電メーカーでCDの特許を持つフィリップスとの強力なつながりがあった。またドイツ人の研究者も数人抱えていて、ブランデンブルクはこれを偶然ではないと思っていた。彼らもまた、未翻訳のツビッカーの研究を読んでいた。

同点を予想していなかったMPEGは、勝ちを決める方法を考えていなかった。フラウンホーファー方式は少ないデータでより良い音質を出せるが、ミュージカム方式は処理能力が低くて済む。この差は自分たちに有利だとブランデンブルクは感じていた。新しいチップの登場ごとにコンピュータの処理速度は上がり、およそ2年ごとに2倍に伸びていた。回線の容量を拡げるのははるかに大変だった。道路を掘り起こし、何千マイルものケーブルを取り替えなければならないのだから。だから、MPEGは処理能力よりも回線容量を優先させるべきだとブランデンブルクは思い、何度もそれをMPEGに訴えた。だが、無視されているような気がしていた。

ストックホルムのあと、チームは何か月もMPEGの決定を待っていた。1990年10月に東西ドイツが統一され、グリルは相変わらずブランデンブルクのアルゴリズムをお気に入りの新曲に使おうと忙しい日々を送っていた。スコーピオンズの「ウィンド・オブ・チェンジ」だ。11月、卓球好きの音響研究者、エバハルト・ツビッカーが66歳でこの世を去った。1991年1月、フラウンホーファーのチームは最初の商業製品を発売した。10キロ以上もする無線放送装置で、統一後のベルリンのバスシェルターに備えつけられた。

やっとMPEGがフラウンホーファーに妥協案を打診してきた。[9] 複数の規格を承認するという。その中にフラウンホーファーも含まれるが、ミュージカムが定めたルールに従えば、という条件付きだった。特に、「多相直交フィルタバンク」という特許で守られた醜悪な技術を使えという。ここまで醜い技術も珍しかった。確かに、なんらかのフィルタバンクは必要だった。光にとってのプリズムと同じように、音を周波数で分けるテクノロジーは必要だ。でも、フラウンホーファーチームはすでに独自のフィルタバンクを持っていたし、その技術になんの問題もなかった。別のフィルタバンクを加えればアルゴリズムがますます複雑になるだけで、音質は上がらない。しかも、そのコードの特許はフィリップスが持っていて、フラウンホーファーの利益を最大のライバルに渡すようなものだった。長く熱い議論のあとに、ブランデンブルクはとうとう妥協することにした。MPEGの承認がなければ、未来はないと思ったからだ。だけど、ほかのメンバーはぼったくりにあったように感じていた。

1991年4月、MPEGは規格の承認を発表した。14グループのうち3方式だけが残った。最初の規格は、MPEGオーディオレイヤーIで、デジタルカセットテープ用の圧縮方式だったが、発表された時点でデジタルカセットテープ自体が時代遅れになっていた。それからほかのふたつの方式が発表された。規格名はMPEGの委員会が付けると決まっていた。ひとつはミュージカムの方式で、MPEGオーディオレイヤーIIと名付けられたが、今ではmp2と言った方がわかりやすい。そしてブランデンブルクの方式はMPEGオーディオレイヤーIIIとされた。これが今のmp3だ。[10]

協力の枠組みを作ろうとしたMPEGは、逆に規格競争に火をつけてしまった。mp3は技術的に優れていたが、mp2は知名度が高く、資金力豊富な企業からの支援があった。ミュージカムを操っているのはフィリップスで、フィリップスには先見の明があった。フィリップスはCDのライセンスで莫大な利益をあげていたのに、CD売上がレコードを上回り始めたばかりの1990年にはもう、次に来る代替技術で市場を押さえることを見据えていた。

フィリップスは遠い先を見据えて戦略を立て、したたかに立ち回ることで戦略を補強していた。この頃までに、ブランデンブルクとグリルは、フィリップスが背後でMPEGに手を回し、決定に影響を与えているに違いないと疑いはじめていた。アメリカ人のジョンストンもえこひいきがあったと思っていたし、3つの規格を認めるなんて意味がないと小ばかにしていた。MPEGは、ひいきのチームが負けそうになったから、あわてて最後の最後にルールを変更したというわけだ。ブランデンブルクもグリルもジョンストンも、なぜそうなったのかを同じ言葉で表現していた。「政治」だ。人脈や企業の意図が純粋な科学的データに勝ってしまう、嫌な状況だった。

MPEGは決定を擁護し、えこひいきはなかったと言った。ミュージカムの研究者は疑いをかけられて憤慨していた。それでも、歴史を振り返れば、19世紀末に起きたAC対DCの「電流戦争」から1980年代のVHS対ベータ闘争まで、最高の技術ではなくもっとも腹黒い者が勝利を手にしてきたことは明らかだった。エジソンからソニーまで、自分たちの規格をうまく宣伝し、賢くライバルの裏をかいた者が利権を手に入れてきた。規格「戦争」と呼ばれるゆえんはそこにある。

若くて世間知らずな学者の集団だったフラウンホーファー組には、そんな戦いへの備えがなかった。その後数年間、mp3は一対一の対決に5回連続で負けた。規格標準化委員会は、デジタルFMラジオ、インタラクティブCD-ROM、ビデオCD（DVDの前身）、デジタルオーディオテープ、無線HDTV放送のサウンドトラックにmp2を選んだ。mp3はだれにも選ばれなかった。

ほかのエンジニアと話すと、いつも同じ批判を受けた。mp3は「複雑すぎる」。つまり、音質の割に処理能力がかかりすぎるということだ。問題の根っこは、あのフィリップスのフィルタバンクにあった。あれを迂回するために処理能力の半分がとられていた。mp3技術を解説するフローチャートを見ると、自動車事故の現場を迂回するように、ブランデンブルクのアルゴリズムはフィルタバンクを完全に避けていた。[11]

フラウンホーファー組は、自分たちが罠にはめられたことにやっと気づきはじめた。フィリップスは非効率な方式をフラウンホーファーに押し付け、まさにその効率の悪さを規格委員会に指摘して、mp3を蹴落としていた。そのうえ、あちら側のエンジニアはささやき作戦を展開し、mp3の失敗の噂を音響コミュニティ全体に広めていた。見事な妨害工作だった。フラウンホーファーを騙して醜いドレスで美人コンテストに参加させ、舞台裏でそれをバカにしていたのだ。

でも、ブランデンブルクは部屋の隅で泣いているような人間ではなかった。ドレスが醜かろうとそうでなかろうと、彼は勝つと決めた。1993年7月、ブランデンブルクはフラウンホーファーチームの責任者になった。ビジネス経験はゼロだったし負けそうな立場で戦っていたけれど、彼のチームの全員が24時間働いていた。ちょうどその頃、窃盗団が夜中にエアランゲンの研究所に侵入して数万ドル相当のコンピュータ機器を盗んでいった。どの部署も被害にあったが、音響チームのフロアだけは別だった。みんながとっくに帰ったあとの真夜中に、ふたりのmp3研究者はまだ音響研究室に残って、日本製の高価なヘッドフォンで外界の音をすべて遮断していた。

この献身が実を結んだ。1994年までに、mp3は圧縮スピードでほんの少し劣っていたけれど、mp2に比べてはるかに音質が改善されていた。12分の1に圧縮しても、mp3

はステレオ音質に近いくらいの、高いクオリティを保っていた。特許審査官がザイツァーに「ありえない」と告げてから12年後、デジタル電話線を通した音楽ストリーミングは、ほぼ可能になっていた。しかも、個人のPC市場は拡大していて、ローカルに保存されたｍｐ３メディアのアプリケーションにも将来性が見えてきた。

彼らはなんとかそれまで生き残る必要があった。１９９５年のはじめ、ｍｐ2はふたたび規格競争に勝った。今回は巨大な市場だ。ＤＶＤプレーヤーのオーディオトラックの規格にｍｐ2が選ばれたのだ。6戦0勝という結果を見たフラウンホーファーの予算責任者は、厳しい質問をしはじめていた。なぜ規格競争に一度も勝てていないのか？　なぜ買い手が少ないのか？　ほかのプロジェクトにエンジニアを貸してもらえないか？　ドイツの納税者が数百万マルクもの大金をこのアイデアにつぎ込んだのはなぜだかもう一度教えてくれないか？

１９９５年春、ヨーロッパの無線帯域でのマルチキャスト周波数のサブセット規格を決める最後の競争に参加したフラウンホーファー組は、なんとしてでも勝たなければならなかった。その市場は小さかったけれど、それに勝てばチームを維持する程度の売上は確保できる。それに、今回だけは希望を持てる理由があった。規格会議の場所はメンバーの間で持ち回りになっていて、今回はフラウンホーファーが主催する番だった。自分たちのホームグラウンドで会議が開かれる。7年前にピッコロの音から始まった実験室から廊下を隔てた会議室で、ｍｐ３についての最終的な決定が議論されることになったのだ。

数か月前から、今回の規格を決める放送グループはフラウンホーファーに同調するような態度を取っていた。彼らは過去の決定を見直すと約束し、ｍｐ3の開発を続けるように励ました。ブランデンブルクを委員会の会議に歓迎し、チームの財政難を理解しているとも語った。ブランデンブルクにもう少しの間踏ん張ってくれとも激励していた。会議に先立って、委員会の中の音響専門小委員会は、正式にｍｐ3の採用を推奨したほどだった。

それでも、ブランデンブルクは最後まで気を抜かなかった。エンジニアリングの資料をまとめ、ｍｐ3が複雑でないことをあらゆる角度から証明した。50ページの資料には、この5年間に処理速度が回線容量に比べてどのくらい伸びたかを証明するチャートもあった。それは彼の予想がドンピシャだったことを表していた。

会議は午前中の遅い時間に始まった。エアランゲンの会議室は小さく、参加者は多かったので、グリルとほかのチームメンバーは外で待たなければならなかった。ブランデンブルクは席についた時、きっとうまくいくと思っていた。ｍｐ3は少ないデータで高品質のサウンドを落ち着いて正確にポイントを説明していった。50ページのプレゼンテーションを配り、エンコードできます。規格を決める時には、未来を見ることが大切です。コンピュータの処理速度はアルゴリズムに追いつくでしょう。これが複雑だというのは思い込みです。彼のプレゼンテーションは一貫していた。

ブランデンブルクの次はミュージカムの番だった。彼らも資料を配った。たった2ページだった。彼らの宣伝文句もまた短かった。ｍｐ2の優雅なシンプルさをさらりと強調しただけだった。そして議論が始まった。

　小委員会が正式に推奨したといっても、ｍｐ3が勝つ保証はどこにもなかったことにブランデンブルクはすぐに気がついた。審議は5時間続いた。口調はとげとげしくなり、ブランデンブルクはふたたび舞台裏の工作を感じていた。イライラの募ったグリルは何度も会議室に入ろうとして止められ、仲間たちと廊下をうろついていた。最後にフィリップスの代表がまとめに入った。彼の主張は簡潔だった。ふたつの別々の規格が存在すると、恐れや不確かさや疑いが生まれる。そもそも規格を決める意味は、ひとつでいいというところにある。ｍｐ3の処理能力の難点をやんわりと蒸し返したあとで、彼は採決メンバーにこう訴えた。

「システムの安定性を損なわないでいただきたい」そして、規格決定委員会は、表面的には安定性を優先させるという名目で採択を下し、ｍｐ3を永遠に葬った。[12]

　もうこれまでだった。希望は残されていなかった。ＭＰＥＧは彼らをビデオディスクから締め出し、放送委員会は彼らを電波から追い出した。ｍｐ2との一対一の対決で、フラウンホーファーは7戦全敗だった。ｍｐ3はベータマックスになってしまったのだ。

　グリルは打ちひしがれていた。10年間のほとんどをこの技術につぎ込んできた。込み合った会議室に立ちつくし、壁に寄りかかって、決定への不服申し立てを考えていた。動揺していて、もし口を開けば歯止めがきかなくなって、なにもわかっていない企業のお偉方への積もりに積もったうっぷんを、いつまでも吐き出し続けてしまいそうだった。グリルは結局口を開かなかった。

　結局、自分は「典型的なドイツ人」だったんだ。グリルはその後何年も、この時に声をあげなかったことを悔やんでいた。予算責任者たちは血の臭いを嗅ぎとり、企業スポンサーも手を引くだろう。ドイツの州政府は勝つ見込みのある技術なら喜んで支援するが、規格戦争に負けたことは明らかだった。グリルは頑固に負けを認めなかったが、この先に厳しい会話が待っていることはわかっていた。行き詰まったプロジェクトを廃止し、チームを解体し、報われなかった長年の苦労を恩着せがましくねぎらう。

ブランデンブルクもまた絶望していた。前回までの負けは冷静に受け入れたが、今回は相手がわざわざ彼の希望を膨らませていた。フィリップスの代表者は議論らしい議論もしなかった。政治力を使っただけだ。ただそれだけじゃないか。この経験のすべてがサディスティックに思え、彼の心を砕くための巧妙な仕掛けなのかと感じるほどだった。その後何年も、この会議の話になると、ブランデンブルクの神経質な微笑みは消え、唇は締まり、遠くを見つめるまなざしが彼の顔に浮かんだ。

それでもまだ、これは技術の勝負だし、証明された結果が政治に勝るはずだ。この会議のあと、ブランデンブルクはチームを集めて短い激励の言葉をかけた。そこで、彼は作り笑いを浮かべて、「規格側」の人たちが間違っているだけだと説いた。またしても。メンバーはこの明るい調子に面喰らったけれど、ブランデンブルクのテクノロジーの方が優れていることとは、充分すぎるほどのエンジニアリングのデータや、充分すぎるほどの二重盲検テストで一貫して証明されていた。政治的な工作を脇におけば、大切なのはそれだけだ。なんらかのやり方で、なんとかして、最後にmp3が勝つべきじゃないか。とにかく、聞いてくれるだれかを見つけることが先決だった。

2章　CD工場に就職する

　同じ1995年の終わりの土曜の朝、ノースカロライナ州のキングスマウンテンにあるポリグラムのCD製造工場[1]に、ふたりの男が仕事に出かけて行った。窓に濃いスモークのかかった黒いジープのグランドチェロキーで通勤する。どちらも週末のアルバイト扱いで、それ以外の日には引っ越しやファストフード店の仕事で暮らしを立てていた。助手席に乗っていたのはジェームズ・アンソニー・ドッカリーで、みんなからトニーと呼ばれていた。運転していたのは、ベニー・ライデル・グローバーで、デルと呼ばれていた。

　ふたりは数か月前に工場で出会った。おしゃべりのドッカリーは、無口なグローバーに頼み込んで、工場まで一緒に車に乗せてもらうことにした。ふたりとも、工場から20分ほど北東にある人口わずか1万5000のシェルビーという小さな町に住んでいた。グローバーは21歳。ドッカリーは25歳。どちらも大学は卒業していなかった。どちらもバプティストだった。そしてどちらも生まれた場所のすぐ近くに住んでいた。

　グローバーは黒人で、あごひげを細く薄く整え、頭はきれいに刈り上げ、Tシャツとジーンズが定番だった。身体は細く筋肉質で、口元は不機嫌そうに締まっていた。ぶ厚いまぶたのせいか、いつも平然として無表情に見え、身体の動きはゆっくりと慎重で、静かな存在感があった。無口だったが、たまに口を開く時には、考えをまとめるのに数秒の間が空いた。やっと声を出すと、腹の底から、南部の田舎町のどろっとしたトーンで、ひとことふたことを絞り出した。

ドッカリーは白人で砂色のブロンドヘアを短く刈り、目は丸くてガラス玉のようだった。グローバーよりも背が低く、見方によっては太りすぎともいえなくないくらいの、ぽっちゃり型だった。早口で冗談をポンポンと口に出し、気分屋で、怒りっぽかったけれど、怒鳴りながら笑っているような性格だった。相手が聞いていようがいまいが、いつも言いたいことを言っていた。

工場に着いたグローバーとドッカリーは、通用門の方に降りていった。工場自体は道路からは見えにくい窪地に建っている。チェロキーで稜線を上って丘を下ると、そこには驚くような景色が広がっている。工場はちょっとした空港ほどの大きさだ。ポリグラムのCD工場は床面積が約3万平方メートルにおよび、駐車場には300台の車が収容できた。長距離トラックは工場裏に誘導され、そこで出来たてほやほやのCDが積まれてアメリカ東部全域に配送される。夜間でも駐車場には照明がつき、工場からは一日中機械の回る音が聞こえていた。とはいえ、そこには田舎らしいのどかな雰囲気が残っていた。一面を森に囲まれて、野生の七面鳥が駐車場を占拠することもあった。

ふたりはシフトの変わり目の時間帯に、何百もの車の間を縫って駐車スペースを見つけ、カフェテリアを通って工場に入っていった。いったん中に入ると、検査場まで行ってIDを見せて自分の荷物を預ける。1回のシフトに入る人数は限られているので、従業員が出ていくのを待ってから、一人ひとり工場の中に入ることになる。セキュリティのために、中に入る従業員と出ていく従業員は接触が禁じられている。グローバーとドッカリーは入場の手続きを済ませて、工場に入った。そこには、9つの製造ラインが平行に並び、数百フィートの長さに延びている。各ラインには十数人の従業員が張り付いて、効率よく決められた動作を繰り返していた。

　CDの製造は、厳重な警備のもとでスタジオから運ばれるデジタルのマスターテープから始まる。このテープから、クリーンルームでガラスの金型を使ってクローンを作り、それが警備室に保管される。次に複製のプロセスに入り、まっさらなCDが金型でスタンプされて完璧なコピーができる。複製が終わるとディスク表面を塗装し、プラスチックケースに入れ、解説やジャケットや小冊子そのほかの宣伝資料も一緒に中に入れる。歌詞がきわどい場合には、「保護者への勧告」シールを手で貼りつける。それが終わるとビニール包装機に通して、段ボール箱に詰め、荷卸し場に運び、そこから音楽ファンへと配送する。レコード店に新しいアルバムが並ぶのは火曜と決まっていて、ポリグラムの工場ではその数週間前に、CDをプレスし、パッケージに入れ、ビニール包装を終えていなければならなかった。

　繁忙時には、この工場で1日に25万枚のCDを製造していた。600人の従業員が、一年中24時間シフトを組んでいた。そのほとんどは常勤だったが、大量生産を捌くためにドッカリーやグローバーのような一時雇いの手も借りていた。ふたりは工場の中でいちばん下っ端だった。なんの経験もないアルバイトのふたりは、ビニール包装機の両端で働いていた。グローバーは「落とす係」だった。手術用の手袋をはめて、シールのついたパッケージ済みCDを、大きく開いた機械の口に入れる。ドッカリーは「箱づめ係」だ。ベルトコンベアの反対の端から出てくるビニール包装されたCDを段ボール箱に積み上げる。時給10ドルの仕事だ。

この退屈な仕事の間に、グローバーとドッカリーはすぐに仲良くなった。お調子者で明るいドッカリーは、グローバーにとって楽しい相手だった。無口で真面目なグローバーは、ドッカリーを車で仕事場に送っていくことにした。外見は違っていたが、ふたりには共通点が多かった。音楽の趣味が同じだった。収入も同じだった。知り合いも重なっていた。なにより、ふたりともコンピュータに魅せられていた。

1990年代の南部に住む労働者階級にとって、これは珍しいことだった。この町の普通の住人なら、猟銃は持っていても、PCは持っていない。でも、グローバーとドッカリーは先を行っていた。モデム付きのコンピュータで、掲示板を試したり、インターネットの初期の文化にはまっていた。1995年にはオンラインの世界はまだばらばらに分散されていて、みんな自宅サーバーの狭い範囲にとどまり、お互いに話すことはできなかった。掲示板はガラパゴス諸島のように点々と孤立していて、独特の言語と文化がその中で発達し、新聞の裏に載っている電話番号を通してお互いがつながり合っていた。

グローバーのテクノロジーへの興味は親から受け継いだものだった。彼の父親は整備工だった。農夫だった祖父はテレビの修理を生計の足しにしていた。１９７４年生まれのグローバーは、祖父と父と同じ名前をつけられ、区別のために、デルと呼ばれていた。先代たちは厳しい時代に生きてきた。先代までの黒人差別の時代をデルはほんの少しの差で経験せずに済んだ。根強い差別が当たり前の時代、グローバー家の人間は、壊れた真空管から破れたガスケットまで、どんなものでも修理できる「機械いじり」の名人として一目置かれていた。

デルは子供の頃から自動車、バイク、ラジオ、テレビほか、エンジンや回路のあるものならなんでも熱を上げていた。いつも機械をバラバラにしては組み立て直して、その働きを理解しようとしていた。父親もまた無口だが器用な男で、デルの興味を伸ばしてくれた。デルは初めてトラクターに乗った時に楽しかったことや、それがどう動くのか、各部品がどう機能するのかをそのあとに話し合ったことを、今でもありありと憶えていた。

デルが初めてコンピュータを手に入れたのは15歳の時だ。母親と一緒にデパートの電化製品売り場に行った。１９８９年のことで、ＰＣはまだ趣味のものとされていた。その年のデパートのカタログに載っていたスペックは、２メガバイトのＲＡＭと、28メガバイトのハードドライブと、白黒モニター、そして５・25インチのフロッピーディスクドライブがふたつ。当時の値段で２３００ドルだったが、インフレ調整後の今の値段に直すとおよそ４０００ドルになる。グローバーは４０００ドルで、今ならローエンドの携帯電話並みの処理能力しかない９キロもの重さのハコを買ったということだ。

現金がなかったので分割払いにしてもらい、母親に共同購入者になってもらった。支払いのためにグローバーは夏休みの間ショーニーズというレストランで皿洗いのアルバイトをした。新学期が始まってもアルバイトを続け、学校が終わるとそのままレストランに行って夜の11時まで月曜から金曜まで毎日働いた。成績は落ち、学校への興味もなくなっていったけれど、レストランの経営者はグローバーの能力と真面目さに感心していた。高校を卒業する頃には、彼は厨房の責任者になっていた。

この頃から、夜がつらくなってきた。眠っていると呼吸が困難になり、むせたり鼻息が荒くなったりして、しょっちゅう目覚めてしまう。調子の悪い夜には、それが1時間に何度も起きた。慢性の無呼吸症候群のために昼間は疲れやすく、夜は耐えられないほどつらかった。40代になるまで、そんな苦しい毎日が続いた。1日12時間働いたあと、少しの自由な時間にコンピュータに向かい、そのあと4時間から5時間ほどなんとか休もうとする。週末はボーリングに行っていた。

高校を卒業すると、おざなりにコミュニティ・カレッジに在籍したグローバーは、フルタイムの仕事を探しはじめた。飲食業は嫌だった。ショーニーズはギトギトで、油の臭いには飽き飽きしていた。それでも、レストランでの仕事から大切なことを学んだ。努力すれば、昇進できる。それから2年間、グローバーは引っ越し業者で働き、それ以外の時間には派遣会社が回してくれる低賃金のアルバイトを続けて、生活の足しにしていた。長期契約で週末にポリグラムの工場で働けるようになったのは、1994年のことだ。

ポリグラム。その名前と仕事に、グローバーは興味を持った。それが音楽レーベルだということは知っていたが、所属アーティストはあまり知らなかった。ポリグラムが巨大企業の一部門だと知ったのは、しばらくしてからだ。親会社はオランダに本社のある家電メーカーのフィリップスで、コンパクト・ディスクの共同発明者だった。デジタル好きで、音楽オタクだったグローバーは、CD技術に魅せられていた。グローバー自身も最近テープからCDに変えたばかりで、数か月前に中古プレーヤーを買って、すぐに分解し、その部品を目録にしていた。メカニカルドライブ、ヘッドフォンジャック、標準的な回路の配列、小型の家庭用レーザー。ディスクには微細な溝が刻まれて、それが1とゼロの連続を示している。その微細な溝にレーザーを当てると情報がセンサーに跳ね返る。電子回路がその情報を電子的刺激に転換し、それがスピーカーに送られ、プラスチックに刻まれていたデジタル信号が最後にアナログな空気の振動になる。

工場での初日、グローバーはどこの職場でもありがちな大量の書類を渡された。その中には「盗んだら即刻解雇」というポリグラムの内規があり、発売前のCDを許可なく持ち帰ったらクビになると書かれていた。内規の範囲は広く、許可なくコピーすることや「だれかと共謀して盗みを企てる」ことも禁じていた。グローバーは書類に署名し、日付を書き、それを提出し、従業員ファイルの中に書類は収まった。それから、グローバーは工場の現場に連れていかれた。

グローバーが技術を買われて雇われたのでないことは、すぐにはっきりした。仕事はだれにでもできるものだった。プラスチックケースをビニール包装機に差し込むには技術も努力もいらない。必要なのは退屈に耐える力だ。たまに「保護者への勧告」シールを手で貼る仕事が回ってきて、それがいちばんマシに思えるくらいだった。それでも、グローバーはいつか上に昇れるかもしれないと思っていた。工場の常勤スタッフの中には、アルバイトから始めた人もいたし、管理職になっている人さえいた。ここにはなんらかの将来がありそうだった。技術者かもしれないし、管理職かもしれない。真面目に努力していれば上に昇れる。レストランのアルバイトから、グローバーはそう学んでいた。

実際、昇進のチャンスはたくさんあった。以前はなにもなかったカロライナは、アメリカ屈指の工業地域として急成長していた。手作業が自動化され、製造拠点がラテンアメリカやアジアに移っていく中で、国内全体では製造業の仕事は次第に消えつつあった。でも南東部だけはその逆で、優遇税制、土地の安さ、労働組合への反感などから多国籍企業はこの場所に熱い視線を送っていた。1993年にBMWがドイツ以外で初めて自動車工場を作ったのは、中国でもメキシコでもなく、グローバーの故郷から州をまたいですぐそばのサウスカロライナ州スパータンバーグだった。[2]十数社のグローバル企業がこれに続き、グローバーが雇われたオランダの総合企業フィリップスもその1社だった。カロライナは変わりつつあった。

グローバーの住むシェルビーの町にもまた、変化が訪れていた。クリーブランド郡の中心にあるシェルビーは、数十年前の南部の苦い歴史の遺物がそのまま残る町だった。汽車の停車場のそばに広場があり、その南に走る目ぬき道路の脇には立派な列柱を特徴とする邸宅が並んでいた。国道を挟んで向こう側の不動産価格は、人種隔離政策のせいで比較にならないほど安かった。[3] 人種と地域で二分された町は、宗教でひとつになっていた。シェルビーには20を超えるバプティスト教会があり、夏には屋外の伝道集会などが盛んに行われていた。

でも今、そうしたものがすべて消えようとしていた。シェルビーの新しい中心地は国道74号線沿いの細長いロードサイドになり、そこにはどこでも見かけるような全国チェーンの店舗が並んでいた。ウォルマート、映画館、小規模ショッピングセンター、ファミレス、別のショッピングセンター、ファストフード、そして大規模モール。店舗が道沿いに一列にずらりと並んでいたので、シェルビーのような小さな町でも交通渋滞が起きるほどだった。どの店の周りにも、大型の駐車場があった。

アメリカンライフの象徴とも言える自動車文化がまた復活していた。自動車とそのアクセサリーは地位や肩書やライフスタイルを示すものだった。ここではいつもだれもがガソリン価格を議論し、比べ、予測していた。それはニューヨーカーが家賃について話すのと同じようなものだった。今や、この金太郎飴のようなロードサイドがシェルビーの社会と文化の中心地になっていた。

そう。グローバーは自分の町が好きだったけれど、ここの生活が恐ろしく退屈かもしれないことをだれよりも知っていた。週末になると、シェルビーから車で東に1時間ほどの、州いちばんの大都市シャーロットに行くようになった。そこでは、当時流行りのクラブやほとんどのダンスフロアで、人種の混じった群衆に向けて、プロモーターやDJがヒップホップのレコードを回していた。ラジオ向けの耳触りのいいロックは時代遅れになっていた。過激なギャングスタラップが流行りだった。グローバーはすぐにシャーロットに入り浸るようになり、ドッカリーもときどき連れていった。若くてハンサムで、声がよくクールなグローバーは女性にもてた。ドッカリーはもてなかった。

流行りのクラブはシェルビーから通えない距離ではなかったけれど、かなり遠かった。数時間遊ぶために2時間も運転するのは疲れたし、もし運の悪いことに夜中にひとりで運転することになると、酒気帯び運転の危険もあった。そんなわけで、クラブを呼び寄せる方が楽だし、車のトランクから大音量で音楽を流せばそれができた。特に、新しいタイプのラップは、それに向いているようだった。スヌープ・ドッグやアイス・キューブなどの最新の西海岸のサウンドは、ビーチボーイズ以来の車文化の復活の原動力になっていた。シェルビーやシャーロットの駐車場で、グローバーは、サブウーハーとホイールとスモークガラスを見せびらかし合うような新しい奇妙な世界を体験することになった。装備のいい車なら、延々と続くアスファルトの地面を即席のパーティー会場に変えることができ、そこでたくさんの人が笑い、踊り、いちゃつき、酔っぱらった。それは約束の地につながっていそうだった。町のメインストリートを彼女と夢のように楽しくドライブできる。

グローバーはハンサムでもてるタイプだったが、この点では不利だった。彼のチェロキーは通勤には便利だったけれど、動くステレオとしても女子の餌としてもイマイチだった。もっといい車を買って改造すればいいのはわかっていたし、すぐにそうしたかった。初めからグローバーの動機はちょっとした物欲だった。もっといい車が欲しかった。

そのうちに。でもとりあえず今はチェロキーでなんとかするしかない。1995年のその土曜、ビニール包装と箱詰めの作業を終えたグローバーとドッカリーは、長い一日が終わってこれから楽しもうと思っていた。その夜はいつもと違う予定があった。ある機械技術者が、ふたりを自宅のパーティーに招待してくれたのだ。グローバーとドッカリーは、もっと給料のいい常勤の仕事を狙っていたので、会社の人たちはちょっとお堅い感じはしたけれど、このパーティーに参加してコネを作ろうと考えていた。

その夜は意外なことがたくさんあった。グローバーが思っていたよりパーティーは楽しく、アルコールも女の子も、それ以外のものもふんだんにあった。工場のお偉いさんたちもそこにいて、職場の外ではお偉いさんたちが人懐っこいのでグローバーは驚いた。途中から音楽がかかり、みんな踊りはじめた。クラブの常連だったグローバーは、ヒット曲ならかなり詳しく知っていたが、そこでかかっているアーティストは自分のお気に入りだったのに、初めて聞く曲ばかりが流れていた。何杯か飲んだところで、グローバーはハッと気がついた。その曲を聞いたことがないのは当たり前だ。まだ発売前だったからだ。パーティーの主催者は、工場から盗んだ音楽でDJをしていたのだった。

3章　ヒットを量産する

　1995年6月、エアランゲンで開かれたあのカールハインツ・ブランデンブルクのミーティングのすぐあと、そしてデル・グローバーが同僚の自宅パーティーに参加する少し前、ワーナー・ミュージック・グループで北米を統括していたダグ・モリスは、上司とのミーティングに向かうためマンハッタンのタイム・ワーナー本社の廊下を歩いていた。両側の壁にはフランク・シナトラから現在までのヒット曲を記念するゴールドレコードが何百枚も飾られていた。ワーナー・ミュージックはタイム・ワーナー・エンタテイメントという巨大複合企業の一部で、ワーナー兄弟が創始したこの企業は、20世紀のアメリカのエンタテイメントの歴史の中で大きな位置を占めていた。

　たった8か月前にこの地位に昇ったモリスは、この流れが続くことを信じて疑わなかった。彼がCEOになってから、ワーナーはレコード業界を支配し、モリスは社用車と運転手、ピアノ付きの角部屋と社用ジェット機の使用権を与えられていた。アメリカでいちばん儲かっている音楽会社を経営し、歴史上もっとも大きな利益をあげていた彼は、年間1000万ドルのサラリーとストックオプションをもらっていた。[1]しかも、このところ契約したアーティストも有望で、未来はさらに輝いているように見えた。

56歳のモリスは中年にさしかかってはいたが、仕草は若者のようだった。顔は大きくつるんと清潔で、夜更かしを控えて毎朝ジムに通っていた。何年も前にスキンヘッドにしていて、笑うと眉毛が上がり、昔は富士額だった額にしわが何本か見えるようになっていた。モリスはいつも困惑しているように見えたが、その目は表情豊かで知性が輝いていたし、人を惹きつける魅力があった。

ロングアイランド出身のユダヤ系のモリスは、アメリカで最初に開発された郊外住宅地のひとつのウッドメアという中流層の集まる静かな地域で育った。地元の訛りは独特で、モリスはその後ずっと、コーヒーを「カウフィ」、水を「ワダー」、ロングを「ラウング」と言い続けることになる。弁護士だった父親は病に侵されて、ダンス教師だった母親が家計を支えていた。モリスは子供の頃から野心家で、同じように志の高かった兄はその後がんの専門医になった。ほかにも尊敬される職業はあったけれど、モリスは若い時から芸能界に行くと決めていた。

コロンビア大学に進んだモリスは、大学の成績は最悪で、勉強はせずピアノに打ち込み音楽家として身をたてようと思っていた。まったく手の届かない夢ではなかった。高校と大学時代を通してモリスはコンサートを開いていたし、短期ではあったけれどエピックレコードと契約を結んで、最初で最後のシングルレコードを発売した（がヒットにはほど遠かった）。

1960年に社会学の学位をもらって大学を卒業すると、平時のアメリカ軍に入隊し、その後2年間フランスに駐留した。1962年にアメリカに戻って、ニューヨーク市に落ち着いたが、当時のニューヨークはグリニッジヴィレッジのフォーク音楽の全盛期[2]だった。ボブ・ディランというよりボビー・ダーリン系のエンタテイナーだったモリスは、当時の音楽シーンには合わず、演奏家としては成功しなかった。

そこで、ソングライターに挑戦することにした。ローリーレコードに入社し、「ハング・オン・スルーピー」や「ツイスト・アンド・シャウト」などのヒット曲を連発していたバート・バーンズの助手として、曲作りを学んだ。ポップ音楽のヒット曲は、数行のあまったるい歌詞と、C、F、Gコードの並べ替えだけだったけれど、それを成功させるのは意外に難しかった（モリスはのちに、この50年にヒットした曲はすべて「ラバンバ」の焼き直しだと語っていた）。何年か苦労したあとの1966年にやっと、シフォンズというブロンクスの女性グループが歌う「スウィート・トーキング・ガイ」という曲がラジオでそこそこヒットした。

ラジオから自分の曲が流れてくるのを聞いて喜んだものの、次のヒットは出なかった。曲作りは競争が激しく、自分の作品に興味を持ってくれる人は少なかった。1967年にバーンズが38歳の若さで心臓発作で亡くなったことで、モリスはさらに気落ちした。方向性を変えようと、初めて経営的な役割を担うことにした。引き続き音楽面でのアドバイスもしていたしプロデューサーとして名前が出ることもあったけれど、ここから先はビジネスマンとして生きていくことになった。

1970年、モリスは独立し、5万ドルを元手に独立系の専門レーベル、ビッグツリーレコードを立ち上げた。その後数年の間にそこそこのヒットを数曲出した。中でもいちばん有名なのはブラウンズビル・ステーションの「スモーキング・イン・ザ・ボーイズルーム」で、これはモリスがプロデュースもしていた。ビッグツリーのほかの曲と同じで、この曲もいかにも流行りそうな感じだったけれど、音楽的には退屈だった。とはいえ、売上がよければいいわけで、モリスは次第に大物からも一目おかれるようになってきた。中でも、アトランティック・レコードを興したアーメット・アーティガンが1974年にビッグツリーと販売契約を結び、1978年にはレーベルそのものを買収した。

アーティガンは伝説の人物だった。[3] 裕福な駐米トルコ大使の息子だったアーティガンは、黒人の集う音楽バーに出入りし、レイ・チャールズやアレサ・フランクリンといったリズムアンドブルースのサウンドを武器にしてキャリアを築いた。R&Bからハードロックへと音楽シーンが変わるにつれ、アーティガンはクロスビー・スティルズ・ナッシュ&ヤングを結成させ、レッド・ツェッペリンのデモテープを聞いてその場で契約を決めた。アトランティックをワーナー・ミュージックに売却し巨額の富を手に入れたあとも、音楽作りの支配権は手放さなかった。1970年代のはじめには正統派ロックのど真ん中で金星をあげた。ザ・ローリング・ストーンズを獲得して独自レーベルを与えたのだ。音楽史に残る契約額だった。ザ・ストーンズは「メインストリートのならず者」でその借りをきっちりと返した。とはいえ、アーティガンはその後も新たな才能を探し続け、モリスの中にそれを見たのだった。

の抱えていたアーティストはあまりパッとしなかった。

モリスはアトランティックのカスタムレコード部門、ATCOの統括責任者になり、レッド・ツェッペリンのスワンソングレコードやローリングストーンズレコードを管理することになった。メンバーの才能は申し分なかったが、どちらのバンドもすでに旬を過ぎていて、モリスはまたここであまり面白みのない商業的なヒット曲作りを任された。とはいえ、モリスには人間的な魅力があり、レーベルも利益をあげ、そのうちアーティガンはモリスを息子のようにかわいがるようになっていった。1980年にモリスはアトランティック・レコードの社長に昇進し、アーティガンの隣のオフィスをもらった。1年間うまくやり遂げたモリスに、アーティガンは100万ドルのボーナスを与えた[4]。

一方で、音楽業界は大企業化していた。60年代と70年代の反体制文化の雰囲気は消えて商業的な空気が当たり前になり、大衆に迎合するのが悪いことだとは思われなくなっていた。1981年に始まったMTVによってアルバム主流のロックの時代は終わり、シングル主流のポップ音楽が復活した。文化が変わり、経営もまた変わった。茶封筒に現金を入れて受け渡していた時代は終わり、独立した監査人が財務諸表をチェックするようになり、長らく続いた音楽業界と組織犯罪とのつながりもやっと清算された[5]。

モリスは新しい環境によく馴染み、きれいにひげを剃り、ジャケットとネクタイでこぎれいに装っていた。でも、前の時代にどっぷりつかっていたアーティガンは違った。1989年、ワーナー・コミュニケーションズがタイム社との合併を発表し、アメリカ最大の総合エンタテイメント企業が生まれることになった。合併に先立って、アーティガンはアトランティックの戦略計画をワーナーの経営陣に朝一の会議でプレゼンテーションすることになっていた。モリスは時間通りに到着し、会議室でほかの経営陣とアーティガンを待っていた。20分も遅れてやってきたアーティガンは、徹夜で飲んだくれていたらしくまだ酔っぱらっていて、シャツの袖には大きなワインのシミがついていた。「これが計画だ」とアーティガンは言った。「もっとヒット曲を出す」そして出ていった。[6]

1990年までには、アーティガンの時代が終わったことははっきりしていた。アトランティック・レコードは伝説のレーベルだったし、そのことについては何冊も本が出ているけれど、1980年代にはもうピークは過ぎていて、80年代の終わりには所属アーティストはみんな過去の人になっていた。1989年のアトランティックの売上は3億ドルで、ワーナー・ミュージック帝国全体の10分の1程度しかなく、しかもその売上の大半は昔のロックの売れ残りをCD化したものだった。タイム・ワーナーの上層部は、アーティガンには内緒でモリスをアーティガンの後釜に据えようとしていた。アーティガンに恩義を感じていたモリスは、直接それをアーティガンに話した。意外にもアーティガンは賛成し、ふたりが共同CEOとして働くならいいと言った。モリスが日常業務を管理し、アーティガンはアトランティックの顔として残ることになった。

モリスは51歳になっていた。外から見れば成功していたし、報酬もよかった。でも、音楽業界に30年もいたのに、これといった足跡を残していなかった。ソングライターとしては中途半端で、立ち上げたレーベルでは本当に記憶に残るヒット曲は出せなかった。アトランティックで大物アーティストを扱ったとはいえ、とうに旬は過ぎていた。スティーヴィー・ニックスがコカイン中毒になる前に、モリスはなんとかヒットアルバムをプロデュースできた。彼のもとでレッド・ツェッペリンが出した最後の2枚のアルバムは、ファンからは失敗作だと思われていた。アーティガンの影は長く、モリスはそのキャリアのほとんどをアーティガンの影の中で過ごしていた。人好きのするタイプではあったけれど、かならずしも尊敬を集めていたわけでもないモリスがCEOに任命されたことを疑問に思う人は多かった。[7]

それから5年も経たないうちに、モリスは北米でもっとも影響力のある音楽エグゼクティブになっていた。アーティガンの弟子だったモリスは、自分もリスクテイカーだということ、経営の頂点に上り詰める意欲があること、その機会をずっと待っていたことを証明してみせた。モリスは、実績のない新人に積極的に投資し、1991年には史上初の赤字を背負ってまで、アトランティックを変えていった。モリスの賭けは当たり、1994年までには売上を3倍に伸ばした。それから、スクールラップや正統派カントリーといった、だれも注目していないところに手を伸ばし、ヘラルドの「リコ・スワヴ」やジョン・マイケル・モンゴメリーの「アイ・スウェア」など数々の名曲を出していった。モリスはケンカ腰の対立的な経営スタイルで、より大きな予算と自分自身への報酬を要求していった。上司と角突き合わせることも多く、自分に歯向かう人間は排除するよう画策していた。アーティガンの支えもあって、1994年の終わりにはタイム・ワーナーの内部抗争を陰で操り、とうとう今の地位を手に入れた。[8] 北米全体のトップとして、国内のレコード音楽市場の4分の1にあたる20億ドルにのぼる売上を生み出し、ワーナー・ブラザーズ、アトランティック、エレクトラという国内レーベルすべてを支配するようになったのだ。

あっという間にトップに昇ったモリスを支えてきた人たちは、彼を温かく、オープンで、ものすごいカリスマ性のある人物だと言う。それほどモリスに近くない人たちは批判的で、彼を一貫性がなく頑固で世界一の自己中だと愚痴っていた。モリスに本当に近い人だけが、彼の才能を知っていた。それは、慎重で分析的な取り組みによって問題を解決する能力だ。彼のこの性格はほとんど知られていなかった。モリスは郊外出身のおべっか遣いで、気分で動いているように見えた。でも本当は名門大学を卒業した、優秀な頭脳の持ち主だった。彼のビジネス判断はバランスの取れた計画的なもので、音楽を心から愛していた反面、新しい才能に投資する時には科学者のような精緻さで臨んでいた。モリスを長年見てきた仕事仲間は、彼がわざと見くびられるようにふるまって権力を維持してきたと言う。「モリスは田舎弁護士みたいなやつだった」と彼の仲間はのちに語っていた。「人には一歩先を行ったと思わせておいて、彼はいつも三歩先を考えていたんだ」[9]

1995年、ワーナー・ミュージックのマイケル・フックス会長とのミーティングに向かうモリスは、怖いものなしに見えた。まだ6月だったけれど、モリスは売上数字を見て、その年のナンバーワンアルバムは確実だと思っていた。ソフトな学生ロックバンド、フーティー・アンド・ザ・ブロウフィッシュの「クラックド・リア・ビュー」だ。短パンとフットバッグ好きの若者たちがフーティーを学園祭のスーパースターに押し上げ、アルバムの売上は800万枚に届いていた。ヒットシングルの「オンリー・ワナビー・ウィズ・ユー」は、ギャップの店内でリピートされるために計画的に作られたような曲だった。

フーティーはどこから見ても、ヒットバンドには見えなかった。実際、ワーナーのアーティスト発掘部門の全員が、契約を見送っていた。[10] 大手レーベルのスカウトマンたちは口を揃えて、フーティーはバーで演奏しているだけの二番煎じのバンドで、ステージでの存在感がなく、曲作りの才能も皆無だと言っていた。それが本当だとしても、モリスにとってはどうでもよかった。大切なのは、うなぎのぼりに人気が上がっていて、その勢いがサウスカロライナ大学から州全体に広がっていることだった。

モリスは、もう何年も前に、最初に働いたローリーレコードでアーティストから経営者に転身した時に、このことを学んでいた。経営的な立場に立ったモリスは売上を細かく見ていたが、1960年代に数字を追うのは難しかった。レコード店は売上数字を教えてくれず、教えてくれたとしてもコンピュータ以前の時代には全国の数千店からデータを集めて分類するのは不可能だった。だから、ビルボードのチャートもあまり当てにならなかった。ラジオの再生回数も不確かで、DJへの袖の下は日常茶飯事だったし、賄賂をもらわないDJでも自分のお気に入りの曲ばかりかけていた。モリスが見たい数字をくれたのはただひとり、華やかな音楽業界からいちばん遠い場所で現実の仕事をしていた事務員だった。受注係だ。

モリスはその受注係に幽霊のようにつきまとった。大口の注文が入ると、といっても、一口100枚を超えているとローリーレコードにとっては大口の注文だったが、モリスはだれが注文したか、何枚注文したか、それはなぜかを知りたがった。もちろん、受注係は戸惑った。モリスはどこかのクラブで次のジミ・ヘンドリクスを探してるべきじゃないのか？ なんで経理部のしがない事務員につきまとってるんだ？ でも、モリスにとって受注係がすべての鍵だった。みんながなにを買っているかがわからなければ、なにが売れるかなんて知りようがない。

当時の所属アーティストの中に、オハイオ出身のミュージック・エクスプロージョンという、これといった特徴のないガレージロックバンドがいた。7インチシングルのA面は、1964年にイギリスで発売された「リトルビット・オー・ソウル」の安っぽいカバー曲だった。モリスの中で、この曲はローリー3380という名前で生涯記憶に刻まれている。それは、受注係が売上を記録するために使っていた仕分け番号だった。全国的な売上は低調だったが、例外があった。メリーランド州のカンバーランドという田舎町のレコード店が、直近の注文でなぜか200枚の大口オーダーを入れていたのだ。

モリスはその注文が妙に気になった。受注係に頼み込んで、そのレコード店の電話番号を教えてもらった。すぐにその店のオーナーに長距離電話をかけると、地元のラジオ局のDJがこの曲ばかり流しているので、このあたりでヒットしていると言う。実際、そのオーナーは前回の注文でも品切れになりそうなので、また200枚ほど注文しようと考えていた。

カンバーランドの町だけ、なにか特別なんだろうか？ そんなことはない。アレゲニー山脈の中にある3万人のこの町は、典型的なアメリカの田舎町だ。「リトルビット・オー・ソウル」になにか特別なものがあるんだろうか？　ありえない。これほど平凡な曲はないくらいありきたりな曲だ。でも、アパラチアの炭鉱町で流行るなら、おそらくどこでも流行るはずだ。モリスはほかの経営陣を説き伏せて、この曲をもっとアグレッシブに押すことにした。すると全国のDJがこの曲をゴールデンタイムに繰り返しかけてくれるようになった。1967年の終わりには「リトルビット・オー・ソウル」はビルボードの2位まで上り、出荷枚数は100万枚を超えていた。

この最初の大ヒットの経験をモリスは忘れず、専門家の意見よりも、時には自分の耳よりも、市場調査を信じるようになった。クラブに行ったり、デモテープを聞いたりするのは、ほかのスカウトマンに任せればいい。彼らにトレンドを予測したり、次の大物を発掘する特殊な才能があると勝手に思わせておけばいい。これから自分は受注係をスカウトする、とモリスは決めた。

それから27年後、モリスはまだ同じことをやっていた。フーティーの場合には、曲さえも聞かなかった。カロライナ全域のレコード店の売上数字を見ると、フーティーは全国的なスターよりも売れていた。モリスは、自社のスカウトマンよりも無名の地元バンドのファンの方が音楽を知っていると思ったし、その勘は正しかったことがすぐに証明された。

もちろん、このやり方にはひとつの暗黙の前提があった。商業的に成功する曲がいちばんいいという考えだ。つまり、いちばん売れるアルバムが、最高のアルバムだということだ。

すると意外な結論が出てしまう。たとえば、経営陣にとっての1967年のベストアルバムは、ビートルズの「サージェント・ペパーズ・ロンリー・ハーツ・クラブ・バンド」でも、ジミ・ヘンドリクスの「アー・ユー・エクスペリエンスト?」でもなく、「モア・オブ・ザ・モンキーズ」ということになる。1975年のベストアルバムはボブ・ディランの「血の轍」でもニール・ヤングの「トゥナイツ・ザ・ナイト」でもなく、エルトン・ジョンのベスト盤だ。1993年のベストアルバムはウータン・クランの「燃えよウータン」でもニルヴァーナの「イン・ユーテロ」でもなく、映画「ボディガード」のサウンドトラックなのだ。だから1995年のベストアルバムはもちろん、フーティーの「クラックド・リア・ビュー」ということになる。音楽批評家はこぞって反対するだろうが、たくさんの人がそのアルバムを買ってくれたことに変わりはなく、タイム・ワーナーにとって大切なのはその一点だけだった。

とはいえ、モリスは受注係をスカウトすると言ったが、リスクを取らなかったわけではない。売れればいいというロジックが、彼を文化的に危うい領域に引きずり込んでいたことも事実だ。フーティーの呑気な歌声とは、深い溝を隔てた対極にあるような、ジミー・アイオヴィンのインタースコープ・レコードに、モリスは50パーセント出資していた。アイオヴィンはモリスの親友だった。アイオヴィンはロスに住んでいたが、モリスはしょっちゅう彼に会い、日に何度も電話で話していた。モリスが初めてアイオヴィンに出会ったのはスティーヴィー・ニックスのプロデューサーをしていたアトランティック時代で、ふたりのコラボレーションから、ブレークのきっかけとなったソロシングルの「エッジ・オブ・セブンティーン」が生まれた。アイオヴィンはU2とトム・ペティのアルバムも手掛け、1980年代の音楽シーンを支配した。アイオヴィンは背が低く、エネルギッシュで、やんちゃで、いつもぼろぼろの野球帽をかぶっていた。モリスとは10年を超える仲だったが、帽子を脱いだアイオヴィンを見たのはたった一度だけだった。

アイオヴィンはたまに気難しくなることもあった。立ち回りのうまいモリスは、アイオヴィンをどう飼いならしたらいいかをわかっていた。タイム・ワーナーでモリスの上司にあたるマイケル・フックスが、メディアビジネスへの多面的な取り組みを自慢げに披露し、自分は経営界のマイケル・ジョーダンだと言ったことがある。口の悪いアイオヴィンはすぐにこう言い返した。「あぁ、でも俺たちから見たら、あんた野球界のマイケル・ジョーダンだな[11]」

それでも、アイオヴィンの直観は、プロデューサーとしてもスカウトとしても必要だった。ヒット曲を聞き分ける確かな耳があり、ポップミュージックに対する勘はぴかイチだった。モリスに言わせると、アイオヴィンには「曲がり角の向こう側を見る」才能があった。文化の底にある隠れた潮流に精通していたアイオヴィンは、モリスにとって最高のトレンドスポッターだった。そのアイオヴィンの最近のイチ押しが、過激なギャングスタラップだった。

アーティガンも昔から唱えていたように、音楽トレンドを理解することはすなわち黒人文化を理解することだった。ジャズ、ブルース、ソウル、R&B、ロック、ファンク、ディスコ、テクノ、ハウス、エレクトロ、そしてラップ。その始まりはすべてアメリカの黒人スラムだ。その頃、都市部の黒人スラムの環境はありえないほど劣悪になっていた。クラックコカインの蔓延で犯罪は急増し、90年代のはじめにはギャングによる暴力と殺人に歯止めがきかなくなっていた。武装警官が弾圧を強化したことで、1992年にはロス暴動にまで発展し、50人が死亡して1000棟を超える建物が燃やされた。

アイオヴィンとモリスはここに未来の音楽があると確信していた。1992年、ふたりは発売前のドクター・ドレーの「クロニック」を聞いた。そのアルバムは過激で、耳に残り、音楽的にも素晴らしかったが、あまりにきわどくて大手レーベルが手を出したがらないのは明らかだった。ここにチャンスを感じたモリスとアイオヴィンは、発売元だったデス・ロウ・レコードのシュグ・ナイトと会う手はずを整えた。ロス暴動の数週間後に、ロサンゼルスのアイヴィーというセレブご用達のレストランで会うことになった。シュグはぶかぶかのTシャツを着て真っ赤な野球帽をはすにかぶり、椅子からは大きな身体がはみ出そうだった。その日の朝、アイオヴィンはシュグの信頼を得るための計画を念入りに立てていた。食事中にシュグの向かいに座ったモリスとアイオヴィンは感心し、興奮し、少し怖がってもいた。そしてアイオヴィンが席を立ってトイレに向かう。モリスがその間にアイオヴィンは天才だとシュグに言うことにしよう。

食事の途中で、その計画通りになった。「シュグ、いいか」モリスはアイオヴィンの立った席を見ながらこう言った。「あの男は、本物の天才だぞ」

モリスは大げさな宣伝文句を口にすることもあったが、この時は本心からそう言っていた。まぐれ当たりでヒットの1枚や2枚なら出せる人間はいるかもしれないが、アイオヴィンは数十曲ものヒットを飛ばしていた。彼のような才能はめったになく、そんな才能に出会ったら、シャツの襟をつかんでそいつのアイデアが底をつくかそいつが死ぬまで離しちゃダメだ。モリスに秘訣があるとしたら、といってもなんの秘訣もないと言っているが、もしあったとしたらそれは、アーティストやエグゼクティブたちを、何年も、時には何十年も自分の周囲につなぎとめられる人間的な魅力だった。

モリスは長年の努力の末にその評判を築いてきた。音楽業界のエグゼクティブが口達者な詐欺師のように外の人に見られていることは、充分承知していた。そんなステレオタイプ通りの人間もたくさんいたけれど、長い目で見るとペテン師は結局見捨てられ忘れられていくことも知っていた。うぶなアーティストを騙せば短期的には儲かっても、噂はすぐに広まって、そのうちだれにも相手にされなくなる。ミュージシャンはゴシップ好きだ。実際、彼らは口を開くと文句ばかり言っていた。最高に気前のいい契約にも不満を言い、その不満をおっぴらに流していた。誠実だという評判を築くことが、この世界で生き残るただひとつの道だった。ショービジネスの永遠の真実はそれだった。「人生の秘訣は正直さと公平さだ。そのふりが上手にできれば、この世界で成功できる」

シュグ・ナイトは信じた。彼も本物だった。このミーティングのあとすぐに、デス・ロウはインタースコープと契約を交わし、タイム・ワーナーが販売元になることが決まった。この契約で、未来が半分手に入ったようなものだった。スヌープ・ドッグ、ドクター・ドレー、2パックが、今後何年間もラジオで流れまくることはわかっていたし、「クロニック」や「ドギースタイル」は音楽史に残るアルバムになるはずだった。

そして、そこに大金が転がっていた。ひと世代がまるまるレコードからCDに移り、ウィスコンシンあたりの少年がツェッペリンの「フィジカル・グラフィティ」のリマスター版CDを買えばそのたびに、モリスにも儲けが入る。それでも、金持ちになればなるほど、モリスは目立たないようにしていた。アーティガンは、セレブとつるみミック・ジャガーとパーティーに出かけて、アイオヴィンは早口でまくし立てて自分の頭の良さを周囲に見せつけていたが、モリスは反対に表に出ないようにしていた。モリスは音楽業界では有名だったが、一般的には知られていなかったし、報道陣には冷たく接していた。めったにインタビューに応じず、部下が表に出ることも嫌った。もちろん、彼がシャイだとはだれも思っていなかった。モリスはただ音楽ビジネスを知り尽くしていたし、重要なのはアーティストを立てることだった。一面を飾るのはアイオヴィンやシュグでいい。金勘定がモリスの仕事だった。

それでも、デス・ロウとの契約が表に出るのは避けられなかった。このレーベルは過激で、「クロニック」の売上はモリスの高い期待をはるかに上回り、ドクター・ドレーとスヌープ・ドッグは確固としたスターの座についた。スヌープは強面を装っているだけで、その素顔は素晴らしいユーモアと曲作りの才能にあふれていた。ドクター・ドレーは現代のフィル・スペクターともいえるほどの音楽的な才能と勤勉さを併せ持ち、彼がこれから何十年と続くポップミュージックの帝国を築くことは確実だった。

そして2パックもここにいた。シュグ・ナイトの導きで、演劇科の学生だった2パックは急進的な地下組織から表舞台に出て、「くそくらえ」といわんばかりの威嚇的な言動で有名になった。デス・ロウのアーティストの中でさえ、2パックは際立っていた。スヌープは犬みたいで、ドレーはカエルのようだったが、2パックは美しかった。彼のメロディは永遠だった。その声とリズムは荘厳だった。歌詞は真摯で時に恥ずかしくなることもあったが、目をそらすことはできなかった。そしてものすごい数の熱狂的なファンがいた。

才能は高くついた。1995年までに、タイム・ワーナーが高級スーツをまとった保守的な株主に支払う配当のかなりの部分は、娼婦を殺したり麻薬を売ったりすることを歌っている凶暴なギャングもどきの黒人ラッパー軍団によって生み出されていた。暴力的なふるまいは歌詞の中だけではなかった。シュグは暴行罪で執行猶予中。スヌープ・ドッグは殺人容疑をかけられた。2パックはファンへの性的暴行で服役中だった。真面目なはずの企業が犯罪を美化するような歌を売り出していることに、懸念の声が上がっていた。こうした曲が国のモラルを廃退させているという批判だった。この「モラル改革派」の先頭に立ったのが、レーガン政権で教育長官を務めたビル・ベネットだった。

ベネットは傲慢なネオコンで、文化の守護神を自称するような、とんでもないくそ野郎だった。父ブッシュの政権では薬物取り締まりの帝王となり、麻薬撲滅政策を推し進めたが、彼がターゲットにしていたのはまさにギャングスターのラッパーたちが生まれ育った環境だった。ベネットは、デロリス・タッカーと組んだ。タッカーは黒人公民権運動の旗手で、数十年前にはマーティン・ルーサー・キング・ジュニアと手をつないで行進した女性活動家だ。ふたりはタイム・ワーナーに、インタースコープの持ち株を放棄してジャンルごと葬るよう要求した。ベネットはテレビやケーブル番組で持論を唱え、全国紙に厳しい論説を展開した。タッカーはタイム・ワーナーの株式を20株買い入れ、株主総会に出席して、経営陣にデス・ロウのいちばん過激な歌詞を株主の前で読むよう要求した（経営陣は拒否した）。タッカーのパフォーマンスのあとで、タイム誌の遺産を受け継ぐ相続人で取締役でもあるヘンリー・ルース3世は、タッカーを讃えていたらしい。[12]

ベネットとタッカーは、アーティストとレーベルと親会社とその経営陣を批判した。ラップの歌詞が大統領選の争点として取り上げられるまでになり、共和党の暫定候補だったボブ・ドールも攻撃に加わった。モリスがフックスと会う予定になっていた2週間前、ボブ・ドールは共和党寄付者の一団の前で、モリスを名指しで非難した。

「タイム・ワーナーのエグゼクティブに伺いたい。君が成し遂げたい仕事とは、これなのか？」ドールは問いかけた。「企業利益のために、国家を堕落させ子供たちを脅かしていいのか？」[13]

その答えは、少なくとも最初の質問に関しては「イエス」だった。モリスのキャリアはこれ以上ないほど明るかった。子供たちが校庭で「女なんてみんなヤルだけの道具」と歌うことが成功だというのなら、それでいい。モリスは以前に何度もそんな激怒の嵐をやり過ごしてきた。アトランティックの経営を任されて最初に契約したアーティストが、マイアミ出身の4人組グループ、ツー・ライブ・クルーで、彼らの「ミー・ソー・ホーニー」はストリップクラブの定番ソングだった。彼らの曲が隠れた大ヒットになったことに、モリスも含めてだれもが驚いた。「ミー・ソー・ホーニー」は「アズ・ナスティー・アズ・ゼイ・ワナビー」というアルバムからのシングルカットで、このアルバムはアメリカで初めて（しかもこれまでで唯一）猥褻物として禁止された音楽になった。モリスはこの騒動の最中にツー・ライブ・クルーと契約し、次のメジャーアルバム「バンド・イン・ザ・USA（アメリカで発禁に!!）」をリリースし、永遠の下ネタソング「フェイス・ダウン・アス・アップ」をここに収録した。

騒動は一時的だ。でもロイヤリティーは永遠だ。2ライブ・クルーの時と同じで、デス・ロウの批判者もすぐに別のなにかを見つけて文句をつけはじめるだろうとモリスは信じて疑わなかった。パニックはそのうち収まって、またこのレーベルで天才を育てられる。これまでに何度もしてきたように、モリスは放っておくことにした。インタビューにはめったに応じないモリスだったが、写真に収まることはあった。額に入れて机の上に置いているお気に入りの写真に、新たな1枚が加わった。それはシュグとスヌープ、2パックに囲まれて小さく見えるモリスが微笑んでいる白黒写真だった。[14] モリスの目は喜びに輝いて見えた。

タイム・ワーナーが「フェイス・ダウン・アス・アップ」への批判をやり過ごせたのなら、今回だって大丈夫なはずだ。モリスが強力なアーティストと契約を結んできたおかげで、ワーナー・ミュージックは、ほかの5社の総合エンタテイメント企業と並ぶ業界のビッグ6の一角にまで成長していた。優れたアーティストに投資してきたモリスは、今の地位を今後も長く維持できると確信していた。大切なのは勝つことで、業界のマイケル・ジョーダンを自称するフックスもまた、同じ考えに違いない。そんなわけで、1995年にモリスは希望を抱いて上司のオフィスに入った。もしかしたら、国際部門全体の責任者に昇進するかもしれないと思っていた。

ミーティングは2分で終わった。インタースコープはもう手に負えない。タイム・ワーナーはインタースコープを切り捨てる。モリスはクビになった。

国からの資金援助が底をつきそうになっていたフラウンホーファーのチームは、ヨーロッパやアメリカの展示会を回ってmp3を売り込んでいた。ブースを設けてパンフレットを置き、実演もやっていたが、あまり振り向いてもらえなかった。興味を持ってくれる相手が見つからず、返ってくるのはいつも同じ反応だった。mp3は「複雑すぎる」。同じ展示会でも、mp2のブースは3倍も大きく、人であふれていた。フィリップスは宣伝がうまく、莫大な資金を投下して自社技術を販促しライバルを妨害していた。

聞き比べのテストでは、いつもmp3に軍配が上がっていた。ただ、そんなテストをやろうという企業がもう見つからなくなっていた。すでにMPEGがコンテストを開き、その結果をみんなが知っていたからだ。コンピュータのハードウェアが標準化されたことで、それまで技術開発に携わっていたハラルド・ポップは販売に移った。ポップは見込み客に、mp3の技術は「複雑」じゃないし、MPEGの決定は「政治的なもの」だったと説明したが、言い訳にしか聞こえなかった。

最後に彼らを救ったのは、スティーブ・チャーチだった。[1] グリルはその前年にラスベガスの展示会で初めてチャーチに会っていた。チャーチはテロス・システムズというスタートアップ企業の経営者だった。もとはラジオ番組の司会者兼スタジオエンジニアだったチャーチは、オーディオ放送の音質改善にビジネスチャンスがあると考えていた。ブランデンブルクやグリルと同じで、チャーチもMPEGを信用していなかった。標準規格を決めるグループがえこひいきで決定を下すのを以前に見ていたからだ。チャーチは、独立した審査員によるmp2とmp3の聞き比べテストを行うことに合意した。そしてその結果に目を見張った。

mp3が断然いい！　テストの直後にチャーチはクリーブランド本社に電話をかけ、新設したデジタル電話線でもう一度実験してみる段取りをつけた。テストに使った曲はスティーリー・ダンだ。バイエルンでもオハイオでも、スティーリー・ダンは人気だった。テロスはmp3初の、というかしばらくの間唯一の企業顧客になった。チャーチは、数百台のmp3変換器を注文した。ゼファーと呼ばれたこの変換器はVCRくらいの大きさで、リアルタイムでmp3ストリーミングが行えた。チャーチはそれを自分の最大の顧客にライセンスしていた。それがナショナル・ホッケー・リーグ、NHLだ。

やっと運がめぐってきた。グリルが圧縮用のサンプルとして集めていた音の中に、ドイツのプロホッケーの試合があった。以前から、散らばった拍手の音は圧縮が難しいとされていた。特に、スケートが氷を削る音や、身体がぶつかり合う音と重なる時はそうだった。グリルのサンプルは、氷上の動きのあとに数秒の拍手が続いていた。グリルはそれを何百回も聞き、圧縮エラーを切り離し、ブランデンブルクと一緒に修正を終えていた。NHLは理想のクライアントだった。ｍｐ3はアイスホッケーの試合に合わせてすでにカスタマイズされていたからだ。

とはいえ、ＮＨＬには特殊な技術要件があり、それに合わせるのに数か月が必要だった。1994年の終わりにやっと製品を発送した時には、ホッケー選手がストライキに入っていた。その年のシーズンが公式に始まったのは、1995年1月20日だった。その日が北米でのｍｐ3革命の始まりの日になった。氷上の最速バトルがデジタル音声の幕開けになるとはだれも予想していなかったけれど、その年初めてアリーナの真ん中にパックが落とされると、ブラックホークスとレッドウィングスのファンたちは、思いがけず最先端のオーディオ技術を耳にすることになったのだ。

フラウンホーファーに収入が入るようになったのは1995年以降だったが、それがｍｐ3チームの生き残りにちょうど間に合った。ゼファー変換機のおかげでラジオ局は1時間に何千ドルもの衛星放送の費用を節約できたので、北米のプロリーグのすべてのアリーナにこれが設置されることになった。テロスの売上は4倍に膨らみ、スティーブ・チャーチはｍｐ3の熱烈な支援者になった。北米のあらゆるスポーツリーグに売り込みを始めたのだ。とはいえ、フラウンホーファーの取り分はわずかだった。チャーチとのライセンス契約では、変換機の台数に応じて収入が入る仕組みになっていて、変換機を置くスタジアムの数は数百か所しかなかった。ｍｐ3はかろうじて生き残っただけで、ある程度の利益を確保するには、はるかに多くの相手にライセンスを売り込まなければならなかった。

つまり、家庭用のユーザーにもっと積極的に売り込む必要があったのだ。その年のはじめに、ブランデンブルクはパソコン向けのmp3ファイルの圧縮と再生アプリケーションの開発を指示していた。数か月で開発を終えたグリルは、それを「レベル3エンコーダ」、略して「L3enc」と名付けた。このアプリケーションは3・5インチのフロッピーディスク1枚に収まった。L3encは、音楽の新しい流通方式を提示するものだった。一般消費者が自分でmp3ファイルを作り、家庭用パソコンでそれを再生できるようになったのだ。[2]オーディオファンが待ち望んだテクノロジーが、やっと到来したのだった。1993年の終わりに発売されたインテルのペンティアムの処理能力のおかげで、mp3ファイルは詰まらずに再生できるようになっていた。しかも、新世代のハードドライブの容量は膨大だった。ギガバイト、つまり2000曲を保存できたのだ。いまだに大きな制約といえば、圧縮プロセスだった。MPEGに強制されて組み入れたミュージカムのフィルタバンクのせいで、最高クラスのペンティアムを使っても、アルバムをコピーするのに6時間近くかかっていた。

L3encをどう扱ったらいいか、フラウンホーファーのだれにもわからなかった。L3encは、長年の研究の集大成ともいえる奇跡のようなソフトウェアで、デジタル著作権を気にせずに12枚のCDを1枚に圧縮できた。[3]その反面、圧縮にかかる時間はやっかいだった。チーム内で議論を交わし、ブランデンブルクはトップ判断を下した。mp3を広めるために、L3encを無料で配布することにしたのだ。数千枚ものフロッピーを作り、1994年の終わりから1995年のはじめにかけて展示会でそれを配った。チームメンバーの友達、家族、同僚、ライバルにも配ることにした。

その間にポップはあちこちで変換機を売り込んでいた。相手は関心を持ってくれる学者や放送のプロだ。とはいえ、手当たり次第にあらゆる人と会っていて、その夏にはリッキー・アダーという苦戦中のビジネスマンに出会った。元技術者のアダーは、音楽ビジネスに手を出していた。アダーもまた、ザイツァーと同じ「デジタルジュークボックス」のアイデアを思いついていた。

数年のうちにインターネットを通して音楽を直接ダウンロードできるようになり、CDはなくなるはずだとアダーは確信していた。ただし、音声ファイルは大きすぎ、大幅に圧縮できなければ、この方式は拡大しない。もちろんこれこそフラウンホーファーが長年取り組んできた問題だった。だが、アダーはそれほど期待していなかった。それまでの経験から、mp3も粗悪で不安定な代物だろうと思っていた。

予想に反して、mp3は12分の1のサイズでCDの音をほぼ完璧に再現した。アダーは言葉を失った。驚異的な技術だった。アルバムがたった40メガバイトに収まるなんて！　未来の計画なんて忘れていい。今ここでデジタルジュークボックスが実現できる！

「自分がなにをやってのけたか、わかってる？」最初のミーティングのあとにアダーはブランデンブルクに聞いた。「音楽産業を殺したんだよ！」

ブランデンブルクはそう思っていなかった。mp3は音楽産業にぴったりだと思っていたのだ。ただその経済的なメリットを理解してもらえるかどうかの問題だった。でもアダーにはわかっていた。デジタルジュークボックスが普及しないのは、ライセンスをもらえないからだ。音楽産業はデジタルジュークボックスがCDの売上を食うことを懸念していて、アダーはそうではないことをこの2年間だれにも説得できずにいた。レコード会社の考え方を、アダーはブランデンブルクに説明した。CDの高い利益率、著作権への頑なな姿勢、インターネット全般と特に未来の録音技術への無関心、というよりそれをあえて知ろうとしないこと。アダーはレコード会社をデジタルジュークボックス方式に参加させようと、長い時間をかけて説得を続けてきた。でも鼻もひっかけてもらえなかった。音楽産業はストリーミングに興味がなかった。音楽会社はCDと固く結ばれていた。結婚のように、病める時も健やかなる時も。

フラウンホーファー組もまた、変化への抵抗に気づいていた。1994年10月、ポップはふたたび販売を任され、6大《ビッグ・シックス》レーベルの1つであるベルテルスマン・ミュージック・グループ（BMG）とミーティングを取り付けた。フラウンホーファーが直接レコード会社にアプローチをかけたのは、それが初めてだった。ポップはmp3を売り込み、BMGの上層部はそれを聞いていた。お偉方は笑顔を浮かべて慇懃にうなずき、お帰りの際は入館バッジを忘れずに返して下さいと念を押した。

ポップが販売を任されたのは、ある意味で自然の成り行きだった。フラウンホーファー組の中ではいちばん企業向きだったのだ。こげ茶色のひげを蓄えたポップは人並外れてハンサムだった。メガネをかけ、服装もビシッと決め、声は深く響いた。それでもやはりポップはエンジニアで、駆け引きには慣れていなかった。フラウンホーファーにはクローザーが必要だった。そこに、まさにぴったりの人物がやってきた。

その人の名前はアンリ・リンデ。リンデはフランスのコングロマリット、トムソンのライセンス責任者で、交渉のプロだった。トムソンはAT&Tと並ぶｍｐ3の企業スポンサーで、1995年の終わりまでに100万ドルを超える資金をｍｐ3につぎ込んでいた。実際、トムソンの研究者も独自にｍｐ3技術の基本特許を確保し、その将来の収入に大きく賭けていた。それなのに、パリのトムソン本社のだれも、自分たちがなにに投資したのかをまったくわかっていなかった。そこで現状報告のためにエアランゲンに派遣されたのがリンデだった。[4]

リンデは、彼自身に言わせると、「なんの予断も持たずに」ｍｐ3に向き合った。エンジニアリングの知識はなかった。数学もわからない。自分でラウドスピーカーを組み立てたこともない。ドイツ語が話せるというだけで、そこに派遣されたのだ。フラウンホーファーのエンジニアたちが、参照フレームだのビットリザーバーだの多相直交フィルタバンクだのといった言葉でｍｐ3の仕組みを説明している間、リンデはにこやかに頷きながら聞いていた。でもBMGの上層部とは違って、リンデはすぐに、そのチームがなにかすごいことをやってのけたのがわかった。CDを用なしにしたのだ。

これほどの見事な成果をまったく商業化できていないことの方が、リンデにとっては驚きだった。フラウンホーファーのメンバーは好感が持てたが、ビジネスマンとしては失格のようだった。彼らは科学者だった。市場も売り込みもわかっていなかったし、知財から利益を得ることについてはまったくの素人だった。契約書をざっと見ただけでも、これまでのライセンス契約を交渉し直した方がよさそうだった。

リンデはトムソン本社に朗報を送った。研究開発予算の中で見過ごされていたアイテムがあったのだ。6人のドイツ人オタクは金鉱を掘り当てていた。本社からの返事は懐疑的だった。mp3がそんなにすごいなら、どうしてだれも使っていないんだ？　だったらレーザーディスクでも売っていた方がマシじゃないか？　それでもリンデはmp3を押し続け、本社の管理職もやっと、万が一mp3にクライアントが見つかったらライセンスを供与していいと許可してくれた。でもそれはあくまで副業で、本業に差しさわりのないようにとリンデはくぎを刺されていた。

生まれつき負けず嫌いのリンデは、MPEGの規格委員会を信用せず、さらなるイノベーションに向けてフラウンホーファーチームを後押しした。そして彼らはやってのけた。1994年の終わりにハラルド・ポップはmp3デコーダチップの製造を始めた。このチップに、電源、ヘッドフォンの差し込み口、原始的なフラッシュメモリーカード、集積回路を合わせて、世界初の携帯型mp3プレーヤーのプロトタイプを組み立てた。[5]

レンガくらいの大きさのプレーヤーには、音楽が1分間だけ保存できた。どの曲がいいだろう？　当然、スコーピオンズかスザンヌ・ヴェガがよかったけれど、「ウィンド・オブ・チェンジ」や「トムズ・ダイナー」は著作権の侵害が心配だった。今でも嫌われているのにこれ以上反発を受けることを恐れて、オリジナル曲を使うことになった。メンバーのユルゲン・ヘーレが作った「ファンキーmp3」という曲だ。

もうひとつの質問は、長い議論になった。ポップが作ったmp3プレーヤーはそれ自体が独立した発明と言えるのか？　それとも既存の特許技術を組み合わせただけのものなのか？　リンデはmp3プレーヤーの特許を申請するよう強く勧めたが、フラウンホーファーチームはこれをただの保存デバイスだと結論づけた。

1995年2月にパリで開かれた展示会で、フラウンホーファーのブースは音楽流通の未来をありありと見せていた。エンコーダでmp3ファイルを作り、家庭用コンピュータで再生し、携帯プレーヤーを持ち歩く。この方式の経済的なメリットは明らかだった。エンコーダは無料で、PC市場は急拡大し、どんな家電メーカーでも最低限のライセンス料金で携帯プレーヤーを製造できた。ブース全体が緻密に計算されたドイツの電子音楽のようだった。

それなのに、興味を持ってくれる人はほとんどいなかった。音楽産業の協力がなければ、どんな役に立つんだ？　業界規格はmp2で固まっていたし、それで決まりだった。ライバルにとっては、この複雑な技術を個人の音楽ファンに売り込もうとするフラウンホーファーの取り組みは狂気の沙汰に見えた。パリの展示会で、フィリップスの幹部はグリルに向かってズバリと言い切った。「mp3プレーヤーの発売は絶対にない」

mp3は八方ふさがりだった。mp3プレーヤーが広く一般に普及しなければ、音楽産業は楽曲を提供しないし、mp3のユーザーがクリティカルマスに達しなければ家電業界はプレーヤーを製造しない。つっぱって独立を通すのは楽しくても利益にならないことにフラウンホーファーは気づきはじめていた。企業の後ろ盾が必要だった。リンデは協力してくれていたが、トムソンはもうmp3に興味を持っていないようだったし、AT&Tはあのエアランゲンでの最終決定のあとにmp3を見放していた。そこで、チームは新しいアイデアを議論しはじめた。mp3に代わるような、より速く、使いやすく、くそみたいなミュージカムのフィルタバンクを使わなくていい、次世代のエンコーダを開発することにした。

ブランデンブルクは当初これをNBCと呼んでいた。ノット・バックワード・コンパティブル、つまり「下位互換性がない」という意味の略語だ。この名前はMPEGへの痛烈な批判だった。もう美人コンテストには参加しないという意思表明だ。でもそのうちに怒りも静まって、プロジェクト名も対立色のないものになった。アドバンスト・オーディオ・コーディング、略してAACだ。

このプロジェクトには、開始直後から企業スポンサーが名を連ねた。ソニー、AT&T、ドルビーが大株主になり、mp2のために闘うフィリップスと同じように、AACのためにこれらの企業が闘ってくれるはずだった。ブランデンブルクは、政治力を使ってでも、次のテクノロジーを普及させるつもりだった。ブランデンブルクはmp3の開発を終了し、AACに力を注ぐようチームに指示した。新卒の大学院生たちもこのプロジェクトにつき、ふたたびジェームズ・ジョンストンの手も借りた。一方、グリルはmp3関連でやり残した最後の仕事についた。ウィンドウズ95向けのmp3再生ソフトウェアの開発だ。

グリルは1か月もしないうちに開発を終えた。WinPlay3と呼ばれたこのソフトウェアは3・5インチのフロッピーディスクに収まった。グリルはほかのエンジニアのためにソフトウェアを書くことが多く、デザインセンスはゼロだった。WinPlay3は、グレー地を青い四角で囲んだ醜い箱のようなデザインで、プレイリストを作ることも、曲名を編集することもできず、なぜかモノクロのLCD画面を模した見かけになっていた。

仕上げは拡張子を決めることだ。画像ファイルにはjpgやgifといった耳慣れない拡張子がついていた。グリルはある時点でブランド名を変えようと訴えた。ウィンドウズ95のファイルの拡張子はアルファベット3文字と決まっていた。MPEGオーディオレイヤーⅢなんてやめた方がいいし、えこひいきばかりの規格委員会とも距離を置ける。でも議論の末に、やはり伝統を守って拡張子をmp3に決めた。スティーブ・チャーチがアメリカで売り込んでくれていたおかげで、mp3はすでになんらかのブランドとして認められてもいた。ミュージカムのウィンドウズ向けアプリケーションの拡張子はmp2だった。それはMPEGがくれた思いがけないおまけだった。mp2とmp3はお互いに競い合って同時に開発された技術だったが、名前を見るとmp3がmp2の後継技術のように見えた。フラウンホーファーにとっては都合のいい誤解だった。

グリルは7月に開発を終え、「使用制限つきソフトウェア」としてフロッピーディスクで販売を始めた。WinPlay3は20曲再生すると自動的に消滅する。ミッションインポッシブルの指令のようなものだ。それ以上利用したい時には、フラウンホーファーに登録料を支払うとシリアル番号が送られる。WinPlay3は8月に発売され、グリルはそこから売上があがるのを待っていた。

でもなにも入ってこない。リンデと話したブランデンブルクとグリルはやっと問題を理解した。再生できる楽曲がないのに音楽再生ソフトを買う人はいない。mp3ファイルが一般に普及して初めて、mp3再生ソフトが売れるのだ。mp3ファイルが一般に普及するには、まずはエンコーダを売らないといけない。そのためにはmp3再生ソフトが必要で、それにはたくさんのmp3ファイルがいる。

それは、典型的な「卵が先か鶏が先か」の問題だったが、ブランデンブルクは諦めなかった。締め出しを食らったテクノロジーをどうするか？　値段を下げればいい。ブランデンブルクは当初、エンコーディングライセンス料として無謀にも125ドルを請求しようとした。だが、1995年の半ばまでには、リンデの助言もあって料金を12ドル50セントに下げた。1995年の終わりには5ドルになっていた。MPEGに手足を縛られていても、ブランデンブルクはできるだけ多くの人にこのテクノロジーを使ってもらうため、必死の努力を続けていた。

ブランデンブルクの頑張りを見て、リンデの中で最初の印象が変わりはじめた。ブランデンブルクはただの科学者じゃない。オタクっぽい外見の下には、抜け目のない戦略家が潜んでいた。確かにセールスマンとして彼は最悪だった。分厚いバインダーにいっぱいのデータを宣伝資料だと思っていたブランデンブルクは、クライアントの関心を買うことができなかった。それでも、彼は戦略的に考え、部下に仕事を任せることができ、市場ポジションを的確に理解していた。絶えず働き続けていたブランデンブルクは、新しいビジネスチャンスがどこにあるかを嗅ぎつける鋭い感覚を持っていた。

1995年の終わりに、初めてのmp3のウェブサイトが公開された。左上に、赤い星印のNEUというロゴがついていた。[6] ロゴの下には白地に青い文字でダウンロードのリンクが貼られていた。リンクはL3encのDOS、ウィンドウズ、リナックス用エンコーダだった。アップル向けはなかった。アップルのプログラミング環境はややこしく、ユーザーインターフェースもわざとらしかったからだ。家庭用コンピュータの市場シェアもかなり小さかったので、マッキントッシュ向けに時間をかける価値はないとグリルは感じたのだった。

フラウンホーファーのウェブページからは、新価格でL3encをダウンロードできた。無料だ。L3encは「シェアウェア」、つまり無料で配布されるデモ用プログラムで、ユーザーは無制限に使用できた。L3encにはフラウンホーファーのちょっとしたメッセージがついていた。プログラムをほかの人にもシェアして、もし気に入ったらドイツのフラウンホーファー研究所まで郵便かファックスで85マルクを支払って欲しいとユーザーにお願いしたのだ。[7]

こうすればユーザーの裾野が広がり、小遣い稼ぎにもなるとブランデンブルクは考えた。リンデは気が進まなかったが、ブランデンブルクに従うことにした。グリルは懐疑的だった。というより、怒っていた。物乞いに成り下がったように感じたのだ。それに、少なくとも初めは、グリルの疑いは正しかった。シェアウェアにしたのは大失敗で、お金を払ってくれたユーザーはほんのわずかだった。Ｌ３ｅｎｃのダウンロードで得た収入は、５００ドルにも満たなかった。

5章　海賊に出会う

１９９６年までに、デル・グローバーとトニー・ドッカリーのふたりはポリグラム工場で常勤スタッフになっていた。まだビニール包装機の仕事についていたが、レベルの高いスキルが必要な仕事の訓練を受けはじめていた。常勤になったので基本給も上がり、福利厚生も受け取り、なにより残業手当もつくようになった。基本給は時給11ドルになった。週の勤務時間が40時間を超えると、基本給は16ドル50セントに上がった。グローバーはだいたい週に70時間以上は働き、12時間勤務を6日続けていた。休みは週に一度しか取らなかった。単に工場の規則で週に1日は休みを取ることが決められていたからだ。手取りは週給１０００ドルを超えるようになっていた。手に職がなく、大学も出ていない労働者としては、悪くない収入だったが、まだ足りなかった。買いたいものはたくさんあった。

グローバーは頭の中で素早く勘定ができた。予算を立てたり家計簿をつけたりはしなかったが、頭の中に細かく収支を記録していた。その記録は皿洗いをしていた頃までさかのぼり、どの年のどの週にいくら稼いだかをすぐに計算できた。公共料金、食料品、家賃といった生活費も記憶していた。収入から生活費を引いた金額が、グローバーの使えるお金だ。その現金で高額品を買っていた。

まずは、レース用オートバイだ。残業手当だけでスズキ750を買い、改造用のアルミホイールやニトロのブースターも買いそろえた。地元のレーサーの集いに参加して、周辺の国道をみんなでぶっ飛ばした。毎年メモリアルデーの週末になると、サウスカロライナのマートルビーチで開かれるブラックバイクウィークに仲間たちと乗りつけた。ニトロを噴射して全速力で飛ばすと、時速320キロに達した。スリリングな趣味だった。

次は拳銃だ。南部の田舎町とはいえ、シェルビーは危険だった。ドラッグの売人、ギャングの争い、ひきもきらない家庭内暴力で、警察署はてんてこ舞いだった。グローバー自身、15歳の時に女の子をめぐって口論になり、両親の家の前で銃撃を受けていた。幸い弾は外れたけれど、この経験がしこりになって、敵の存在を自覚するようになっていた。H&Kの45口径セミオートマチックピストルは600ドル以上もしたし、ライセンス申請にも追加の料金がかかった。

四輪バイクも欲しかった。オフロードにも対応できる四輪バイクなら、レース用バイクにできないことができる。レースに参加しない週末には、地元の仲間たちと「どろんこ」遊びに行ける。こっちのグループは人種もさまざまで、ゆるい郊外の遊び人たちだった。自分たちをクアッド・スクアッドと呼んでいた。

あとは、自動車だ。工場への通勤用自動車が必要で、ドッカリーはレーシングバイクの後ろには絶対に収まらなかった。今のチェロキーは16万キロも走っていて、そろそろ買い替え時だったし、もっとスマートな車が欲しかった。グローバーは貯蓄用の口座を作ってお金を貯めることにした。その間に、トランクのサブウーハー付きステレオを買い替えた。

そして最後にコンピュータが必要だった。バイク、銃、車といった耐久消費財の中古価格は、だいたい感覚でわかった。でも中古コンピュータはすぐにガラクタになりかねなかった。1989年にシアーズで買ったコンピュータは、ローンを払い終えないうちに時代遅れになり、テクノロジーの進歩に追いつこうと、1996年までに3度も新しいコンピュータに買い替えていた。

しかも、高額な周辺装置も買い入れていた。家庭用のCDバーナーも発売されていた。フィリップスは1996年はじめに649ドルの小売価格でこの市場に参入した。グローバーが働く大量生産工場の親会社が、家庭内でのCDコピーのツールを彼に与えてくれていた。とはいえ、CDバーナーは娯楽のためだけではなかった。それは投資だった。グローバーはすでに手に入れた曲をコピーして友達に売ることができた。もし勇気があれば、工場で作っている未発表のCDをコピーすることもできた。

だが、工場からCDを持ち出すのはリスクが高かった。グローバーが1995年に参加したあのパーティーを開いた技術者は最近クビになっていた。工場のだれかが匿名でDJの件を告げ口したからだ。工場の警備システムはなにも証明できなかったが、経営陣はその訴えを深刻に受け止めて、技術者をウソ発見器にかけた。技術者はウソがばれてクビになった。ほかにもクビになった従業員がいた。盗んだCDを車のダッシュボードに置きっぱなしにしていた従業員は、逮捕され、横領の罪に問われた。ポリグラムは何度も従業員ミーティングを開き、窃盗が全員の損になること、特に従業員の損になることをはっきりと知らしめた。それでもまだ、CDはなぜか流出していた。どんな方法かはわからなかったが、週末の蚤の市や、シェルビーやそのほかの町の駐車場で、発売日の何週間も前にアルバムが売られていた。

ほかにも問題があった。まず、バーナーの速度が遅くコピーに1時間近くもかかっていた。次に、買い手もそれほどいなかった。発売前の人気アルバムの値段はわずか5ドル程度で、リスクに見合わなかった。自分の工場で作られるものしかグローバーの手には入らないし、ポリグラムが発売するアルバムは、それほど人気がなかった。ポリグラムはアダルトコンテンポラリーに強く、ボン・ジョヴィやスティングと契約していたが、街角で売れる音楽は違った。車のトランクから海賊版CDを買うような人たちは、スティングのアルバムに興味はなかった。彼らが欲しがったのはドクター・ドレーの「クロニック」で、グローバーはそれを持っていなかった。

グローバーは盗みを諦めた。そこでビデオゲームやCDを何枚か焼いて、あちこちで売ったが、コストを回収できなかった。ほかの物もそうだったが、CDバーナーもクレジットカードで買っていたので、金利が膨らんで、グローバーは買ったことを後悔しはじめた。

少なくとも、きちんと支払っていたので信用は積み上がっていた。グローバーは地元ではバイク乗りで、市場では故買屋だったが、信用調査会社にとっては模範的な顧客だった。安定した職につき、それなりの稼ぎがあり、支払いが滞ったことは一度もなかった。グローバーは母親を説得してバイクの共同購入者になってもらったほどだった。

母親のロレッタ・グローバーは、息子を溺愛していた。デルにはふたりの姉がいたが、母親にとってデルは初めての息子で、見かけはともかくデルは優しく、しっかりしていて、働き者だった。息子がテクノロジーに興味を持っていることは知っていたし、母親もそれを応援していた。それでもときどき息子の判断力や子供っぽさを心配していた。22歳になったグローバーは、ちょうど実家を出て、小さなトレーラーを安く借りて裏庭に置き、そこに住みはじめたばかりだった。

数か月もすると彼女が引っ越してきた。グローバーは彼女を説得して、小遣い稼ぎに引き入れた。まず、彼は父親や祖父を見習って、修理屋を副業にした。コンピュータハードウェアの専門家はシェルビーには珍しく、修理でお金を稼ぐことができた。1996年の中頃までに、グローバーは週に5つか6つの修理の仕事を請け負うようになっていた。トレーラーはゲーム機やコンピュータでいっぱいになった。キッチンテーブルの上にはツールや修理の途中で解体された装置が散らばっていた。

修理の仕事のほかに、グローバーは小遣い稼ぎのために犬のブリーディングを始めた。シェルビーでは純血種のピットブルの子犬が大人気で、血統書付きの犬ならひと腹で1000ドルを超える儲けになることもあった。グローバーは地元のブリーダーから多産の雌犬を買い入れて、種付けをしてもらった。数か月のうちに十数匹の子犬が産まれ、実家の裏の囲いで飼っていた。グローバーはピットブルが好きだった。堂々として獰猛な姿を気に入っていた。18歳の時には、うなり声をあげるピットブルを鎖につないで持っている死神の入れ墨を入れたほどだった。そのあとで、もう一方の腕にハートをかたどったトライバルタトゥーを入れた。

　全体としては、優雅な人生とは言えなかった。グローバーは工場で働き、実家の裏庭に置いたトレーラーに彼女と住んでいた。ピットブルを20匹も飼い、週末にはストリートレースとオフロードでバイクを飛ばす。彼女は不機嫌で、入れ墨はばかげていたし、借金もかさんでいた。いちばん好きな音楽はラップで、2番目がカントリーで、グローバーの人生はそのふたつがぐちゃぐちゃに混じりあったようなものだった。

　でもそこにインターネットがやってきた。それは別世界への入り口だった。それは空からグローバーのトレーラーにやってきた。ヒューズ・ネットワーク・システムズ[1]がアメリカ初の家庭用衛星ブロードバンドサービスを発売し、グローバーは発売初日に契約した。秒速400キロビットの衛星ダウンロードは、最速のダイヤルアップ接続より10倍も早かった。掲示板は時代遅れになり、ワールドワイドウェブがそれに代わった。

　トニー・ドッカリーも新しもの好きで、ふたりは一緒にデジタル世界の最前線を探求していった。ドッカリーはグローバーよりも向こう見ずで、奇抜なものや偏執的なもの、変なものを見つける才能があった。グローバーは慎重で、冒険をしなかった。実際、グローバーは1996年のウェブを少し退屈だと感じていた。ソーシャルメディアも、eコマースも、動画もウィキペディアもまだなかった。たいていのウェブページは、リンクを羅列しているだけで、そのほとんどはページの上方に「制作中」の文字が踊り、警備ライトがチカチカと動いているような半分死んだリンクだった。すべてが醜くて、わかりにくかった。検索エンジン大手のヤフーは、さまざまなリンクをカテゴリー別に貼り付けていたが、白地に青文字の画面は税金の申告書類と同じくらい退屈だった。

本当のお楽しみは別のところにあった。チャットルームだ。特に、インターネット・リレー・チャット（IRC）だ。個人が所有運営するサーバーを通したチャンネルは、企業化されたウェブができる何年も前からあった。ウェブを出てIRCに入るのは、エアコンの効いたショッピングモールから出て、屋外のドラッグ市場に入っていくようなものだった。ユーザーネームを作り、ハッシュタグのついたトピックに参加する。#政治、#セックス、#コンピュータなど、さまざまなトピックがある。こうしたチャンネルの管理はゆるく、中央でだれかが統制しているわけではなく、なんでもありの状態だった。

グローバーとドッカリーはチャット中毒になり、14時間も一緒に仕事をしたあとに、また同じチャンネルで遊ぶこともあった。とはいえ、IRCではドッカリーはドッカリーではなく、「ジャジャ」だったり、「セント・ジェームズ」だったりした。グローバーも、グローバーではなかった。「ダークマン」と名乗ったり、イニシャルを取って「ADEG」になることも多かった。

匿名になることで気分が上がったが、それは錯覚とも言えた。グローバーとドッカリーは、インターネットを探索するうちに、ほかのユーザーの接続先を突き止めてIPアドレスを確認できることに気がついた。IPアドレスは私書箱のようなものだ。私書箱の持ち主は正確にわからなくても、使っているインターネットプロバイダーを突き止めて、どのあたりに住んでいるのかはわかる。

もちろんIPアドレスを隠す方法もあった。手練れた人なら、住所を偽っていきなり南極や北朝鮮のアドレスからチャットルームにアクセスすることもできた。でもグローバーやドッカリーは気にしなかった。IRCの魅力は世界中の知らない人たちと絡めることだ。グローバーはパスポートを持っていなかったし、南部を出たこともほとんどなかった。数百キロ北のバージニア州でさえ、はるかかなたに思えた。でもこの新しいおもちゃは、世界をキッチンまで持ってきて、まさに伝道師が説くような友情と尊敬に満ちた新しいコミュニティを作るチャンスを与えてくれた。これまでの文化や地域の境目がいきなりなくなったようだった。

しかも、ここではファイルを交換できた。グローバーとドッカリーは、掲示板の時代からファイルシェアのサブカルチャーにはまっていて、不正ソフトの入ったフロッピーディスクを郵便でやり取りしていた。たまに手渡しで受け取ることもあったが、ディスクが届くと、クリスマスの朝が来たようだった。ツリーの下に、海賊版の人気の戦闘ゲームソフトが置いてあるようなものだ。IRCに参加すると、毎日がクリスマスだった。自動化プログラムのボットが、サンタクロースに代わって欲しいファイルをたちまち送ってくれた。衛星接続のおかげで、1ギガバイトのハードドライブを海賊ソフトでいっぱいにするのに数時間しかかからなかった。

不正ファイルは「ウェアーズ」と呼ばれていた。皮肉なことに、ソフトウェアの省略語だ。ウェアーズは単数形だ。でも、それはまた複数形でもあり、サブカルチャーでもライフスタイルでもあった。まもなくグローバーはIRCの#ウェアーズの板で長時間を過ごすようになった。彼自身あとになって、やり過ぎたと言っていた。「インターネット中毒」が一般的な現象になる前に、グローバーは中毒になっていた。レーシングバイク、ピットブル、オフロードバイクに、ADEGとしてのオンラインの冒険が加わった。

ずっとあとになって振り返ってみても、いつそれを見つけたのかははっきりと思い出せない。インターネットには、時の流れを止めてしまう催眠効果のようなものがある。グローバーが初めていい知らせを耳にしたのは、おそらく1996年の終わり頃か1997年のはじめ頃だった。海賊ソフトが活発に交換される場があって、音楽コピーも拡大しているという。グローバーは不思議に思った。CD1枚のデータ容量はおよそ700メガバイトだ。頭の中でざっと計算したところ、CD1枚のダウンロードに1時間近くかかるし、自分のコンピュータでは容量の7割を取られてしまう。技術的には可能だったけれど、グローバーは現実的ではないと思った。

のちに、#mp3という新しいトピックにグローバーはたどりついた。そこでは何千、何万人というユーザーが複雑な技術についてしゃべったり、人種差別的な言葉でののしりあったりしていたが、なぜか12分の1に圧縮された音楽ファイルがそこにあった。ウェアーズ仲間がやっていたのはソフトウェアの不正コピーだけじゃなかった。音楽、ゲーム、雑誌、写真、ポルノ、フォントなど、圧縮できるものはなんでもコピーしていた。

このサブカルチャーは「ウェアーズ・シーン」または、ただ単に「シーン」と呼ばれていた。シーン仲間はゆるいつながりで組織され、お互いが海賊版をいちばん先に出そうと競い合っていた。公式発売日と同じ日に海賊版が出ることもよくあった。企業サーバーに侵入したり、社員や業者に袖の下を摑ませたりして、店頭に出る前にソフトを入手することもあった。発売前の海賊版は、「ゼロデー」ファイルと呼ばれ、定期的にそれを入手できるメンバーは憧れの存在となり、デジタル海賊界の「エリート」の称号を得た。

「シーン」は今、ソフトウェアから音楽に移りつつあった。メンバーはmp3というテクノロジーに熱狂していた。最初に工業規模の不正コピーを行ったのは、「NetFraCk」というユーザーネームで知られるシーンのメンバーだった。NetFraCkは1996年9月に、「シーン」メンバー向けのアングラニュースレター「アフィニティ」のインタビューを受けていた。アフィニティは初期の海賊ソフトと同じように、3・5インチのフロッピーディスクに入って普通郵便で送られていた。

アフィニティ　新しい海賊版のコンセプトについて教えて下さい。パッケージソフトやゲームソフトのリリースはこれまでにもありましたよね。でも音楽ですか？　だれが思いついたんですか？

NFK　音楽の不正コピーは僕が思いついたんだ。でもこれまではそのツールがなかった。以前はハードディスクの容量が問題で、WAVでしか音楽を送れなかった。それだと、ファイルがものすごく大きくなってしまう。普通の曲だと特にそうだ。だからサイズの制約を取り払った。今は新しい圧縮フォーマットを使ってる。MP3だ。[3]（原文ママ）

NetFraCkは、フラウンホーファーが開発したL3encエンコーダを使って、新しいグループを立ち上げていた。世界初のデジタル海賊音楽グループ、コンプレス・ザ・オーディオ、略してCDAだ（ウィンドウズでオーディオCDファイルの拡張子に使われていたcdaにひっかけたのだ）。1996年8月10日、CDAはIRC上で世界初の「公式」海賊版mp3楽曲を発表した。メタリカのアルバム「ロード」からカットした「アンティル・イット・スリープス」だ。数週間もしないうちに数多くのライバルグループが現れ、無数の違法音楽ファイルが作られた。

グローバーは当時まったくこうしたことに気づいていなかった。mp3がなにかもよくわかってなかったし、それがどこからきたのか、だれがファイルを作っているのかも知らなかった。ただmp3再生ソフトの不正ファイルをダウンロードして、#mp3のボットに欲しイブラリーができた。数分もすると、ハードドライブにちょっとした楽曲のライブラリーができた。

その中の1曲が、2パックの「カリフォルニア・ラブ」で、数週間前に2パックが死んでからグローバーはそればかり聞いていた。グローバーは2パックの大ファンで、インタースコープ・レコードとの一時的な販売契約によってポリグラムの工場で「オール・アイズ・オン・ミー」が製造された時には、グローバー自身がそのアルバムをビニール包装機に通した。それが今、自宅のコンピュータでmp3の「カリフォルニア・ラブ」を聞いていた。ロジャー・トラウトマンのトークボックスを使ったイントロが安物のスピーカーから流れ、ジョー・コッカーの「ウーマン・トゥー・ウーマン」からサンプリングしたドクター・ドレーのループがそれに続いた。そして、圧縮されデジタル化された2パック自身の声が、棺の中から聞こえてきた。

グローバーはこの曲を数えきれないほど何度も聞いていた。お気に入りの曲だったし、ドッカリーと通勤中にもよく聞いた。CDは持っていたし、自宅のバーナーで不正コピーも作った。だから、CDと圧縮ファイルの音質を直接聞き比べることができた。彼がパソコンのスピーカーで聞くかぎり、mp3ファイルはCDとまったく変わらなかった。

グローバーが働く工場ではCDを大量生産していた。自宅では、バーナーやそのほかのハードウェアに2000ドル以上を投資して、不正コピーを手作りしていた。グローバーの暮らしは、音楽需要が続くかどうかにかかっていた。でも、mp3が12分の1のサイズで2パックを完璧に再現できるなら、もし2パックがインターネットでただで手に入るなら、いったいだれがCDなんて買うんだ？　グローバーは頭をひねった。

6章　ヒット曲で海賊を蹴散らす

ダグ・モリスはすぐ次の仕事に就いた。1995年7月、タイム・ワーナーをクビになってから1か月もたたないうちに、酒造大手シーグラムのCEO、エドガー・マイルズ・ブロンフマン・ジュニアに雇われたのだ。ジュニアは、モントリオールでは「新世界のロスチャイルド」と呼ばれるほど力を持つブロンフマン家の3代目御曹司だった。[1] 1994年に家業を引き継いでから、ブロンフマンは大胆に組織再編を進め、退屈な（でもすごく儲かる）酒造メーカーだったシーグラムを、エキサイティングな（でもリスクの高い）世界的なエンタテイメント企業に変えようとしていた。[2]

ビジネス戦略としては狂っている。ブロンフマン家は以前にエンタテイメント事業に参入して、失敗していた。父親のエドガー・シニアはMGMピクチャーズの大株主になって一時的に経営権を握ったが、カーク・カーコリアンに出し抜かれてしまった。叔父のチャールズは長年、プロ野球のモントリオール・エクスポズのオーナーだったが、それもドタバタ劇の実験のようだった。ブロンフマン兄弟はエンタテイメント業界から足を洗い、浮き沈みが激しく先の見えないショービジネスから厳しい教訓を学んでいた。それなのに、ジュニアにはその教訓が伝わっていなかったようで、いまだにエンタテイメント業界の大物になりたがっていた。

ブロンフマンもモリスと同じで、かつてソングライターを目指していた。大学には行かず、音楽業界に入り、「ジュニア・マイルズ」という偽名で何年間か活動し、親の七光りなしで成功しようと頑張った。のちに父親の後ろ立てでハリウッドに入り込み、1982年にジャック・ニコルソン主演の「ザ・ボーダー」をプロデュースした。たいした成果もあげられないまま、ブロンフマンはシーグラムの幹部として家業に戻り、39歳で帝国のトップに立った。

シーグラムの持っていたもっともカネになる資産が、化学会社デュポンの株式だった。ブロンフマンは、デュポンの株をさっさと売り払い、ユニバーサル・ピクチャーズとMCAミュージックの経営権を得るための資金にした。ユニバーサルもMCAも苦境に立たされていた。ユニバーサルは、莫大な製作費をかけた「ウォーターワールド」が史上最悪に大コケし、MCAのアーティストは過去の人ばかりで、「アメリカ音楽の墓場」（ミ《M》ュージック・セ《C》メタリー・オブ・ア《A》メリカ）などとバカにされていた。

ブロンフマンはモリスが死人を生き返らせてくれることに賭け、音楽事業の経営を任せた。モリスとしては、あまり乗り気になれない仕事だった。ブロンフマンと親しいわけではなかったし、音楽業界がこの金持ちのボンボンをカモにしてきたことも知っていた。市場シェアは7パーセントで、6大《ビッグ・シックス》レーベルのおまけと呼ばれていた。モリスはほかにもいくつか仕事の打診はあったし、自分でなにかをやることも考えていた。それにカネにも困っていなかった。クビになった2日後にモリスはタイム・ワーナーを契約違反で訴えて、５０００万ドルもの退職金を手に入れようとしていた（タイム・ワーナーも、発売前の販促用ＣＤを横流ししたとして、モリスを訴えた）[3]。

ところが、何度かブロンフマンと会ったモリスは、その気になった。これまでに何回も難しい契約の交渉を経験してきたモリスは、駆け引きの達人だった。ブロンフマンは違った。モリスは利益の分配やストックオプション、さらに退職時の巨額の手当てを確保した。ブロンフマンが提示したアーティストの獲得予算は1億ドル[4]で、ワーナー時代に比べるとはるかに少ない金額だったが、本業の飲料ビジネスがうなるほどのキャッシュを生み出していて、そこからもっとカネを引き出せることをモリスは見抜いていた。なによりシーグラムの本社はカナダで、人気のラップソングの歌詞は政治問題になっていなかった。

ジミー・アイオヴィンとの仕事上の関係は一時的に切れていたけれど、ふたりの友情は続き、お互いにまた一緒に仕事をしたいと望んでいた。ワーナー・ミュージックのトップ、マイケル・フックスの裏切りでふたりとも傷を負っていた。モリスがクビになったことでアイオヴィンはひと悶着起こし、タイム・ワーナー本社への立ち入りを禁じられていた。普通ならアイオヴィンもクビになるところだが、アイオヴィンは実際にはワーナーの社員ではなかった。合弁会社の株主だったアイオヴィンを排除するには、彼の持ち株を買い取るしかなかった。インタースコープはラップを超えて、ノー・ダウト、ナイン・インチ・ネイルズ、マリリン・マンソンにまで多角化していたので、株の買い取りは高くついた。

そこで、モリスとアイオヴィンは策を練った。アイオヴィンがフックスを煽って我慢できなくなるように仕向け、あの物議をかもした「クロニック」でさえおとなしく感じられるような、「ドッグ・フード」や「アンチクライスト・スーパースター」といった超きわどいアルバムを売り出す。モリスは感じよくブロンフマンに取り入って出世し、シーグラムの取締役の財布のひもを緩める。ふたりともそれができたら、アメリカの政治家の力の及ばないカナダでまたひとつになる。

ふたりはそのシナリオを完璧に実行した。1995年8月、タイム・ワーナーはインタースコープを切り離すことを発表した。このことは、ワーナー内部で機能不全が拡大している証拠だった。文化的な圧力や個人的な衝突があったにしろ、株主にとってはまったく納得のいかない案件だった。ドクター・ドレー、2パック、スヌープ・ドッグ、トレント・レズナー、グウェン・ステファニーをひとまとめにして手放すバカが音楽業界のどこにいる？

同じ年の11月、ブロンフマンはモリスをMCA全体の経営責任者に引き上げて、予算も大幅に拡大した。[5] 1996年の2月、タイム・ワーナーとインタースコープがたもとを分かってから1年も経たないうちに、シーグラムの忠実な酒飲みたちに支えられたモリスは、アイオヴィンにブロンフマンからの2億ドルの小切手を渡し、インタースコープ・レコードと永遠に手を結ぶことを約束した。

だが、その間に1枚だけ抜け落ちたアルバムがあった。インタースコープに企業パートナーがいなかった1996年のはじめにリリースされた、2パックの「オール・アイズ・オン

・ミー」だ。ヒットシングルの「カリフォルニア・ラブ」が収められたこの2枚組のアルバムは2パックの傑作で、その後音楽史上もっとも売れたラップアルバムの1枚になった。だが、拳銃を愛するチンピラで、性犯罪者だった2パックには、当時だれも手を出したがらなかった。タイム・ワーナーと手を切ってシーグラムと手を結ぶのを待っている間、アイオヴィンはオランダ企業のフィリップスと一度かぎりの販売契約を結ぶことにした。つまり、「オール・アイズ・オン・ミー」のCDがノースカロライナのキングスマウンテン工場で製造されることになったのだ。

刑期を終えた2パックは次のアルバムに向けて動き出した。獄中で読んだ『君主論』に感化され、ラップ界の黒幕を気取ってマキャベリと改名した。「ザ・ドン・キラミナティ：ザ・7デイ・セオリー」は8月中の数日で収録が終わり、その年のクリスマスシーズンに発売される予定だった。9月7日に2パックはシュグ・ナイトや取り巻きと、マイク・タイソンの復活試合を観戦するためラスベガスに行った。タイソンが1ラウンドKOを決めると、2パックはMGMグランドホテルのロビーでシュグの因縁の相手だったギャングにけんかをふっかけパンチを浴びせはじめた。その場が収まると2パックは取り巻きとシュグのSUVに乗って立ち去った。11時15分にラスベガス大通りの信号でSUVが止まると、4ドアのキャデラックが隣につけた。キャデラックから銃撃が起き、2パックは4発も撃たれ、1発は胸に命中していた。運転していたシュグの頭を弾丸の破片がかすめていた。ふたりは近くの病院に急いだが、2パックは昏睡状態に陥った。6日後、2パックはこの世を去った。

2パックの死で、デス・ロウはバラバラになった。シュグ・ナイトは刑務所に戻った。MGMでの乱闘騒ぎで、保護観察の条件を破っていたからだ。ドクター・ドレーはその年のはじめに2パックと仲たがいして、デス・ロウを見放していた。スヌープをはじめザ・ドッグ・パウンドのメンバーもまもなく離れていった。アイオヴィンはあわててみんなを留めようとしたが、つなぎとめられたのは、ドレーだけだった。それも、ドレーの新しいレーベル、アフターマスに投資するという形でしかなかった。

2パックの死は理不尽な悲劇だったが、商売上は間違いなく大成功だった。過去のアルバム売上は急上昇し、11月に発売された「ザ・7デイ・セオリー」はたちまちナンバーワンに輝いた。その後6枚のアルバムがリリースされ、生前よりもはるかに大きな利益をインタースコープにもたらした。2パックの死によってギャングスタラップのジャンル自体が終わるかもしれないと考えた音楽評論家もいたが、モリスとアイオヴィンは内々に売上予想を把握して、お楽しみはまだ始まったばかりだと感じていた。

モリスは、おそらく縁起を担ぐためか、MCAをユニバーサル・ミュージック・グループ（UMG）と改名した。2パックの過去のアルバムのヒットに支えられて、モリスが経営を任された初年度の1996年に新生UMGは最下位を脱出して業界5位にのぼった。その後の2年間、さらに絶好調が続いた。ノー・ダウトの女子力ソングは90年代の多感な子供たちの定番になった。マリリン・マンソンはゴス系の若者の救世主だった。インタースコープがリンプ・ビズキットを世に出したことは、音楽史上最大の汚点だと永遠に批判されるかもしれないが、少なくともアルバム売上は4000万枚を記録した。フーティー・アンド・ザ・ブロウフィッシュさえ超えていた。

1990年代の終わりには、音楽業界全体がCDブームの波に乗り、史上最高益を達成した。時はバブル景気で、消費意欲は強く、アメリカ人はこれまでになく音楽におカネを使っていた。利益率も上がり、CD製造の効率が改善されたおかげで、1枚あたりのコストは1ドルを切っていた。コストダウンは小売価格には反映されず、CDの値段は16ドル98セントのままだった。ラジオ業界の統合も追い風になり、全国で同じ音楽が流れる環境の中で、シングルヒットが出るとすぐにアルバムもプラチナになった。電波を独占することが決め手になった。リンプ・ビズキットが40回もプラチナを達成できるなら、正直なところだれでもそうできる可能性があった。

しかも、インタースコープへの批判も影をひそめはじめていた。ギャングスタラップは生き残り、おそらくそれが数十年と続くことは確実だった。反対派の急先鋒だったビル・ベネットはアメリカ新世紀プロジェクトで忙しかった。ブッシュ政権によるイラク戦争を後押ししたとされるシンクタンクだ。アメリカの子供たちを下品な言葉から守る戦いに疲れ果てたベネットは、おせっかいにも他国を勝手に侵略することにエネルギーを使うことにしたわけだ。ウソで塗り固められたイラク侵略は、その後数万人もの犠牲者を出し、ホッブズ的国家を残酷にも目覚めさせてしまった。それに比べればラップ音楽なんてかわいいものだ。アメリカの良心は次のターゲットに矛先を向けていた。

　モリスは新しい才能を探しはじめた。アイオヴィンを敬愛していたが、彼に頼り切るわけにはいかなかった。ユニバーサル・ミュージックの存在を、インタースコープの陰から表に打ち出す必要があった。そのために、モリスはスカウト部隊を全国に派遣して、新人や未契約のアーティストを探しはじめた。モリスはこれまでの経験をもとに、スカウトマンに地元の市場をしらみつぶしに調査して、ご当地ヒットを掘り当てるように指示した。まもなく面白いグループが見つかった。キャッシュ・マネー・レコードというニューオリンズのラップレーベルだ。[6]独立系レーベルのキャッシュ・マネーは多くの地元ラッパーと契約し、南部のレコード店の一部ではユニバーサルの大物アーティストよりも高い売上をあげていた。南部以外でも売れそうだと感じたキャッシュ・マネーは、大手レーベルとの販売提携を考えていた。売れ筋をアピールするために、ジュヴィナイルという無名ラッパーの「バック・ザット・アス・アップ」を発売に先行して配っていた。

　その曲を初めて聞いたモリスは、完全に曲に没頭してトランス状態に入ったようだった。[7]話をやめて厳しい顔つきになった。目を細めて、遠くを見つめた。モリスの中のソングライターが目を覚まし、リズムに合わせて身体が自然に動いた。足を踏み、腕を振り、頭をぐるっと回した。モリスはひとことも口を開かず同じ動きを続け、曲が終わると決断を下した。

　モリスは自分でも、どのラップがヒットするかわからないと認めている。彼はどちらかというとロック畑の人間で、どのラッパーがヒットしそうかの判断はレーベルのリーダーに任せていた。だが、「バック・ザット・アス・アップ」は違った。聞いた瞬間に大ヒットを確信したのだ。ずっとあとになっても、曲のサビは頭から離れず、モリスはそれを口ずさんだ。「お前は素敵なマザーファッカー、バック・ザット・アス・アップ」そう言って、モリスは頭を後ろに反らし楽しそうに笑った。

キャッシュ・マネー・レコードを持っていたのは、ブライアンとロナルドのウィリアムズ兄弟だ。ふたりはバードマンとスリムと呼ばれていた。ニューオリンズの荒廃した貧困地区で生まれ育ったふたりは、シュグ・ナイトの仕事ぶりをマスコミを通して追いかけ、自分たちも同じようになりたいと思っていた。1998年のはじめに、ふたりは契約を結ぶためにニューヨークに飛んでユニバーサル本社でモリスと会った。交渉は一筋縄ではいかなかった。兄弟はジュヴィナイルだけでなく、レーベルのラッパー全員を売り込んだ。ビッグ・タイマーズ、ホット・ボーイズ、マニー・フレッシュ、B.G.、ヤング・ターク、そしておまけみたいな15歳のリル・ウェイン。ふたりは原盤権と8対2の利益配分を要求した。だが、なによりも交渉の壁になったのは、ふたりのひどい南部訛りだった。モリスはふたりが言っていることをほとんど理解できなかった。それでも、なんとか交渉は成立し、バードマンとスリムのふたりは300万ドルの小切手を手にしてユニバーサル本社をあとにした。

モリスがほかのエグゼクティブと違うのは、こんな契約を結べることだった。ついこの間までだれかの台所で歌をふき込んでいたような、ほとんど無名の泥臭いラッパーに、そこまでの大金を払う音楽エグゼクティブはほかにいなかった。モリスは受注係を追いかけてきた長年の経験から、ご当地ヒットなど存在しないことを知っていた。うまく宣伝すればかならず世界的なヒットになる。ユニバーサルの広告宣伝チームはこのレーベルにかなりの重点を置き、数か月もしないうちに「バック・ザット・アス・アップ」はイビサ島でも流れていた。

新生ユニバーサル・ミュージック・グループは成功した。一方で、シーグラムは苦しんでいた。飲料売上は頭打ちで、映画事業はコケまくっていた。はじめが「ウォーターワールド」。次が「ジョーブラックによろしく」。そのあとに、「ダンテズ・ピーク」、「マーキュリー・ライジング」、「ブルース・ブラザース2000」が公開され、それから「ホットネイビー〜カリブ海イケイケ大作戦」、「フリッパー」「もう一度アイラブユー」と続いた。ブロンフマンが引き継いでから、ユニバーサル・スタジオは年を追うごとに沈んでいった。1998年は最悪で、記憶にあるかぎり、ハリウッドのメジャースタジオの中でこれほど大きな損失を出した会社はないほどだった。

有名人との付き合いは人間の判断力を鈍らせる。株主がどうなろうと、工業潤滑油よりも音楽を売る方が楽しいことは確かだ。もともとブロンフマンに好意的でなかったマスコミは、映画事業の失敗に血の臭いを嗅ぎつけた。[8] ブロンフマンはウォール街から袋叩きに合い、マスコミからは血祭りにあげられた。ブロンフマンが経営の舵を握った時期は、アメリカの株式市場が史上最高のリターンをあげた時期に重なっていたが、シーグラムの株価はいっこうに上がらず、すでに売り払ったデュポンの株価は2倍になっていた。

そんな暗い状況の中でユニバーサル・ミュージックはただひとつの希望の星だった。ブロンフマンを厳しく批判していた人たちでさえ、この点は認めていた。ブロンフマンはその強みをさらに生かそうと考えた。1998年5月に新しい案件が発表された。シーグラムはトロピカーナ事業をペプシに売却し、そのお金でフィリップスからポリグラム・レコードを買収することにしたのだ。ブロンフマンは、退屈で、安定的で、利益率の高いオレンジジュース事業のすべてが嫌だった。音楽ビジネスのすべてをブロンフマンは愛した。エキサイティングで、華やかで、予期せぬリスクに満ちている。この案件が成立すると、シーグラムの売上の半分以上をエンタテイメント事業が占めることになり、モリスはふたたび世界でもっとも力のある音楽エグゼクティブのひとりに返り咲くことになる。

買収の発表を受けて、シーグラムの株価は暴落した。ポリグラムの未来が輝かしいとはとても言えなかった。1997年にポリグラムでいちばん売れていたアーティストは少年バンドのハンソンで、「キラメキ☆MMBOP」というシングル曲をヒットさせていた。ポリグラムのアーティストは懐メロのイメージが強かった。エルトン・ジョン、ブライアン・アダムズ、ボン・ジョヴィ、ボーイズIIメン。ただし、ポリグラムは海外市場で確固とした地位を築いていて、旧譜の販売権と合わせると、買収価格は高くついた。

買収価格は100億ドルで、シーグラムの経営陣は目論見書をなんとか書きあげた。目論見書の公開は法的に義務付けられていて、株主にとっての買収の経済的根拠をそこに示さなければならない。目論見書では大幅な成長予測が描かれ、それによって買収価格が正当化されていた。アメリカ企業ではありがちだが、経営陣は過去3年の売上を見て、その伸びが永遠に続く想定を立てていた。

目論見書には潜在的なリスクを隅々まですべて開示することが法律で決められている。中でもいちばん大きなリスクは著作権侵害で、これが以前から音楽業界を蝕んできた（実際、活版印刷の発明以来、クリエイティブ業界全体が、著作権侵害に苦しんできた。著作権侵害を表す「海賊版」という言葉は300年以上も前から使われている）[9]。どの音楽エグゼクティブも海賊行為を深刻に受け止めていたし、海賊版CDの取引が原因で、ポリグラムはアジアとラテンアメリカの一部の市場から完全に撤退していた。これらの国では個人ではなく犯罪組織が海賊版の販売を取り仕切っていたが、家庭用CDバーナーの普及で、ヨーロッパとアメリカにも問題が広がる可能性はあった。

同じようなことは以前にも起きていた。1980年代のはじめにカセットテープのダビング機が発売された時だ。アナリストはこれを同じ現象だと見ていた。16年前に家庭でのダビングによる業界への悪影響を分析したのは、経済学者でのちにFRB議長となったアラン・グリーンスパンだった。レコード売上が急落した1982年に、グリーンスパンは業界を客観的に観察していた。彼は、売上低下の原因をテープの不正コピーだと分析し、音楽業界がそれに対抗するためのさまざまな価格戦略を考えた。だが、経済学の先端テクニックを使った結果、価格を上げても下げても無駄だとわかった。売上を回復させるには、違法コピーを厳しく取り締まるしかないとグリーンスパンは結論づけた。つまり、資本主義の成功には国家による積極的な介入が必要だと言ったのだ（グリーンスパン自身、この知見の重要性を充分に理解したのはかなりあとになってからだった）。

ダグ・モリスは、音楽泥棒を牢屋にぶち込むことに大賛成だった。しかし、彼は違法テープ売買の時代からまったく違う教訓を学んでいた。警察を呼んでも問題は解決しない。解決策は「スリラー」を世に出すことだ。モリスから見ると、本当に音楽業界の不況を救ったのは、マイケル・ジャクソンの1982年の大ヒット曲だった。足りないのは法律じゃなくてヒット曲だ。音楽業界はファンのニーズに応えられていなかったが、スリラーがポップ音楽に革命をもたらしたことで、風向きが変わった。モリスはスリラーに関わっていなかったが、ほかの音楽エグゼクティブと同じく、スリラーを特別な1曲として絶賛していた。このアルバムは企業努力の成果を表すもので、歴史に永遠に名を刻む楽曲だった。

そんなわけで、モリスは目論見書を読み、海賊版CDの増加に関する警告も目にしたが、たいして心配しなかった。注意してはいたけれど、利益に大きな影響を与えるとは思えなかった。ヒットを出し続けていれば、消費者はこれからも正規のCDを買い続けるはずだと思っていた。それに、買収後のCDの利益率はこれ以上ないほどに高くなると思われた。ポリグラムはCDの大量生産工場を国内に何か所も持っていて、そのひとつが「オール・アイズ・オン・ミー」を製造したキングスマウンテン工場だった。これらの工場がユニバーサルの製造販売網に入れば、年間コストは3億ドルも削減されると予想された（もちろん、そうしたコスト削減効果を消費者に還元する計画はなかった）。

目論見書にはそのほかのリスクも列記されていた。消費者の嗜好が変わるかもしれない。たとえば、ハンソンのアルバムをだれも買わなくなるといった破滅的なシナリオだ。アーティストの獲得競争に負けるかもしれない。次回はキャッシュ・マネーと契約できず、ボン・ジョヴィをソニーに取られるかもしれない。それに景気後退のリスクもある。音楽業界はこれまで比較的不況には強かったが、景気の波はコントロールできない。それに、「キーマン」のリスクもある。モリスが突然心臓発作で倒れるかもしれないし、隕石が当たるかもしれない。

しかし、最大のリスクはまったく書かれていなかった。1998年11月に目論見書が一般に公開された時、インターネット界隈は無視できないほど騒がしくなっていた。それでもシーグラムの経営陣はインターネットが分析に値するとはまったく考えていなかった。ポリグラム買収の目論見書は、インターネットについても、家庭向けブロードバンド市場についてもまったく触れていなかった。ストリーミングサービスの可能性も、ファイルシェアが拡散する可能性も、すっぽり抜け落ちていた。もちろん、mp3についても書かれていなかった。

7章 海賊に惚れ込まれる

ｍｐ3をいち早く導入したテロス・システムズは、1996年までに北米のスポーツデジタル放送の7割を支配していた。ライバルはｍｐ2を使っていたが、テロスにやられっぱなしだった。今では、北米のほとんどの主なスタジアムにゼファーの変換器があり、大手のラジオ局とテレビ局の多くも同じものを使っていた。ナレーターやプロの声優はわざわざスタジオに出向かなくていいように、ゼファーを使って自宅にレコーディングのブースを設置した。「ゼファー」は「デジタルでストリーミングする」という意味の動詞になった。たとえば「パーヴェル・ブレのインタビューをゼファーしてもらえる？」という風に使われた。

開かれた市場でサシの戦いに勝ったことで、死んだはずのフォーマットにふたたび関心が集まった。規格委員会には嫌われていたｍｐ3が、ユーザーには愛されていた。この成功によってｍｐ3は注目され、まもなくそのほかの契約もフラウンホーファーに舞い込んできた。マクロメディアはフラッシュのマルチメディアコーデックにｍｐ3を採用した。マイクロソフトは初期のウィンドウズメディアプレーヤーにｍｐ3を採用した。ワールドスペースというスタートアップの衛星ラジオ局が、南半球向けの放送に採用した。こうした契約からの収入はたいした金額ではなかった。生き残りには十分だったが、開発にかけた時間や投入した資金に比べれば、まだ足りなかった。

1996年の終わりにかけて、フラウンホーファーはmp3からの移行を進めた。mp3の開発は完了し、ほとんど人員も割いていなかった。それほど多くないmp3のユーザーを、完成に近づいた次世代のAAC（アドバンスト・オーディオ・コーディング）に移行させる予定だった。AACは期待通りの性能だった。さまざまな新しい技術を使って、mp3より3割速く、目標だった12対1を超える圧縮比率で完全な音質を保証していた。14年の時を経て、ザイツァーの夢が現実になったのだ。1996年の終わりにフラウンホーファーは規格委員会にAACを提出し、この時をもってmp3は正式にひと世代前の技術になった。

次に起きたのは、まるで「スター・トレック」の一話のような展開だ。グループのだれも、その時のことをよく憶えていない。ブランデンブルクも、グリルも、ポップも、ゲルホイザーも、エーバーラインも、ヘーレも、当時の記憶を失ってしまったようだった。ザイツァーまでも思い出せないと言う。いつもならフラウンホーファーのメンバーは異常に記憶力がいい。普通なら20年前の出来事をはっきりと正確に思い出せる。記録もきちんと取っているし、彼らの話はかならず写真や文書で裏付けが取れていた。だが1996年の終わりから1997年のはじめにかけての時期だけが、記憶の空白地帯だった。「違法コピー」という言葉を初めて聞いたのがいつかを、だれひとり憶えていなかった。

フラウンホーファーのメンバーはもちろんインターネットを知っていたが、彼らの知るインターネットは研究やビジネスの協力ツールであって、10代の匿名ハッカーが集まる得体のしれないサブカルチャーではなかった。フラウンホーファーの純粋な研究者たちは、なにが起きているのかをわかっていなかった。数年前にグリルがプログラムしたDOSベースのシェアウェア、L3encが、アンダーグラウンドのどこかで使われて、何万、何十万もの不正ファイルを生み出していた。20回使ったら消滅するはずのWinPlay3は解読され、全面的に使えるようになっていた。L3encとWinPlay3は一組にされ、チャットルームやウェブサイトで配られていた。[1]

それだけではない。ウェアーズ・シーンのグループのいくつかは、L3encとWinPlay3のシリアルナンバーを不正に入手し、それを使ってフラウンホーファーのFTPサーバーに直接アクセスしていた。[2] 1996年の半ばに、フラウンホーファーのデータベース管理者はFTPサーバーへのトラフィックが急激に増加していることに気づいた。1996年の終わりには、L3encとWinPlay3のダウンロードが急増し、無視できないほどになっていた。長年無視され続けたあとに、ようやくmp3に注目が集まったのだ。だが驚くことに、フラウンホーファーの研究者はだれもこの復活劇の詳細を思い出せなかった。

フラウンホーファーのはっきりした記憶が始まるのは1997年5月27日からだ。その日、カンファレンスのためにアメリカにいたブランデンブルクは、全国紙USAトゥデイのコピーを渡された。8ページ目の「生活」欄で、音楽ジャーナリストのブルース・ヘアリングが、大手マスコミで初めてmp3について触れていた。「音響の先端技術が、音楽泥棒に扉を開く」という見出しだった。「ウェブサイトにアルバムが氾濫」と続いていた。その記事には、デイビッド・ウィークリーというスタンフォード大学の新入生への短いインタビューが含まれていた。

今年の3月末、ウィークリーは大学のシステムを通して個人のサーバーに、ビースティ・ボーイズ、R.E.M.、サイプレス・ヒル、ナタリー・マーチャントなど、110曲もの音楽ファイルをダウンロードした。まもなく1日に2000人を超える人がここを訪れ、スタンフォードの対外トラフィックの8割以上を占めるようになった。

ブランデンブルクはこの出来事の深刻さに気づいた。絶対にこれを記憶しておかなくちゃならない、そしてフラウンホーファーの仲間たちに知らせなくちゃならないと思った。そして、その記事をはさみで切り取った。

ブランデンブルクは著作権の侵害を認めなかった。フラウンホーファーの全員がそうだった。彼ら発明者は知的財産からの収入で生計を立てていたし、著作権法の精神と条文を深く信じていた。彼らはファイル共有のサブカルチャーの参加者ではなく、音楽を盗んだこともなかった。ブランデンブルクはドイツに帰国するのを待って、一連の是正措置を講じた。悪質なハッカーを当局につき出し、全米レコード協会（RIAA）と会合の約束を取り付けた。RIAAは、ワシントンDCに本拠を置く音楽産業のためのロビー団体で、ブランデンブルクは彼らに現状を警告するつもりだった。

その夏、ブランデンブルクはＲＩＡＡとのミーティングに改良品を携えてやってきた。コピー防止機能付きのｍｐ3だ。専門家なら防止機能を解除できることは実験でわかっていたが、一般ユーザーの大半はそこまでできないだろうとブランデンブルクは信じていた。その会合で、ブランデンブルクは新しいテクノロジーを実演し、一斉に採用するようＲＩＡＡに呼びかけた。ｍｐ3の不正コピーをなくすには、その代わりになる合法なやり方を提示するのがいちばんだった。

だが、音楽業界が楽曲の電子流通を支持しないことをブランデンブルクはやんわりと知らされた。彼にとってはバカげた話だった。音楽はもう電子的に流通されている。レコード会社のお偉方には店頭に置かれたＣＤが在庫に見えたかもしれないが、エンジニアにとってはただ非効率に保存されたデータでしかなかった。ブランデンブルクはもう一度自分の主張を繰り返したが、彼の穏やかで理路整然とした科学的な説明は、深刻な警告とは受け止められなかった。結局ブランデンブルクはすごすごと帰国することになった。

なぜ業界は耳を貸さなかったのか？　ＲＩＡＡはその後さまざまな言い訳をしていた。[3]

まず、ブランデンブルクの主張が彼自身の得になるものだったという説明だ。ｍｐ3を合法的に販売するにはフラウンホーファーからのライセンスが必要で、それは高くついた。すでにオンラインに大量の不正コピーが出回っていることを考えると、ブランデンブルクの提案は脅迫にも思えた。もちろん彼にはそんなつもりはまったくなかった。

次に、ＲＩＡＡは実際には音楽業界を率いていたわけではない。現実にはその逆だった。6大レーベル《ビッグ・シックス》から雇われたロビー団体に過ぎない。ＲＩＡＡの仕事は、著作権法について議員に働きかけたり、警察に協力して窃盗犯を追跡したり、ゴールドアルバムやプラチナアルバムを認証することだ。資金の配分を決める権限も、電子流通のテクノロジーに大規模な投資をする権限もなかった。ブランデンブルクが会合を申し込んだのは的外れの相手だったのだ。

それでも、もしＲＩＡＡが本当に音楽産業を気にかけていたなら、ブランデンブルクを大手レーベルに紹介することはできただろう。だが、それもしなかった。その理由は、もっともだった。技術担当者がそうしないように進言したからだ。スタジオエンジニアはｍｐ3を嫌っていた。彼らはサウンドボードを操作してアルバムを実際に制作する音響エンジニアたちだ。アルバムの音質を担保するのが彼らの役目で、仲間内ではｍｐ3の音質はクソだという説がまかり通っていた。

こうしたギルドのような頑なな抵抗が、初期の採用の障害になっていた。スタジオエンジニアの言い分にも一理あった。インターネットに出回っているＬ3ｅｎｃの初期の海賊版は音質が悪く、一般のリスナーでさえＣＤとの違いがはっきりとわかる代物だった。だけど、それだけじゃない。スタジオエンジニアは高品質のｍｐ3でさえ忌み嫌っていた。彼らにとっては、微妙な音質を聞き分けることがプロの証であり、こだわりなのだ。ブランデンブルクの提案は、彼らの仕事の9割を切り捨てるようなものだった。

以前にも同じ議論はあった。反論のため、ブランデンブルクはツビッカーの理論を持ち出して、実際には人の耳には聞こえない情報が除かれていることや、それが二重盲検法で実証されていることを指摘した。昔からブランデンブルクは完全な音の再生を目標にしていて、1997年までに99パーセントの割合でそれが達成できたと感じていた。[4] だがスタジオエンジニアはそう思っていなかった。彼らは、CDとmp3の音質には大きな開きがあって、それをかならず聞き分けられると信じ込んでいた。しかも、プロとしての判断を疑うと憤慨した。

多くの有名アーティストもその意見に賛成していた。中にはニール・ヤングのように、音質基準を守るための負け戦に何年も費やしたアーティストもいた。[5] だがそれは技術的な意見の相違ではなかった。文化の衝突だった。一見同じ分野の人間に見えても、スタジオエンジニアとフラウンホーファーのメンバーとはまったく違う人種だった。スタジオエンジニアは音楽マネジメントの学位を持っていても、電気工学の博士ではなかった。スタジオエンジニアの多くは自身も音楽家やソングライターで、中にはレコードプロデューサーになって大金を稼いでいる人もいた（ジミー・アイオヴィンもはじめはスタジオエンジニアだった）。つまり、彼らはアーティストで、科学的な物差しで世界を見ることに慣れていなかった。スタジオの人間にとって、音は「トーン」や「温かみ」といった美的感覚で語られるものだった。研究者にとって、音はこの宇宙の物理的な特性で、空気の振動を数字で表したものだった。音響研究者とレコードプロデューサーでは、議論がまったくかみ合わなかった。

それに、どれだけデータを集めても、ブランデンブルクの主張がはっきりと証明されるはずがなかった。人間の聴覚は指紋と同じように一人ひとり違っていて、それぞれの聞く音も違う。何百人もの熟練したプロが聞き落としたなにかをスタジオエンジニアが認識できるはずはなかったが、もちろん不可能とは言い切れなかった。少なくとも、しばらくの間はそんな説が通っていた。

RIAAに門前払いを食わされたことは、ブランデンブルクにとってはたいした失点ではなかった。だが音楽業界にとっては、悲惨な自責点だった。音質についてのスタジオエンジニアの意見が正しいとしても、売上には関係ない。ほんの少し前まで、人々は自宅の安物プレーヤーで傷のついたレコードを聞き、外ではAMラジオを聞いていた。それに比べれば、mp3ははるかにマシだった。リスナーは音質を気にしないし、完璧な音にいつまでも固執し続けること自体、音楽業界が消費者を理解していない証拠だった。

音楽業界より賢い業界もあった。大手レコードレーベルが悪だと思ったところに、家電メーカーは利益を見ていた。例のRIAAのミーティングと同じ頃に、韓国企業のダイヤモンド・マルチメディアとセハン・インターナショナルがそれぞれ別々にフラウンホーファーに近づき、世界初の携帯型mp3プレーヤーを作りたいと申し出ていた（2年前にハラルド・ポップがプロトタイプを作らせていたことは知らなかった）。どちらの会社が提案したデザインも特に優れたものではなかったが、トムソンのアンリ・リンデは急いで契約を結んだ。ソニーや東芝といった日本の大手メーカーもすぐ韓国メーカーに続くはずだと思っていた。

だが、彼らはやってこなかった。以前はなんにでも手を出していた日本の家電メーカーは今やグローバル企業として確立され、昔のようにリスクをとらなくなっていた。しかもmp3は危険だった。ウェブにあるmp3ファイルのほとんどは違法で、それを保存し再生する機器は訴えられる恐れがあった。家電業界と音楽業界の関係は昔から険悪で、1980年代にダビング機器が発売された時には次々と訴訟が起きていた。それ以来慎重になったソニーや東芝その他の日本メーカーは、韓国の二番手メーカーが、サメのうようよする海に漕ぎ出しているのを、岸辺から注意深く見守っていた。

とはいえ、騒動の大好きな輩《やから》もいる。マスコミだ。USAトゥデイの記事のあと、フラウンホーファーの広報にはインタビューの申し込みが殺到し、エアランゲンには報道陣が押し寄せていた。もちろん記者たちはmp3の責任者を知りたがり、ブランデンブルクに注目していた。ブランデンブルクは注意深くそれを避けていた。その後数年間、mp3は未来のテクノロジーとして拡散されていったが、その発明者は意外にも世間に知られないままだった。

それは、ブランデンブルクが自分の役割を表ざたにしなかったからだ。彼はインタビューのたびに、mp3の発明者はひとりではなく、チーム全員の努力が実を結んだのだと強調していた（いつも真っ先にそう切り出した）。それから、mp3のスポンサーの功績を挙げた。トムソンやAT&T、そして後にはMPEGにさえ感謝を表していた。あのミュージカムの貢献に触れることもあった。ミュージカムは例のフィルタバンクの特許を持っていて、フラウンホーファーはまだそれを使わされていた。つまり、mp3の売上があがりはじめると、フィリップスにも少しだけ分け前が入ることになっていた。

mp3は特許とライセンシング収入が複雑に入り組んだ、数多くのスポンサーからなる大規模なプロジェクトで、原動力はひとつではないというのが、ブランデンブルクがマスコミ向けに描いた全体像だった。リンデは違うと知っていた。ライセンス担当者だったリンデはこの複雑な全体像を理解できる数少ない人間のひとりで、ブランデンブルクがマスコミをけむに巻いていると見ていた。リンデに言わせると、ブランデンブルクは「チームに逃げ込んでいた」のだった。

もちろんグリルやポップを含め、最初の6人組はかけがえのない存在で、有能なメンバーに囲まれたブランデンブルクは幸運だった。確かにトムソンの支援もかなり重要で、特にリンデを送り込んだことは決定的だった。また、関係者が多かったのも本当だ。mp3は20件もの特許で守られていて、その売上はスポンサー企業が分け前を取ったあと、数十人の発明者に分配されていた。[6] ライセンシング契約に詳しく目を通さなければ、その秘密はわからなかった。特許書類に記された多くの特許保有者の中で、ブランデンブルクの名はだれよりも多く記され、いちばん重要な1986年の最初の申請書に記されていたのはブランデンブルクの名前だけだった。

ブランデンブルクがmp3から得る収入は莫大だった。彼が隠そうとしていたのはこの点だ。ブランデンブルクは謙虚で注目を浴びることを嫌がり、そのうえドイツ人らしく富をひけらかすことに抵抗感があり、このことを隠したがった。皮肉なことに、ブランデンブルクが自分の知的財産から得る莫大な富は、歴史上もっとも大規模な著作権侵害から生まれていた。

mp3がカネになりそうだと気づきはじめた人たちもいた。ダイヤモンドやセハンもそうだが、初期のイノベーターは大組織が守っている著作権をあまり気にしないようなアウトサイダーだった。1997年4月に、ユタ大学の1年生だったジャスティン・フランケルがWinampを発表した。WinampはWinPlay3の見た目を改善したソフトで、特にプレイリストの編集機能を加えた点が優れていた。フランケルはグリルがデザインしたモノクロのLCDのスクリーンをまるっきりそのまま使っていたが、フラウンホーファーからはライセンスを受けていなかった。[7] 1年もしないうちにWinampは1500万回もダウンロードされていた。その頃までには、正式にライセンスを受けてL3encに改善を加えたmp3エンコーダが数社から発売されていた。グリルが開発したmp3再生ソフトは、より使い勝手のいいライバルに取って代わられ、彼自身のプログラムは引退することになった。

その9月、1997年の卒業生たちが社会に出ていき、その世代の若者は自由に音楽ファイルを作って共有できるようになり、彼らはそれにお金を払う余裕もそのつもりもなかった(僕もそのひとりだった)。ウェブサイトでも世界中のファイルサーバーでも、mp3ファイルの数はものすごい勢いで伸びていた。全国の大学の寮室で、学生たちが違法なmp3ファイルでハードドライブをいっぱいにしていた。教育機関自身も思いがけずそれを手助けする共犯となり、90年代の音楽不正コピーは、60年代のドラッグ文化にも等しい現象になっていた。その世代は総じて社会規範と既存の法制度を軽んじがちで、その結果をあまり深く考えていなかった。

6年間というもの、mp3は知る人ぞ知るテクノロジーだった。その期間は市場のほんの一部をなんとか押さえていた。その後、AACが発表され、発明者自身がmp3を放棄して、それが公式にひと世代前のテクノロジーになったが、一方でmp3は突然、未来のフォーマットになっていた。ブランデンブルクはその見返りを得た。グリルも、ポップも、その他のチームメンバーもだ。途中で加入したフラウンホーファーの研究者も、分け前にあずかった。ドイツの法律のもとでは発明者に一定割合のロイヤリティーが保証され、これは自然の権利とされ交渉では変えられない。それほどラッキーでない人もいた。アメリカでもまた特許と著作権は保証されているが、[8] ほかのすべてのものと同じように、著作権が生み出す将来の収入を受け取る権利は売買できる。ブランデンブルクのアメリカでのパートナーだったジェームズ・ジョンストンはベル研に異動した時にAT&Tに自分の権利を渡していた。つまり、mp3はジョンストンの想像したベストシナリオをもはるかに超える成功を収めたのに、彼は一銭ももらえなかった。

この頃、リンデはブランデンブルクの微妙な変化に気づきはじめた。服装にほとんどかまわなかったブランデンブルクは、スポーツジャケットとネクタイを身に着けるようになった。細かい技術の話をあまりしなくなり、市場ポジションや長期的な参入障壁について話すことが多くなった。開かれた競争市場について理解しはじめ、優れた資本家がそうであるように、できるかぎり競争を避けはじめた。ブランデンブルクは少し変わってはいたが、それが人格障害のようなものでないことは確かだった。ここ数年の間に人間の傾向や動機について深く理解しはじめたようだった。彼は人間の本質を注意深く観察していたし、ただぎこちないふりをしているだけのように見えた。

その後何年間も、リンデはブランデンブルクがビジネス戦略にも人間関係にもこのスキルを使って、フラウンホーファーのチームの利益が最大になるようにグローバルな音楽市場を導くのを見た。その始まりがAACだった。AACはmp3よりもはるかに優れていた。理想の世界では、mp3フォーマットは1996年にフェーズアウトして、より優れたAACにすべて変わっていてもおかしくなかった。だが、ブランデンブルクはそうさせなかった。市場をふたつに分けて、携帯電話やHDTV向けにAACを売り込み、家庭用音楽ユーザーにはmp3を売り込んだ。

なぜだろう？　ブランデンブルクはどちらの規格からも収入を得ていたが、mp3の分け前の方が大きかった。また、そうすることで、仲間たちの何十年にもわたる努力に報いることができた。それに家庭用ユーザーは文句を言わない。一般の人たちにとって、mp3は無料で音楽を吐き出してくれるブラックボックスで、AACを導入しても混乱を招くだけに思われた。とはいえ、エンジニアリングの点からは、こうしたやり方はただの「大人の事情」と言われても仕方なかった。

1998年までに、ブランデンブルクは暗闇を抜けていた。どちらのフォーマットでも成功した彼は、音響エンジニアリングの世界で賞賛され、ビジョナリーと見なされるようになっていた。その年、ブランデンブルクは音響エンジニアリング協会から功労賞を受け、それを皮切りに数々の賞を受賞することになる。MPEG内部の政治力も、フィリップス／ミュージカム連合からフラウンホーファー／ブランデンブルク組に移っていった。以前にブランデンブルクの懇願を無視したエンジニアたちが、彼の権威を決定的なものとみなすようになっていた。

MPEGはそれまで何度となくブランデンブルクを鼻であしらってきた。1990年にはmp3にがんのようなフィルタバンクを無理やり押し込んだ。1995年には彼を裏切り、骨抜きにし、見捨てた。1998年には、そのブランデンブルクがすべてを取り仕切っていた。その年のMPEGの会合で、ある提案が成功するかどうかを話し合った時、日本の代表者のひとりがブランデンブルクを指さして、「彼に聞くといい」と言ったほどだった。

1998年5月、韓国のセハン製のMPManが登場した。世界初の家庭用mp3プレーヤーは携帯ラジオの大きさに小さな白黒画面がついた装置で、600ドルもしたのに5曲しか入らなかった。レビューはどれも批判的で、コアなファンにしか売れなかった。だが、ブランデンブルクは感激して3個も注文した。ほかの多くの企業もフラウンホーファーにアプローチしはじめた。ポップとグリルの役目は技術開発から人材と売上の管理に移っていった。

1998年の終わりに、グリルはライセンス契約を詰めるためロサンゼルスに飛んだ。仕事のあとで郊外のモールに買い物に立ち寄った。エスカレーターでふたりのティーンエージャーの後ろに立っていると、自分が開発したテクノロジーの話が耳に入ってきた。「mp3って言うんだ」と片方が相手に話しかけていた。それを使うとパソコンに音楽を入れられる。そんで、インターネットでシェアできるんだ。お前、まだ知らないの？　俺なんて、音楽はそればっかだぜ。

フラウンホーファーの黄金の耳と言われたグリルは、その会話を黙って聞いていた。これまでに感じたことのないなにかが彼の中に湧き上がっていた。その時初めて気がついた。規格戦争は終わっていた。自分たちが勝ったんだ。

8章　「シーン」に入る

1998年、グローバーはタワーを立てた。7台のCDバーナーを縦に積み重ねて、完璧な海賊版を作りはじめた。バーナーは4倍速だったので、1時間で30枚近くコピーできた。グローバーは#ウェアーズやほかのアンダーグラウンドのネットワークからネタを調達していた。プレイステーションのゲーム、PCソフト、mp3ファイルなど、ディスクに焼けるものはなんでも手に入れて、現金と引き換えにファイルを手渡して小銭を稼いでいた。

グローバーは主に映画を扱っていた。圧縮動画が海賊ネットワークに出回るようになり、低画質のコピーが巷にあふれはじめた。家庭用のDVDバーナーはまだ発売されておらず、海賊グループは「ビデオCD」と呼ばれる質の悪いテクノロジーに頼っていた。グローバーはビデオCDをダウンロードして自分のタワーでコピーを作り、1枚5ドルから10ドルで売っていた。画質は悪かったが、いい稼ぎになった。

そのうちグローバーは空のCDを大量購入し、一度に何百枚ものディスクを扱うようになっていた。ラベル印刷機を買って商品カタログを作り、カラープリンターで偽の映画ポスターまで作った。黒いプラスチックのCDバインダーにカラーポスターを差し込み、宣伝用のカタログとして使っていた。ジープのトランクに在庫を入れて、道端で海賊版映画を売った。だが、工場から盗まれたCDを売ることだけはしなかった。流出CDは闇市に出回っていたけれど、グローバーは危険すぎると思った。これほどの時間を費やして常勤社員になったのに、職を棒にふるような真似はごめんだった。それに健康保険も必要だった。1年前に息子のマーキスが生まれて、おむつや保育費といった多額の費用が彼の頭の中の帳簿に書き込まれるようになっていた。グローバーは自身の生い立ちから家族を大切に考えていたし、結婚はともかく父親になる心の準備はできていた。

グローバーは少し大人になっていた。しばらくの間、家でもっと時間を過ごすように努力した。力こぶのあたりに大きな十字架の入れ墨を入れた。浅い眠りから覚めて仕事に行く前には、息子のマーキスと一緒に歯を磨いた。夜になると息子を膝の上に抱えて、海賊版を作りながらあやしていた。

お金が貯まるとすぐにトレーラーを出て、彼女と質素なアパートに移った。犬のブリーディングはやめることにした。あまりお金にならなかったからだ。ピットブルの子犬はコモディティーで、だれでも同じ商売を始めることができたし、競争が激しい中で高い値段をつけることもできなかった。この経験からグローバーは学んでいた。資本主義経済で成功するにはライバルに勝ち続けられるなにかが必要だ。そこで、街角と「シーン」をつなぐ仲介役になることにした。だがそこにも強力なライバルがいた。トニー・ドッカリーだ。

ドッカリーもまたタワーを立てていたし、客層もかぶっていた。しかもドッカリーの在庫はグローバーよりはるかに充実していた。実際、州のだれよりも良かった。グローバーの手に入らないものをドッカリーはなぜか手に入れていた。まだ劇場公開中の映画や、ベータ版のアプリケーション、数か月先に発売予定のプレイステーションのゲームソフト。どこで手に入れたのかを聞いても、ドッカリーははぐらかすだけだった。

ライバルは目障りだ。ドッカリーが口を割らないので、ふたりの友情にひびが入った。一緒に通勤するのもやめて、工場では別々のシフトに入った。そんなわけで、1999年にキングスマウンテンの町を運転中に警官に車を止められた時、グローバーはひとりだった。交通違反もしていないのに、ただ黒人だから止められたのだろうと思った。そんなことはしょっちゅうだったので、いつもの行動を取った。警官が車に近づくと、グローバーは規則通りに、車のシートの間に銃をしまってあることを知らせた。

警官は、それは犯罪だと言った。ノースカロライナでは、警官に車を止められた時にはきちんと見えるように拳銃をダッシュボードの上に置いておくことが法で定められていた。銃の携帯許可は持っていたのに、不法所持で訴えられてしまった。裁判初日の前に、検察官が取引を持ちかけた。警官に銃を渡せば、訴えを取り下げると言う。グローバーは取引に応じて犯罪歴はつかずに済んだが、この経験にびびりあがった。

その後しばらく暗い時期が続いた。浅い眠りがますます浅くなった。友達のふたりがレース中の事故で死に、死を身近に感じたグローバーはスズキのバイクを売り払った。仕事にまた打ち込むようになり、長時間遅くまで働き、夜勤に入るようになった。家族との関係は壊れていった。インターネットで過ごす時間も長すぎた。彼女は赤ん坊と一緒に家を出ていった。

そこにあの発表があった。フィリップスがユニバーサル・ミュージックにポリグラムを売却することになったのだ。音楽レーベル、スタジオ、著作権、アーティストとの契約、そして製造販売ネットワークのすべてが売却される。もちろん、キングスマウンテン工場もだ。当然、従業員は神経質になったが、経営陣は心配しなくていいと言っていた。工場は閉鎖されない。拡張されることになったのだ。

製造ラインは改良されて、1日に50万枚のCDを作れるようになった。完成品を保管するための倉庫も追加された。従業員の数は倍になり、足りない人手は人材派遣会社を通して急いでアルバイトが補充された。駐車場は車であふれかえり、カフェテリアの席も足りなくなった。

新入りの中に地元出身のカレン・バレットがいた。製造現場は美人とは縁遠い場所だったが、バレットは別格だった。彼女は細く、頬骨は高く、肌は白く、ブロンドの髪を長く伸ばしていた。少しエラがはっていて、ちょっぴり鼻が上を向いていたことで小生意気にも見えた。初対面ではシャイでも、すぐに仲間たちと打ち解けて、意外に辛辣な意見を楽しそうに交わすようになった。1999年の終わりに工場に入ったバレットは、包装機のラインに回された。

最初に声をかけたのはドッカリーだった。何度も誘ったが断られ続けていた。それでもなんとかグローバーやほかの従業員と一緒にボーリングの会に来るように口説き落とした。ボーリングレーンでも、ビールを飲みながら、ドッカリーは口説き続けていたが、グローバーはカレンが自分の方を見ていることに気づいた。

しばらくすると、ふたりはお互いに似ていることがわかってきた。カレンもグローバーと同じ南部の田舎町で生まれ育っていた。グローバーと同じくらい訛りが強く、同じ方言を使っていた。教育レベルも同じで、経済的な環境も似通っていた。音楽の好みも同じで、カントリーとロックとラップをあれこれと聞いていた。自動車も好きで、大きなステレオや危険なドライブや改造車に魅力を感じるタイプだった。

グローバーと同じくカレンにも子供がいて、ひとり親の難しさを理解できた。数か月もしないうちにふたりは一緒に住むことを考えはじめ、同棲して複雑な家族関係を結ぶことになった。グローバーはカレンの子供を自分の子供として育てはじめた。マーキスとの面会日には、グローバーの家にマーキスが泊まった。カレンとグローバーは工場でのシフトを交互に組んで、どちらかが家で子供の面倒を見ることにした。

新入りはカレンだけではなかった。新しい工場長がデンマークからやってきた。[1] バリバリの製造効率の専門家だ。周辺のほかの施設は閉鎖され、キングスマウンテンは地域の司令センターになった(その司令の階層を数段のぼると、最終的にはダグ・モリスにたどりつき、その上にはブロンフマンがいた)。統合は厄介だったが、その分シフトが増え、残業時間も増え、なによりも音楽が増えた。ユニバーサルはラップ市場を独占しているようだった。ジェイ・Z、エミネム、ドクター・ドレー、キャッシュ・マネー。彼らのアルバムを包装していたのがグローバーだった。

会社側はこうしたCDを欲しがる人間がいることをよくわかっていた。以前なら工場からの流出はちょっとしたいたずらで、親会社への損失も限られたものだった。だが今のインターネットの時代に、アルバムの流出は破壊的な打撃になった。間違った人の手に1枚のディスクが渡れば、新譜の発売スケジュールがすべて水の泡になってしまう。ユニバーサルはアルバム発売にあたって大規模なプロモーションを仕掛け、ミュージック・ビデオ、ラジオやテレビのCM、深夜のトークショー出演など、大金をかけて宣伝活動を行っていた。発売前のCDがインターネットに流れれば、広告宣伝に何か月も費やしてきたチームの努力が無駄になり、アーティストを裏切ることにもなった。

工場では厳格な流出防止策を新しく定めた。警備責任者のスティーブ・ヴァン・ビューレンが率先してこうした変更を行った。ヴァン・ビューレンは1996年以来工場に勤めていて、ユニバーサルに買収される前からずっと警備体制を強化すべきだと主張していた。この工場が盗みに緩いと思われていたことも知っていて、それを正そうとしていた。自分のプロとしての評判がかかっていたし、これまでになく失うものが大きかった。

ヴァン・ビューレンは工場の従業員と定期的なミーティングを持ちはじめた。ミーティングで彼は、いわゆる「犯罪のトライアングル」[2]について語った。行動理論によると、犯罪行為は3つの要素が重なった結果だという。欲求、タイミング、そして機会だ。この3つのすべてが揃った時に初めて犯罪が起きる。ヴァン・ビューレンは他人の欲求をコントロールすることはできないし、彼らの時間を管理する立場にあるわけではない。だから、犯罪を減らしたければ機会を限るしかなかった。

だが、それをやり遂げるのは難しかった。CD自体が小さいので、ゆるめの服なら簡単に隠れてしまう。薄いアルミ板には金属の含有量が少なく、通り抜け式の金属探知機をくぐってもなかなか探知できない。パッティングによる身体検査は従業員には屈辱的で、なるべく避けたかった。金属探知機のメーカーを何社もあたったあとで、ヴァン・ビューレンはいいことを思いついた。少量のアルミニウムでも感知できるような、特製の携帯型金属探知棒を身体に当てればいい。一人ひとりやっていると時間がかかるので、ランダムに選ぶシステムにした。入国検査の手続きにヒントを得て、従業員全員に工場の出口で磁気IDカードを機械に通させた。5人に4人は緑のライトがつきそのまま退出できる。赤いライトが点灯すると止められて、警備員が身体と手足に金属探知機をあてる。

ヴァン・ビューレンはトライアングルの一角を断ち切るためのもうひとつの策を実行した。「完璧に見通せる防壁」を作るために、工場の周りに張り巡らせた金網フェンスの前の灌木をすべて取り去った。建物の外壁には監視カメラを取り付けた。工場の駐車場の周囲を取り囲むように第2の金網フェンスを設置し、駐車の許可を受けた車両リストを作った。許可を受けた車はダッシュボードにバーコードをつけて、入口でそれをスキャンすることにした。ヴァン・ビューレンは工場の外でも仕事に打ち込んだ。発売前のCDが不正に売買されていることを聞きつけて、周辺の蚤の市をしょっちゅう見回って海賊版を探しはじめた。すると、工場からほんの数キロ東の国道沿いの蚤の市で、海賊版を見つけた。かつて盗んだCDをグローバーに売りつけていた連中が、身元を隠したヴァン・ビューレンに海賊版を売りつけ、何人かは逮捕されることになった。

それでも、なんらかの手段で海賊版はアンダーグラウンドで取引されていた。どうやって持ち出しているのかグローバーにはわからなかったが、アルバイトの従業員がヴァン・ビューレンの警備体制をくぐり抜けCDを持ち出していた。そのうちのひとりは300枚のCDを持ち出すことに成功し、1枚5ドルで売っていた。それに関わっていたのは限られた窃盗仲間で、選ばれた従業員だけがその仲間に入れた。そのほとんどは失うもののほとんどないアルバイトの従業員で、中には犯罪歴のある人間もいた。彼らのほとんどは、コンピュータに馴染みがなかった。グローバーは違った。常勤で犯罪歴もなく、テクノロジーに詳しかった。とはいえ、グローバーはタフな男として知られていたし、ストリートの掟に通じていた。口が堅く、買い手として受け入れてもらうことができた。

ドッカリーは違った。口が軽いと思われていたか、ただ真面目だと思われていたようだ。どちらにしろ、CDを手に入れるにはグローバーに頼るしかなかった。その代わり、ドッカリーは発売前のコンテンツをインターネットで流しているグループにグローバーを招待した。だが、その関係は対等ではなく、ドッカリーが次から次にCDをねだるようになったので、グローバーはムカついていた。1999年終わりのある日、グローバーはドッカリーを問い詰めた。

お前の面倒を見るのはもうたくさんだ、とグローバーは切り出した。いったいなんなんだ？　なんでそこまで必死に欲しがってんだ？　それに、あの映画はどこから手に入れてるんだ？

今夜うちに来てくれ、説明するから、とドッカリーは言った。

その夜、コンピュータの前でドッカリーはウェアーズの世界を説明した。ここ1年ほど、アンダーグラウンドのオンラインネットワークに工場から流出した発売前の曲をアップロードしていたという。#mp3や#ウェアーズのトピックは一見ぐちゃぐちゃに見えたが、実際には人目につかないように高度に組織化されていた。それが「シーン」で、ドッカリーはIRCの中でも精鋭が集まるエリートグループに参加していた。ラビッド・ニューロシスだ。

彼らは略してRNSと呼んでいた。mp3のリリースグループの草分けともいえる「コンプレス・ザ・オーディオ」の数週間後にできたのがRNSだった。数か月もしないうちにRNSは先駆者たちをしのぎ、彼らを消滅させてしまった。RNSは1曲ずつコピーするのではなく、アルバムごと盗み、アンダーグラウンドのエリートとして「ゼロデー」精神をソフトウェアから音楽に持ち込んだ。できるかぎり公式の発売日前にネットに流すことが彼らの目標で、そのためには大手レコード会社を出し抜く必要があった。

RNSを作ったのは、「NOFX」と「Bonethug」というハンドルネームで知られるふたりで、ドッカリーはどちらにも接触したことがなかった。このグループは、その名前からしておそらく1996年あたりにできたと思われる。1998年にドッカリーが「セント・ジェームズ」というハンドル名で加入した時には、リーダーは「ハボック」という人物になっていた。

ハボックはシーン仲間の中では伝説の存在だった。カナダのどこかの民放ラジオ局に勤めていた彼には「つて」があった。本名を明かしたことはなかったが、コンサートの楽屋裏で有名アーティストと肩を組んで写っている写真を見せてくれることもあった。しばらくの間、彼はグループ内の最重要人物で、アーティストから直接入手したらしいタイトルを何十曲もリークしていた。だが、1999年のはじめにハボックは突然消えた。理由はわからずじまいだ。

議論の末に、別のリーダーが決まった。ハンドル名は「アル・カポネ」だ。カポネは荒らしでAOLを締め出されたあと、13歳でシーンを発見した。オンラインでヨーロッパに友達を作り、アメリカとの時間差を利用して発売前の楽曲を手に入れていた。だが、彼がトップに立ったのは短い期間だった。カポネはいいかげんで、彼の時代にはメンバーの数が100人を超え、シーンのセキュリティの基本原則が破られていた。波乱の数か月が過ぎたあと、カポネは「忙しすぎる」からとリーダーを辞めた（実際には、彼は17歳になったばかりで実家から出るところだった）。

そしてやっと後継者が見つかった。RNS内に後継者探しの委員会のようなものができて、そこで選ばれたのが「カリ」という人物だった。カリはそれまで特に目立った存在ではなかった。ハボックとは違って、特別なつてはなかった。だがカポネと違って、つてがあるふりをしなかった。ただ、シーンの中で信頼されていた。カリは「フェアライト」というゲームの流出グループの長年のメンバーで、そこで実績をあげていた。しかも選挙に行けるくらいには大人だった。

カリの指導によってグループに軍隊のような規律がもたらされた。彼は生まれつきのスパイ管理者で、監視と侵入のプロで、音楽海賊界の陰の仕掛け人だった。競馬新聞を読むようにビルボードに目を通し、絡まった糸のような企業買収の網を読みほどき、どのCDがいつどこで作られるかを予想した。販売網を解明すると、積極的に人材を勧誘し、辛抱強くスパイ網を作り上げ、その後8年にわたってすべての大手レコード会社のサプライチェーンに潜伏させていた。

セント・ジェームズのハンドル名で通っていたドッカリーは、カリにとって最初の突破口だった。彼らはチャットのチャンネルで知り合い、ドッカリーは発売前のCDを自慢しはじめた。疑ったカリが証拠を見せろと言うと、ドッカリーは曲を送ってきた。大きな魚を釣りあてたことに気づいたカリは、すぐにドッカリーを仲間に引き入れた。最初はあまり重要な存在でなかったドッカリーは、ユニバーサルの買収後にRNSでもっとも大切な入手先になった。だが今度は、新しい防犯体制のせいでドッカリーはCDを入手できなくなり、その仕事をグローバーに頼みたいと提案していた。

グローバーは特殊な立場にいた。ストリートでの信頼と高い技術を併せ持つグローバーは、底辺の窃盗グループからも、オンラインの海賊グループの上層部からも信用される、数少ない人間のひとりだった。ＲＮＳはめったに新人を招待せず、たいていは試用期間を設けていたが、もしグローバーが望めば、その日にメンバーになれるようドッカリーがカリに頼んで手配するという。

グローバーは迷った。俺にとってなんの得になる？

ドッカリーは説明した。カリがグローバーを必要とするのと同じくらい、グローバーにもカリが必要だ、と。カリはＲＮＳのリーダーとして、シーンの核になる最新コンテンツを保管する秘密のサーバー、トップサイトを管理していた。これらの超高速サーバーは、あらゆる種類の海賊コンテンツをテラバイト単位で保管していた。映画、ゲーム、テレビ番組、本、ポルノ、ソフトウェア、フォントなど、著作権で守られたコンテンツならほぼなんでも揃っていた。暗号化されたシーンのサーバーはだれにもわからないように隠され、パスワードがかけられて、事前に許可を受けたアドレスからしかログインできなかった。足跡が残らないようにログインのソフトウェアはすべて無効になった。ユニバーサルと同じで、シーンもまた独自の在庫を管理していた。おそらくユニバーサルよりうまく管理できていた。

この「ダークネット」と名付けた秘密のサーバーへのアクセスには、なにかの見返りが必要だった。盗んだコンテンツをアップロードしなければここに入れない。それも自宅にある懐メロＣＤなんかじゃだめだ。なにか新しくて、人気のあるものでなければならない。ダークネットの魅力、つまりデジタルライブラリーへのアクセス権は、人を堕落させるのに充分だった。インターネットのどこかにグローバーと同じ役目の人間がいた。映画産業に関わる人、ゲーム会社で働く人、ソフトウェアのデザインを行う人（しかもほとんど全員が男性だった）[3]。ソフトウェアのテスト管理者や、DVDのチェック係や倉庫の従業員もいた。どのサプライチェーンでも、どこかでグローバーのようなだれかがコンテンツを盗んでいた。コンテンツが店頭に出る数週間前でも、ネットのどこにもない時でさえ、サーバーにはそれがあった。サーバーからの拡散は注意深く管理されていた。シーンへの貢献には見返りがあったが、シーンからのリークはタブーだった。違法ファイルがチャットチャンネルやウェブで広まるまでには時間差があった。時にはシーンの仲間内から外に出ないコンテンツもあった。

グローバーが工場から盗んだCDをアップロードすれば、今後いっさいコンテンツにお金を払わなくて済む。小売価格が数千ドルもするＡｕｔｏＣＡＤソフトがただで手に入る。だれよりも早く発売前のアウトキャストのアルバムも聞ける。店頭に出る1か月も前にマッデンNFLをプレイステーションでプレーできる。ドッカリーが持っていて自分にはなかったリリース前の映画も手に入れることができる。それってすごくないか？

グローバーはなかなかいいと思った。そこでドッカリーがグローバーとカリの間をとりもってチャットルームでの話し合いの機会を設け、お互いに携帯電話の番号を交換した。

最初の話し合いはぎこちなかった。もともと口数の少ないグローバーは、ほとんどずっと聞いていた。カリは早口で面白おかしく、奇妙なギーク言葉で話していた。カリフォルニア訛りで西海岸ラップのスラングを借りてきた感じだった。「おいドッグ、え〜と、俺にファイルをFXPしてくんね？」[4]カリはコンピュータが大好きで、ヒップポップも好きだった。ヒップホップの歴史と文化に詳しく、お気に入りのラッパーにかぶせて歌ったりもしていた。オイシイところ、ダメなところ、レコード会社の確執の細かい部分まで知っていた。また、ビギーと2パックの殺人以来、縄張り争いは下火になり、レコード会社は統合されつつあった。デス・ロウ、バッド・ボーイ、キャッシュ・マネー、アフターマスはすべて大手レコード会社の傘下に入った。カリはひたすらゼロデー流出を目指して、製造販売の契約を注意深く調べつくしていたが、いつもたどり着く先はユニバーサルだった。だがユニバーサル内で一貫した入手経路が確保できず、ライバルグループにいつも先を越されていた。カリにとってグローバーはそこに侵入するための入場券だった。

ふたりはやり取りの詳細を詰めた。カリは今後リリースされるアルバムの発売日をオンラインで追いかけ、グローバーに入手して欲しいものを知らせる。グローバーは仲間を通して工場からCDを持ち出す段取りをつける。そのCDを自宅でmp3ファイルに転換し、暗号化されたチャンネルを通してカリの個人サーバーに送る。カリはそのmp3ファイルをシーンのテクニカルな基準に正確に従ってリリースする。見返りとして、カリはグローバーを秘密のトップサイトに招待する。

グローバーは身辺をきれいにしようと努めてきた。銃もバイクも獰猛な犬も手放した。勤勉にいくつかの仕事を掛け持ちし、イクメンになろうともした。だがそこでシーンに入ってしまった。ひとつのアウトローなサブカルチャーから離れたと思ったら、別のサブカルチャーに入ることになったのだ。

9章 法廷でmp3と戦う

ポリグラムを吸収したユニバーサルは、ワーナーを超える一大勢力となった。ユニバーサル・ミュージック・グループは、合併後の12か月で60億ドル以上の売上を記録し、そのほとんどがCD販売だった。合併によって国際的な競争力も得た。主要市場は北米とヨーロッパだ。中国は潜在的に巨大な市場で、ロシア、インド、ブラジルもそうだったが、これらの国ではアメリカの著作権法を尊重すると口では言いながら、実際には町中での取り締まりはほとんど行われていなかった。アラン・グリーンスパンが指摘していたように、知的財産を守るということは、合法的な品物を作るのと同じだけ力を入れて非合法な品物を排除するということだ。その政治的な意志が存在しない地域には、合法的な市場は望めない。それでも全体像は輝かしいものだった。ユニバーサルは世界最大のレコード会社になり、グローバル市場の4分の1を支配していた。

その頂点に立ったダグ・モリスは、アーティストの契約と育成に10億ドルを使える立場に立ち、1万人の部下を抱えていた。そのうえ、過去の一連の買収で数十にのぼる別々のレーベルからありとあらゆるアーティストを受け継いでいた。ポリグラムの買収が完了したとたん、モリスは命令系統の再編に乗り出した。モリスのいちばんの強みは組織をうまく動かす能力だった。人をやる気にさせ、最高の力を引き出すのがうまかった。大胆な売上目標を掲げ、利益と連動するような契約を結び、優れた経営チームを作り上げて維持していた。だが、もうひとつ、彼には別の経営テクニックがあった。ジミー・アイオヴィンに言わせると、それは優れたアーティストやビジネスマンを刺激する原動力だ。[1] つまり、恐れだ。

アイオヴィンはその時代のもっとも才能のあるアーティストと仕事をしてきたが、すでに名のあるアーティストでさえ、どうしようもない不安に駆られている時にこそ最高の作品を生み出すことに気がついた。ラッパーは特にそうで、強面でマッチョな外向きの顔の下には、深く根付いた脆《もろ》さや、時には極端な人見知りが隠れていた。アーティストがスタジオで不安に駆られるように、経営陣は会議室で不安に駆られた。音楽会社のエグゼクティブはみな、自分たちの大物アーティストがライバルに横取りされるのではないかと、いつも警戒しながら過ごしていた。

モリスはその恐れを煽った。彼は適者生存を旨として、部下同士を直接競い合わせた。ユニバーサル傘下のレーベル同士がアーティストを奪い合うのは表向きには禁じられていたが、裏取引は盛んで、社内ではだれも安泰ではなく、アイオヴィンのようなお気に入りでさえ安心できない雰囲気だった。その年のポリグラムの買収でユニバーサルが仕留めたのが、デフ・ジャム・レコーディングスだった。ラップレーベルの草分けで数年前には消滅寸前だったデフ・ジャムを生き返らせたのがリオ・コーエンだ。コーエンはモリスやアイオヴィンが上品に見えるほど、過激で押しの強い音楽業界の猛者だった。すぐにコーエンとアイオヴィンは角突き合わせるようになり、お互いのアーティストを盗むために裏取引を画策しはじめた。アイオヴィンはシスコを狙っていた。コーエンはリンプ・ビズキットを追いかけた[2]（これまでになく、アーティストとしての寿命よりも、売上が優先されていた）。デフ・ジャムとインタースコープの小競り合いは本気に見えたし、実際に本気だった。ただし、どちらが勝っても分け前は同じところに行きついた。アリーナから特等席を見上げると、モリスが手を叩いて喜んでいた。

デフ・ジャムの加入で、そのほかにも手に入れたものがある。彼の本名はショーン・コーリー・カーター。あのジェイ・Zだ。買収前もジェイ・Zはこのレーベルの看板だったが、ユニバーサルが広告宣伝に投資したおかげで彼は国際的なスーパースターになった。2000年のはじめに、ティンバランドとテキサスのラップデュオUGKと組んで作った夏歌の「ビッグ・ピンピン」は大ヒットになった。この曲はこのジャンルのいちばんいいところと悪いところの両面を併せ持っていた。見事なプロデュース力が発揮されていたが、サビの部分はエジプト人作曲家のバリー・ハムディの映画音楽のパクリだった。のちにハムディの親族が著作権侵害の訴えを起こすことになる。最高にノリのいい曲だったが、歌詞は女性を性的奴隷にすることを歌っていた。くせになる歌とはいえ女性蔑視もはなはだしく、あとになって角のとれたジェイ・Z自らがこの曲を否定していた[3]。ダグ・モリスはここでもまた、こうした反倫理性が「ビッグ・ピンピン」の抗いがたい魅力だということを、だれよりも知っていた。

モリスはジェイ・Zを気に入った。大物らしいスターの風格があり、彼の歯切れの良さの前ではほかのラッパーが不器用に聞こえた。モリスと同じくジェイ・Zにも、ヒットを聞き分ける耳とビジネスの才能があった。それは過去のドラッグ取引の経験で養った才覚だった。彼は自分の音楽レーベルを持ち、傘下のアーティストの育成と宣伝に時間を使っていた。自分をただのラッパーではなく、多角化された音楽帝国のリーダーだと考えていた。そしてアラン・グリーンスパンと同じように、音楽泥棒を取り締まるべきだと強く思っていた。1999年の終わりに、[4]ジェイ・Zはライバルのレコードプロデューサーが発売の1か月も前に自分の新譜を流出させたと疑い、ナイトクラブで相手を問い詰めナイフで刺した。

ニューヨークのデフ・ジャム。ロスのインタースコープ。ニューオリンズのキャッシュ・マネー。ラップ市場を支配したモリスは利益をあげ、買収後の12か月間は株主に約束したバラ色の未来をも超えるほど好調だった。社員数を減らしてサプライチェーンを統合したおかげで、予想よりも経費削減が進み、高い市場シェアに乗じてアルバムの平均小売価格を1枚14ドル以上にできた。

強気の価格は談合によって支えられていた。およそ6年にわたって大手6社、といってもポリグラム買収後は大手5社が、裏で糸を引いてミュージックランドやタワーレコードといった小売チェーンに安売りを禁じる代わりに広告資金を与えていたことが、のちに連邦取引委員会の調査で明らかになった。こうした行為は独占禁止法違反にあたり、ビッグ5がアメリカCD市場の9割を独占する中で、消費者の受ける損害は大きかった。1995年から2000年までの被害額は5億ドルと推定された。[5] すべてのアメリカ人がそれぞれ2ドルを失っていたことになる。

モリスにとってはすべてがうまくいっていた。国際市場で地位を確立し、販売網をスリム化し、有望なアーティストを揃え、消費者を欺いて強気の価格を維持する。その結果生まれる利益は莫大だった。1999年、業界最高の年に世界最大のレコード会社を経営していたモリスは、地球上でもっとも権力のある音楽エグゼクティブというだけではなかった。歴史上、もっとも力のある音楽エグゼクティブだった。

だがそれも長くは続かなかった。1999年6月、ノースイースタン大学を中退した18歳のショーン・ファニングが新しいソフトウェアを開発した。ナップスターだ。ティーンエージャーのファニングはコンピュータに熱中し、アンダーグラウンドのIRCに参加していた。だが、#mp3の生態系にいつもひとつ不満があった。ファイルを見つけるのが面倒なことだ。彼は大学の寮室で天才的なアイデアを思いついた。ピア・ツー・ピア（P2P）のファイル共有サービスだ。ユーザーを中央サーバーにつないでお互いにmp3のファイルを交換できるようにすればいい。これまではテクノロジーオタクの大学生だけに限られていた違法音楽ファイルが、だれにでも手に入るようになる。無料のナップスターはほとんど一夜にして、いちばん人気のアプリケーションになり、それをきっかけに著作権侵害の津波がやってきた。

より多くの人が参加するごとに選曲数が増えてスピードも上がるナップスターは、自然に独占的な地位を築いた。2000年のはじめには2000万人近いユーザーを抱え、その夏には1分間に1万4000曲以上がダウンロードされていた。ダウンロード速度は急激に進歩し、家庭からでも聞くより速く手に入れることができた。要するに、音楽ストリーミングが可能になったのだ。ナップスターは単なるファイル共有サービスではなかった。永遠のデジタルジュークボックスだった。しかもタダだった。

全米レコード協会（RIAA）はナップスターが立ち上がった瞬間からその動きを追いかけていたが、大手レコード会社が問題の深刻さを理解するには数か月かかった。レコード会社にそれを知らせる役目を背負ったのはRIAAの会長、ヒラリー・ローゼンだった。ローゼンはそのキャリアのほとんどをRIAAで過ごしていたし、おそらく業界のだれよりもデジタルテクノロジーの脅威と可能性を理解していた。2000年の2月24日、グラミー賞授賞式の翌日にビバリーヒルズのフォーシーズンズホテルの会議室で、彼女は音楽業界の大物たちに話をした。テクノロジー記者のジョセフ・メンは、のちにナップスターの盛衰を描いた『ナップスター狂騒曲』の中でその場面をこう書いていた。

数十人の大手レーベル幹部の目の前で、スタッフがソフトをダウンロードしてみせた。ローゼンはレーベル幹部に曲名を挙げさせた。大ヒット曲だけではなく、アルバムに埋もれた曲や、新曲や、無名の曲でもいいと言った。レコード会社の男たちは順番に20曲以上を挙げた。そのたびにスタッフが一瞬で曲を見つけた。もうこれ以上知りたくないほどだった。雰囲気が暗くなったところで、ソニーの幹部が緊張を断ち切ろうとした。「訴えるだけでいいのか？」決め手はだれかが＊NSYNCの「バイバイバイ」を探すように頼んだ時だった。その曲は3日前にラジオで初めて流れはじめたばかりで、CDはまだ発売されていなかった。もちろん、その曲もあった。[6]

ローゼンは音楽業界の嫌な面を代表する表の顔になった。そのことで、彼女は敵役になってしまった。掲示板やチャットルームには彼女の性格や外見への攻撃が殺到し、彼女のもとには殺人予告も数えきれないほど送られてきた。皮肉なことに、舞台裏では、彼女は業界一のハト派だった。表向きはナップスターを厳しく非難しながら、裏では大手レコード会社にナップスターと手を結ぶよう強く勧めていた。

大手レコード会社の経営陣の中には、手を組んでもいいと思う人もいた。ブロンフマンもそのひとりで、ナップスターに何度か出資の交渉を持ちかけていた。BMGのドイツ人社長、トーマス・ミドルホフもまたナップスターに近づいていた。ミドルホフの方が一枚上手だった。2000年の終わりにBMGはナップスターとの合弁で、有料の合法的なファイル共有サービスを立ち上げると発表した。

だが、ナップスターはそれほどおいしい投資ではなかった。穏やかで八方美人のファニングにはビジネスの経験がなかった。そこで自分が頼れる人間を周りにおいた。家族や友人を雇ったのだ。そのひとりが、ファイル交換で知り合ったショーン・パーカーだった。19歳のパーカーは口達者でハンサムだったこともあって、すぐにナップスターの顔になった（その後同じようにフェイスブックに投資して、世界有数の金持ちの仲間入りをした）。だが決定的な役割を果たしたのはパーカーではない。ファニングの叔父のジョンだった。

ファニングは叔父の言いなりだった。プログラミングを学んだのも、ジョンが起業したチェス・ドット・ネットをうろついた経験からだった。スタートアップのCEOだったジョンは、成功したインターネット起業家のお手本のように見えたし、甥をかわいがっていた。ファニングがいい成績をとれば小遣いを与え、まだ高校生だったファニングに紫のBMWを買い与えていた。

だが、それはすべて借金での買い物だった。ジョンはカネにだらしなく、波乱の人生を送っていた。1999年だけでも1万7000ドルの銀行ローンと2万6000ドルのクレジットカードローンをめぐる裁判で負け、元弁護士からも9万4000ドルの未払いで訴えられていた。同じ年に彼の妻も1万3000ドルのクレジットカードローンの支払いを命じられ、マンションの管理組合から管理費の未払いで訴えられていた。見かけとは違い、ジョンの会社は苦境に陥っていた。以前の会社のケンブリッジ・オートメーションは清算され、チェス・ドット・ネットは破たん寸前で、社員は賃金の未払いを訴えていた。最悪なのは、自宅マンションの管理人を殴った罪に問われていたことだ（6か月の保護観察期間のあと、2002年に訴えは取り下げられた）。

だが、ナップスターが生まれてほどなく、ジョンは人生最良の契約にありついた。ナップスターが一般公開される直前の5月に、35歳のジョンは18歳のファニングを説得して、ナップスターの7割の株式と引き換えに自分が会長兼CEOを引き受ける契約書にサインさせたのだ。すぐにCEOからは退いたが、会長として残り、大株主として法的な支配権を持っていた。

ジョンは日常業務にはほとんど関わらなかった。ファニングとパーカーはシリコンバレーに事務所を借り、ジョンは大陸をまたいだマサチューセッツ州の郊外にとどまって、給料をもらいながらナップスターの株を知り合いに切り売りして、何年も前に買った古い邸宅を改装していた。音楽業界の支援がなければナップスターが生き延びられないことがはっきりしてくると、社内の上層部は大手レーベルと手を結べとジョンに迫った。ジョンはあくまで頑なだった。「音楽業界なんてくそくらえ」[7]

モリスはその一部始終を遠くから見ていた。ブロンフマンやミドルホフと違ってモリスはナップスターに熱をあげていなかったし、グラミー賞のあとの会合にも参加せず、売上にならないファニングの「ビジネス」とやらに投資する気は毛頭なかった。ナップスター以前にmp3がモリスの頭をかすめることがあったとしたら、ただ面倒なだけだとしか思っていなかった。自分は音楽人でテクノロジーの人間じゃないし、それが音楽業界にインパクトを与えるとは決して認めたがらなかった。モリスの仕事はヒットを生み出すことで、mp3がそれを助けてくれるとは思えなかった。

ナップスターはアンダーグラウンドで行われていたファイル共有を主流に押し上げたが、モリスから見るとそれは単なる窃盗で、しかも前例のない規模の盗みだった。ナップスターのユーザーは犯罪者で、その理屈でいくと、ユニバーサルが法的に権利を持つコンテンツを違法に取引して利益をあげているナップスターという会社もまた犯罪者ということになった。カセットテープの時もそうだったように、新しいテクノロジーが14ドルのCDをもとにしたビジネスモデルを破壊しかねないことをモリスは見てとった。

合法的な有料コンテンツを流通させることが解決になるのは明らかだった。ブロンフマンはデジタルテクノロジーの未来に強気で、シーグラムはさまざまなアイデアに資本を投下しはじめた。2000年の年次報告書はベンチャー・キャピタル企業のミッションステートメントのようだった。「我々は、インターネット上での音楽ビジネスを目指して、ハードウェアとソフトウェアを含むインフラに投資している。たとえばブルーマター・ドットコム、ジミーとダグのファームクラブ、ゲットミュージック、アーティストディレクト、インタートラスト・テクノロジーズ、リプレイTV、エリットモ・ドットコムなどだ」

そのほとんどが負け組だった。5年もしないうちにそれらのスタートアップの大半は消えてなくなり、生き残ったベンチャーもたいしてものにならなかった。モリスも、ブロンフマンも、エンタテイメント業界やその他の多くの企業経営陣も、口のうまいドットコム起業家にまんまと騙されてしまっていた。

RIAAのローゼンだけが音楽業界の立ち位置をきちんと把握していた。モリスは、自分の投資したテクノロジーベンチャーがナップスターを時代遅れのものにするはずだと頑なに繰り返した。ローゼンはモリスにその考えを捨てさせようとした。最初は辛抱強く説得したが、そのうちにイライラが募ってきた。モリスはよく理解しないまま投資に手を出していたし、理性に耳を傾けていないとローゼンは感じていた。音楽と同じでテクノロジーも人がすべてで、大陸の反対側にあるオフィスから有象無象のベンチャー企業を監督していたモリスは、その人材を持ち合わせていなかった。

中でも最悪だったのはプレスプレイに入れ込んだことだ。モリスはこのオンラインミュージックストアの開発に巨額の資金をつぎ込んだ。このベンチャーはユニバーサルとソニーの合弁事業で、元ライバルとの協力関係がモリスを強気にしていたが、ライセンス構造は複雑で曲数も限られていた。モリスはたびたびローゼンに、ナップスターから手を引いてファニングとの交渉をやめるように勧め、心配するなと言っていた。「すべての心配を吹き消すような」駒を持っているからと言う。その後、プレスプレイは「大コケしたテクノロジーベンチャー」の筆頭に挙げられるようになった。[8]

ローゼンは難しい立場にいた。ミドルホフをのぞくどんな経営者よりも、彼女は業界の未来を理解していた。とはいえ、ボスは彼らで、電話会議では彼らに反対してファニングと手を組むことを勧めていたが、表向きは音楽業界に雇われた憎まれ役を演じなければならなかった。

最初の一歩は司法当局を引き入れることだった。ローゼンと海賊対策チームは司法省と定期的に話し合い、mp3ドットコムやナップスターのような厚かましいベンチャーを追いかけるように説得した。だが、これは難しかった。音楽業界は政治家にあまり好かれていなかった。レコード会社の幹部たちはティッパー・ゴアやビル・ベネットに歯向かって勝ちを収めていたが、そのせいで政治家やその妻をユーモアのないガミガミ屋のように仕立ててしまった。リベラル派でさえも、音楽レーベルに同情的な人はいなかった。

エンタテイメント産業の中でも、はるかに影響力を持つ業界もあった。特に映画業界は強かった。映画ビジネスでローゼンと同じ役割を担っていたのが、長年アメリカ映画協会の会長を務めたジャック・バレンティだ。バレンティは伝説的な人物で、業界が自主規制するためのレーティング制度を導入した。バレンティの作ったレーティング制度は穴だらけだったし、時にはまったく理屈に合わなかったが、政界といい関係を保つのには役立ち、少なくともハリウッドにとっては芸術性を犠牲にする価値があった。

レコード業界は妥協しなかったし、それは褒められていい。レーティング制度は文化にかならず影響し、どんな種類の曲をいくらでだれが作るかを決めることになる。面白みのない官僚の集団がビートルズを、または2ライブ・クルーを聞いてもよい年齢を決めると考えただけで、モリスは吐きそうだった。モリスはアーティストの表現の自由を強く支持し、そのための犠牲をいとわなかった。おそらく政治的な信条と金儲けは絡み合っていて、そのために一層表現の自由を守りたがった。

だがその信条のせいでモリスは苦しむことになった。議会は音楽業界によるモラルの破壊から若者を守れなかった。だから若者によるファイル共有から音楽業界を守ろうという気にはなれなかった。議員たちはこの点について率直だった。モリスの部下との話し合いで、議員たちは地元の選挙民の多くはファイル共有を支持していて、著作権法の厳格な運用に反対しているとはっきり言っていた。同性愛を禁じる「道徳法」と同じで、著作権保護法は時代遅れになりつつあり、原則はあっても取り締まらないものだった。ユニバーサルの訴訟担当者のハーヴィ・ゲラーは、ロビイストではなかったが議員とときどき面会しては、ファイル共有を厳しく取り締まるよう働きかけていた。だが、そんなことをすれば票を失いかねないと繰り返し言われた。「政治家は票になることしかしない」あとになってゲラーは当時をそう語っていた。「それに、音楽を盗んでいる有権者の数は売っている人間より多い」

ほかの業界には、この問題はなかった。映画業界ではすべてのビデオにFBIによる違法コピー禁止の警告が貼られているし、バレンティの存在もあった。出版業界は少なくとも音楽業界と同じくらい汚物をまき散らしていたが、引退した政治家に自伝の手付金を気前よく支払っていた。ソフトウェアメーカーは司法省の反海賊キャンペーンの恩恵にあずかっていたし、彼らの多くは国家安全保障局に密かに協力していた。けんか腰で協力を拒んできた音楽業界だけが孤立し、今や国に見捨てられていた。著作権の取り締まりを望むなら、自力でやれというわけだ。

そこでモリスと、モリスに従う音楽業界は、mp3に対抗する策を考えた。裁判に訴えてmp3を葬ろうとしたのだ。これは2段階の戦略だった。まず最初にRIAAがダイヤモンド・マルチメディアを訴えた。業界団体を代表に立てて大手レーベルが機器メーカーを訴えたのだ。ダイヤモンド製の携帯型ｍｐ3プレーヤーとほかの同じようなプレーヤーの販売を差し止め、初期のｍｐ3プレーヤー市場の息の根を止めることが目的だった。ふたつ目の訴訟がA&Mレコード対ナップスターで、ユニバーサルを含む18のレコード会社が原告に名を連ねた。[9] ナップスターはファイル共有による著作権侵害への法的責任があり、損害を補償すべきだと訴えたのだ。

ふたつの訴訟はさまざまな民事法廷を経て、控訴が繰り返された。ナップスターは最大で6000万人のユーザーを抱えていたが、ダイヤモンドのプレーヤーはデザインの欠陥のせいであまり売れていなかった。一連の訴訟は業界の研究開発を滞らせた。ユーザーによる著作権侵害の責任を問われる可能性があれば、まっとうなソフトウェア会社ならファイル共有アプリを開発して販売差し止めを受けるような危険は背負いたくなかったし、機器メーカーもｍｐ3プレーヤーの設計に投資したがらなくなった。

音楽業界の開発投資が干上がったのは、ドットコムバブルの最中だった。世界はおかしくなり、通常の資本配分の原則が通じなくなっていた。2000年1月、モリスの古巣のタイム・ワーナーがあっと驚く発表をした。身売りを決めたのだ。会社を丸ごとアメリカ・オンライン（AOL）に売却すると言う。AOLといえば、どうでもいいジャンクメールで地球を埋め尽くすことをビジネスモデルにした会社だ。1640億ドルというバカらしいほど水増しされた値段のAOL株と交換に、タイム・ワーナーはすべてを身売りするつもりだった。

雑誌も、ケーブル局も、音楽レーベルも、全部だ。AOLの株価は利益の200倍で取引されていて、テクノロジーに疎いモリスでさえ、それがとんだ張りぼてだとわかるほどだった。

それは、資本主義史上もっともばかげた取引だった。だがブロンフマンにとっては誇らしく、お手本にできるような取引だった。この6年間というもの買収を続けてきたブロンフマンは、今こそ売り時だと感じていた。2000年6月に彼はシーグラム・グループの解体を発表し、80年続いた酒造帝国にピリオドを打った。残りのアルコールと飲料事業はディアジオとコカ・コーラが折半することになった。ユニバーサルはフランスの複合メディア企業、ヴィヴェンディに売却された。

ヴィヴェンディとシーグラムは生き写しだった。ヴィヴェンディの経営者はジャン・マリー・メシエという派手で尊大な男で、ブロンフマンと同じように有名人の魅力に引き寄せられて退屈な水道事業をテクノロジーとエンタテイメントの複合企業に生まれ変わらせた。表面上は、志を分かち合うふたりの天才が、ユニバーサルのエンタテイメント事業を共同で運営することになっていた。実際には、ブロンフマンは「副会長」の肩書を与えられたが、中身のないものだった。

ユニバーサルを実質的に動かし、支配していたのはモリスだ。今回の合併は、ドットコムブームのさなかで雇用契約を見直すチャンスだったし、新しいフランス人のボスはブロンフマンがケチに見えるほどカネにゆるかった。見直された雇用契約は、「世紀の条件」と呼べるほど高額で、2001年から10年間、モリスは音楽業界でもっとも高給取りのエグゼクティブになった。[10]

前のボスだったブロンフマンと同じで、ヴィヴェンディの上層部は自分たちがなにを買っているのかまったくわかっていないようだった。電話会社、テクノロジー、メディア、出版事業を、多額の借金で買収していた。インベストメントバンカーはもちろんいつも、そうした投資が健全だと保証して債券を売りさばく。だが利子を支払うには、安定的に現金が入ってこなければならない。契約が結ばれるとヴィヴェンディはモリスに今後の収益予想を出せと迫った。モリスは出さなかった。音楽の好みがどう変わるか予想できないし、それをコントロールする力もないと新しい上司に言ったのだ。テクノロジー投資にはあれほど強気だったモリスだが、これまでずっと受注係から情報を得てきた経験から、確かなことなどなにもないと学んでいた。どこかの大企業の大物マーケターが一般大衆の好みを操作できるはずがなく、実はその逆だということを信じてモリスはここまで成功してきた。田舎で流行していたミュージック・エクスプロージョンを発見してからずっと、モリスは人々が欲しがっているものに注意を払い、自分の判断に背いてでも、それを人々に与えるために最善を尽くしてきた。モリスは自分の好みや、自分の能力でさえまったく信じていなかった。都会に住む大企業勤めの63歳の白人男に、子供の欲しがるものがわかるはずがない。

モリスはこれまで数々の新人を当ててきたが、だからといってそれが続くとは言えなかった。オレンジジュースなら、今年の販売量が来年の予測に大いに役立つ。リンプ・ビズキットのアルバムはそうじゃない。モリスは毎年ゼロから商品ラインをすべて作り直す必要があった。つまり、ほとんどの曲は売れないということだ。たいていのCDはヨーグルトより賞味期限が短く、モリスは毎年何百万枚というCDを廃棄処分にしなければならなかった。音楽業界に40年間いてもなお、どのアーティストが売れるかわからなかったし、「だれにもなにもわからない」というハリウッドの格言はほかのすべてのショービジネスにあてはまった。毎年何百本もの映画が公開され、コケていた。何十本ものテレビ番組が作られては、数回で放送打ち切りになっていた。何万冊もの新刊が売れ残って紙屑になっていた。おそらく企業すべてにこの原則はあてはまり、居心地の悪い「無知の知」の状態を受け入れた者だけが、生き残ることができた。

とはいえ、モリスはある程度ユニバーサルの旧譜に頼ることができた。各年のレッド・ツェッペリンのアルバム販売数から来年の販売数を予測することができた。だが、旧譜のカタログは売上全体の3割ほどだった。今のヒット曲がそのうち永遠の定番になる可能性はもちろんあったが、どれがその曲かは絶対にわからなかった。

この問題はアメリカ企業に共通だった。企業業績の目標として、短期的な利益ばかりに目が向いていた。それは正しいとは言えなかった。上場企業の株式は、理論的には永続的な価値を持つはずで、経営者は長期的な株主価値を築けるような事業に投資するべきだ。だが現実には、音楽業界の企業統合により、短期業績がより重要視されるようになった。モリスはこの問題に気づいていたし、自社のアーティストと経営の安定を維持しようと必死に努力していた。レーベルのトップには長期的な利益に目を向けるよう促し、優れたアーティストとは複数アルバムの契約を結ぶようにしていた。それでも、モリス自身が毎年ボーナスを受け取る立場にあり、そのボーナスの大半は使い捨ての一発屋から生まれていた。ハンソン兄弟と契約するためにレディオヘッドを諦めなければならないとしたら、それも仕方がない。短期のヒット曲を作るインセンティブが、モリスにはあった。

モリスはそうしていた。違法コピーが大学の寮室から一般に広まっていたとしても、2000年はまだ音楽業界は豊作だった。CD売上は史上最高を記録し、平均的なアメリカ人は年に70ドルもCDに使っていた。[11] ユニバーサルは業界の先頭に立ち、3枚のラップの「続編」をリリースしていた。ドクター・ドレーの「2001」、エミネムの「ザ・マーシャル・マザーズLP」、ジェイ・Zの「Vol. 3 ライフ・アンド・タイムス・オブ・ショーン・カーター」だ。「ザ・ネクスト・エピソード」、「スタン」、「ビッグ・ピンピン」の3曲はナップスターでもっともダウンロードされた曲だったが、それがアルバム売上に直接貢献したようだった。業界ウォッチャーは、違法コピーが音楽業界にとって本当に損なのか疑問を持ちはじめていた。海賊行為が業界を助けているかもしれないと考える人もいた。

それはバカげた考えだった。ただで手に入って何度でも自由に再生でき、音質も劣化しないなら、同じものをもう一度カネを出して買うはずがない。アーティストに報いたいという倫理感だけでは足りない。とはいえ、ナップスターのブームは音楽業界の史上最高の2年間と重なっていたし、モリスでさえしばらくの間はナップスターのファイル共有がCD売上を押し上げたと考えていた。ほかにどんな説明があるだろう？

答えは単純だ。携帯型音楽プレーヤーが一般に普及していない現状で、mp3は次善の策だった。mp3はどこにも持ち出せなかった。車の中で聞くことも、ランニング中に聞くことも、飛行機の中で聞くこともできなかった。それでパーティーのDJをすることもできなかった。重いコンピュータを引きずって歩き回るわけにいかなかったからだ。mp3をCDに落とすことはできた。だがほとんどのCDプレーヤーではファイルを再生できなかったし、たとえできたとしてもCDプレーヤーで何百ものファイルから選曲するのはとてつもなく手間がかかった。だから海賊版のmp3がアルバム売上を押し上げていたのだ。短い間は。

だが、音質のいいmp3プレーヤーがあれば、話は別だ。CDをゴミ箱に捨てて、ポケットに入るハードドライブにすべてを移せばいい。もう二度とCDを買う必要はない。そのすべては、RIAA対ダイヤモンドの訴訟がどうなるかにかかっていた。

控訴と反控訴を繰り返したあと、この裁判にやっと決着がついた。音楽業界にとっては勝ち負けが半々で、ナップスターには勝ったがダイヤモンドには負けた。P2Pのファイル共有は地下に追いやられたが、mp3プレーヤーは店頭に残った。ナップスターのサーバーは2001年7月に閉鎖されたが、その直前に駆け込みでダウンロードが殺到し、人々は自宅のコンピュータに膨大なファイルを貯め込んで、それを簡単に手放すとは思えなかった。こうして業界激変の幕が切っておろされた。これをきっかけに、CDは永遠に葬られ、ニッチなIT企業が世界最大の企業へと生まれ変わることになる。

音楽業界は、闘う相手を間違えていた。

10章　市場を制す

5年間放っておいたあと、トムソンはやっとmp3への投資がなんらかの儲けになりそうだと気がついた。ドットコムブームがピークに達した1999年4月に、トムソンはアンリ・リンデをカリフォルニアに移し、スタッフを6人つけて専用のオフィスを開いた。mp3事業は最初から活発で、ダイヤモンドがRIAAに裁判で勝ってからはものすごいことになった。日本の資本が韓国メーカーを駆逐して、とうとうmp3プレーヤーの市場が本格的に動きはじめた。

mp3を再生するデバイスはすべて、ロイヤリティーを支払わなければならなかった。リンデはドットコム企業、ソフトウェア会社、半導体メーカー、ゲームデザイナー、カーステレオメーカー、何百というスタートアップと契約を結んだ。ライセンシング責任者として働いた最初の4年間に彼が結んだ契約は20件にも届かなかった。その後の4年間に結んだ契約は600件を超えた[1]。例外はソニーだった。ソニーでは、社内の家電事業と音楽事業の間で内紛が起きていた。

それでも、ブランデンブルクはなんとか目立たないようにしていた。この頃mp3のことを取り上げた記事がふたつの雑誌に掲載されたが、アメリカの記者はMPEGの創設者のレオナルド・キャリリオーネをmp3の発明者だと勘違いしていた。アトランティック誌のチャールズ・C・マンは、キャリリオーネが「録音された音をデジタル形式に変換するための標準規格、つまりmp3の開発を率いた」[2]と書いていた。ブリルズ・コンテント誌のマーク・ボールは、キャリリオーネを「mp3の父」[3]と呼んだ。実のところ、キャリリオーネは例のMPEGコンテストを主催しただけで、参加さえしていなかった。記者たちはレフェリーを選手と勘違いしていて、どちらの記事にもブランデンブルクの名前はなかった。

彼らが間違うのは無理もない。ミュージカムが政治力でフラウンホーファーを陥れたなどというややこしい話は、輝かしい成功談になりえない。ナップスターのショーン・ファニングやWinampのジャスティン・フランケルの起業話ほど華々しくもない。中年の音響エンジニアが十数年も研究室に閉じこもっていた話より、大学1年生が寮室で革命を起こした話の方がはるかに刺激的で、大企業でさえティーンエージャーの起業話に惹かれていた。

1999年6月にAOLは、フランケルがWinampを販売するために設立したNullsoftの買収を発表した。38歳のグリルはそれまで12年間を家庭用ソフトの開発と市場調査に費やしてきた。彼こそが本物のイノベーターで、最初のmp3再生ソフトのコードを書いたのは彼だった。19歳のフランケルはグリルとうりふたつのソフトウェアを作り、プレイリストを編集する機能を加えただけだった。AOLの買収後、フランケルの資産は5900万ドルになっていた。[4]

ドイツのマスコミだけが、本当の発明家を探し当てた。フラウンホーファーの広報部門がmp3の成功を納税者による勝利として宣伝したからだ。年次報告書の表紙にブランデンブルクを載せるほどの力の入れようだった。もちろん、ドイツのマスコミも正確とは言えなかった。mp3の勝利を歴史の必然のように脚色し、優れたドイツの技術のおかげだと描いていたのだ。フラウンホーファーの公式年表には、ナップスターも、mp2も、L3encの不正ダウンロードも、シーンも載っていなかった。「海賊版」という言葉さえなかった。ただ「インターネット上で広く採用された規格」という一行しかなかった。[5]

その年次報告書の財務情報の中に、莫大なたなぼたのヒントが埋もれていた。フラウンホーファーは年間1億ドル以上のライセンス料を受け取り、今後10年はそれが続くはずだった。ブランデンブルクは自分の取り分を決して明かさなかったが、「かなりの割合」だとリンデはのちに語っている。

リンデには武器があり、彼はそれを使いはじめた。マイクロソフトはフラウンホーファーの初期のライセンシーだったが、ずっと実験的な使い方しかしていなかった。1999年にマイクロソフトはOSにウィンドウズメディアプレーヤーを標準搭載することに決めた。すでにカリフォルニアにいたリンデはそこで、マイクロソフトとの長期契約にこぎつけた。数か月後、フラウンホーファーの業務部の事務アシスタントが郵便を開いていると、小切手が入っていた。初めてではない。ほとんどの企業は支払いを電子決済で行っていたが、マイクロソフトはまだ紙で支払っていた。マイクロソフトは長年のライセンシーだったし、それはこれまでに事務アシスタントが処理してきたたくさんの小切手と変わらないように見えた。ただし、今回はゼロの数が異常に多かった。

誤植かもしれないと思ったアシスタントは、業務部長のペーター・ディトリッヒに連絡した。小切手を見たディトリッヒもまた、事務的なミスだと思った。そこで音響研究部門に電話をしてブランデンブルクに確かめた。

ブランデンブルク教授、小切手を受け取ったのですが、とディトリッヒは言った。

ああ、とブランデンブルク。

マイクロソフトからです、とディトリッヒ。

ああ。

それがですね、えぇと、ちょっと大きな金額でして。

あぁ。

そこでブランデンブルクはリンデがマイクロソフトと台数ベースの契約を交わしたことを説明した。つまり、この世界のどこかでだれかがウィンドウズの入ったPCを買うと、フラウンホーファーにカネが入る仕組みになったのだ。

リスクはあった。世界最大の企業になっていたマイクロソフトは、いつまでも無名のドイツの研究所に多額のライセンス料を支払い続けるほどうぶではない。彼らはmp3にカネを払いながら別のものに置き換えようとしていた。マイクロソフトは何年もレドモンドの研究所で独自の音声規格を開発していた。1999年8月にはウィンドウズメディアオーディオ

（WMA）を発表し、mp3を音質テストで負かすようになっていた。mp3への数々の脅威の中で、それはブランデンブルクがいちばん恐れていたことだった。マイクロソフトがOSの支配力を使ってネットスケープやワードパーフェクトといったライバルを追い出すのを見ていたし、自分にも同じことをしかねないと感じていた。

グリルはあまり心配していなかった。マイクロソフトは遅すぎた。フラウンホーファーの先行者利益はあまりにも大きく、ナップスターのおかげで何億、おそらく何十億ものmp3ファイルが存在していた。ずいぶん前に勝負はついていた。それはエンジニアのカンファレンスでも、企業の会議室でもなく、ロサンゼルスのモールのエスカレーターで決まっていたのだ。

ポップもまた、mp3に技術的欠陥があってもすぐに取って代わられることはないと思っていた。この頃、英語の検索ワードのグローバルな調査結果に関するメールが回ってきた。「mp3」が「セックス」を抜いてインターネットでもっとも検索されたワードになったのだ。それを見たポップは笑い、12年間の緊張がやっと解けた。規格戦争は終わった。自分たちが勝ったのだ。

もちろん、「mp3」と打ち込むのは、音声圧縮技術について知りたいからじゃない。人間の生殖システムについての科学的な情報を得るために「セックス」と打ち込むわけじゃないのと同じことだ。mp3は、無料の不正音楽ファイルを表す言葉になっていた。ナップスターができる前、音楽をただで手に入れるのは難しく、限られた人にしかそれはできなかった。ＩＲＣを使いこなし、質のいいＦＴＰサイトを見つけるには、それなりの時間と初歩的な技術が必要だった。でもナップスターができてからは、ヤフーにｍｐ３と打ち込むだけで、どんなアホでも数分で海賊版のアルバムを山ほどダウンロードできるようになった。

ブランデンブルクは難しい立場に立たされた。ナップスターは倫理的に間違っていると信じていた。デジタル著作権について、彼はだれよりも保守的な意見を持っていた。ブランデンブルクにとってファイルシェア革命は集団的な窃盗で、それ以上のなにものでもなかった。自分は不正コピーなんて絶対にしないし、アーティストの創作活動に報いるのが務めだと思っていた。レコード会社に欠点があっても、彼らが短期的な見方しかできなくても、レーベルもまた分け前にあずかる権利があるとブランデンブルクは信じていた。今ではインタビューを受けると、最後にかならずドイツ人らしい断固とした命令で締めくくっていた。「音楽を盗むな」[6]

ブランデンブルクは、このセリフを熱く口にしていたが、ある矛盾がその言葉の効果を半減させていた。ナップスターの成功で、この地球上のだれよりも、ショーン・ファニングよりも儲けていたのは、ブランデンブルクその人だったのだ。グローバルな著作権の集団的侵害が起きなければ、これほどの利益を手に入れることはできなかった。フラウンホーファーでこの矛盾が語られることはなく、だれもが「見ないふり」をしていた。フラウンホーファーのほかの研究者もみなそうで、グリルは特にそうだった。グリルは長年かけて珍しい音楽のライブラリーをさらに広げ続けていた。彼が探していた材料のほとんどはオンラインで無料で手に入るようになっていた。グリルの富はレコード会社の犠牲のもとに成り立っていたが、そのほんの一部でも還元するために、彼はいつもCDを大量に買っていた。

エンジニア仲間の中でブランデンブルクは神様のように崇められるようになった。音響の専門家として世界中からラブコールがかかる存在になった。その後の2年間に12もの規格委員会のメンバーに選ばれた。大学での特別講義やカンファレンスの目玉講演者としても招かれた。2000年にはポップやグリルとともにドイツの科学界でもっとも権威のある「未来賞」を受賞した。賞金の25万ユーロは3人で分けた。受賞後には大々的なパーティーが開かれ、チームは音楽や酒やダンスを楽しんだ。

ブランデンブルクはいっそ研究をやめてしまおうかとも考えはじめた。サンフランシスコに移住してドットコム会社を立ち上げたり、ベンチャーキャピタルを始めることも話していた。フラウンホーファーはあわてて彼を引き留めた。昇進させるとしたら、もちろん彼があの発明を成し遂げたエアランゲン研究所の所長の地位だ。だがそこには昔から音響研究グループ全体を率いていたハインツ・ゲルホイザーがいた。話し合いのあと、エアランゲンから北に2時間ほど上ったチューリンゲン州イルメナウに建設中の新しい施設の所長の座を提示された。ブランデンブルクは折れてとどまった。その後ほどなく、彼はイルメナウで起業まもないスタートアップに投資するブランデンブルク・ベンチャーズを立ち上げた。

市場を完全に支配するためには最後にふたつの難関があった。ちょっとした差し障りだが、触れておく必要がある。mp3のライバルのひとつが、音響心理学に基づいたヴォルビスという圧縮フォーマットだった。混み合った市場に後発で参入してきたヴォルビスは、いくつかの点で際立っていた。ヴォルビスはオープンソースのプロジェクトで、だれでも改良に参加でき、無料だった。またリスニングテストでは、ほかのフォーマットをしのぐ結果を出していた。世界がエンジニアだけでできていたとしたら、おそらくヴォルビスはmp3を駆逐して、フラウンホーファーの収入もすべて消えてしまっていたはずだ。

ブランデンブルクもグリルもオープンソースの哲学を賞賛していたが、同時にヴォルビスが独自規格に求められるような長期的な研究調査を行っていないことも知っていた。ヴォルビスが自分たちの圧縮アルゴリズムにただ乗りしているとふたりは感じていた。自分たちがこのアルゴリズムを完成させるまでには、ほぼ10年をテストに費やしてきたのだ。ヴォルビスの開発グループはブランデンブルクの特許を侵害していないと言っていたが、フラウンホーファーは自分たちの懸念をそれとなくデバイスメーカーに伝えていたために、ヴォルビスを採用するメーカーはなかった。[7]

もうひとつはアップルだ。スティーブ・ジョブズもブランデンブルクと同じく、ファイルシェアに反対し、合法的な有料サービスを作ろうとしていた。iTunesというシンプルでおしゃれで高級そうな音楽アプリを作れば、罪を洗い流すことができると考えたのだ。デザインのダサいWinampは駆逐されるだろうし、ナップスターでファイルを共有していた人たちに有料のサービスを与えれば、彼らもやましい気持ちにならなくて済む。アップルはmp3をなくすことにこだわっていた。

ジョブズはAACへの全面的な切り替えを望んでいた。話し合いの中でジョブズは、AACが次世代の技術で、非効率で妥協の産物だった旧世代のフォーマットを置き替えるためにブランデンブルク自身が開発したものだと正しく主張していた。実際、アップルがあまりにもAACを押していたので、これをアップルの発明だと誤解するユーザーも多かった。ブランデンブルクはリンデと組んで、アップルに対抗するように押し返した。mp3はもうスタンダードとして確立されていた。切り替え費用は高くつきすぎた（ブランデンブルクは自分の分け前については触れなかった）。

勝負は簡単についた。2000年に力を持っていたのはファイル共有者だ。アップルはまだ二流のメーカーで、業界では鼻であしらわれるような存在だった。大規模なフォーマットの切り替えを先導できるほどのユーザー数も持ち合わせていなかった。最初のライセンス会議の当時、アップルはパソコン市場の3パーセントしか持っていなかった。時価総額が23倍のマイクロソフトでさえ切り替えは不可能だった。アップルにその可能性があるとは到底考えられなかった。

ブランデンブルクはジョブズに一度も会っていない。マックを崇拝してもいなかったし、アップルユーザーは「洗脳されている」とも言っていた。アップルの魔法にまったくかからず、その後新しいmp3プレーヤーの極秘提案が送られてくると、まず後ろのページの技術スペックから読みはじめたほどだった。アップルは既存市場への脅威ではなく、ブランデンブルクはテクノロジーに関して「感傷的」になることはないと言っていた。

2001年夏、ブランデンブルクは講義のため香港を訪れた。講義のあと、ショップが立ち並ぶ路地を歩いていた。違法ファイルを持ち歩くための最新のmp3プレーヤーがずらりと並んでいた。違法ファイルを持ち歩くための巨大な消費者市場がそこに生まれていた。10社を超えるメーカーのプレーヤーが目の前に並んでいた。そのショーウィンドーには自分の姿が映っていた。以前とは違う自分だ。生え際が後退し、額はてかてかと禿げ上がっていた。今ではスーツを好み、暗めのシャツに明るいネクタイを合わせていたけれど、ヒゲは不揃いのままで、その組み合わせがなんともプロっぽくない姿だった。奇妙なボディランゲージもそのままだったけれど、見た目よりも評判によってブランデンブルクは尊敬を勝ち得る存在になっていた。

ブランデンブルクもやっと勝利を受け入れた。グリル、ポップ、そしてチームのほかのメンバーはmp3が市場で揺るぎない地位を確保したことを何年も前に理解していたが、ブランデンブルクは慎重で、自分の成功をいくらか疑っていた。だからこそ、市場シェアの獲得に必死になり、勝負がついたあともずっとアクセルを踏み続けていた。今やっと緊張をほどくことができた。彼はもう研究者ではなく、経験豊富で優秀なビジネスマンになり、地球上のだれよりもこのゲームを知りつくしていた。昔の敵も今ではお得意様になり、ブランデンブルクはライバル争いも水に流していた。MPEGやミュージカムやフィリップスにさえ、恨みはなかった。新参者だった最初の頃は、確かに彼らにカモにされたけれど、時間が経った今ではライバルの狡猾さを評価しているようだった。フィリップスがごり押しした例のフィルタバンクについて語る時にも、苦々しさではなく見上げるような調子が混ざっていた。

ブランデンブルクのチームは頭が良すぎた。そして何も知らなすぎた。ありとあらゆる間違いを犯した。ＭＰＥＧへの妥協。エアランゲンの会議での大失敗。携帯型ｍｐ３プレーヤーの特許を申請しなかったこと。そのために莫大な収入を取りこぼしてしまったこと。香港の店先に佇む今のブランデンブルクなら、そんな間違いはしないだろう。今の彼が手段を選ばない男だというのではない。ブランデンブルクは正直で、誠実に仕事に向き合っていた。ただし、ここに来るまでにさまざまなことを学び、エンジニアリングの優秀さを証明するだけではこの世界で成功できないことを理解していた。

11章　音楽を盗む

デル・グローバーは、工場から持ち出されたCDをしょっちゅう買っていたけれど、窃盗団がどうやってCDを盗み出しているのかはずっとわからずにいた。警備責任者のヴァン・ビューレンのもとで、ユニバーサルの警備は水も漏らさない体制になった。ランダムな身体検査に加えて、手荷物もすべてX線検査機にかけられた。工場に窓はなく、非常口には警報機が設置されていた。ラップトップパソコンの持ち込みは全面的に禁止され、ステレオ、ポータブルプレーヤー、ラジカセその他、CDが読み取れそうなものもすべて禁止されていた。

生産ラインでは、プレス機はデジタル制御され、投入量と生産量がすべて記録に残された。ビニール包装されたCDはすぐに自動のバーコード読み取り機で在庫として記録された。すべてのラインで生産ごとに毎回報告書が打ち出されて、プレスされた枚数と実際に出荷された枚数が照合され、差異がないかを確認された。人気アルバムになると24時間のシフトで50万枚が生産されていたが、最先端の電子記録システムのおかげで、在庫の1枚1枚までも追跡できるようになっていた。

ビニール包装されて生産ラインを出たCDはふたたび人の手に触れることはなく、店頭に配送された。CDの箱は厳封されて、ロボットがそれを荷台に乗せる。レーザー誘導式搬送車が、荷台に乗った箱を倉庫まで運びこむ。倉庫への従業員の立ち入りは厳格に管理されていた。ここを過ぎると、箱を扱えるのは出庫作業員だけだった。

しかも身体検査がある。普段のシフトでは5人にひとりがランダムに選ばれて、すでに何人かは窃盗の疑いで挙げられていた。たまに大型アルバムがこの工場にやってきた。「ザ・エミネム・ショウ」や「カントリー・グラマー」だ。こうした注目アルバムは、制作スタジオから運び人がマスターテープをブリーフケースに入れて、スモークガラスのかかったリムジンで運んでくる。運び人は片時もマスターテープから目を離すことはない。マスターからガラスの金型を作ったあとは、運び人がテープをブリーフケースに戻して、来た時と同じようにミステリアスに去っていく。注目アルバムが製造される時には、工場長以下の従業員全員が金属探知機でチェックを受けた。

それでもなぜか注目アルバムは外に出ていた。いつも数日でグローバーの手に入った。いったいどうなってんだ？　警備員を買収したのか？　非常口の警報を解除したのか？　ドアのすき間から外に出してるんだろうか？　監視カメラの映らないところにだれかが立っていて、フリスビーみたいにフェンスの向こうにCDを投げているとか？

自分だったらどうするだろうかとグローバーは考えはじめた。まずは在庫管理にひっかからないようにしなくちゃならない。パッケージのラインで働くグローバーは、その点で完璧だった。これよりも下流にいくとCDにバーコードがついていてビニール包装がかけられ在庫として記録される。上流では最終製品に手を触れることができない。工場の中で従業員が最終製品を実際に扱うのは、このパッケージラインだけだった。

そのうえ都合のいいことに、パッケージラインは時間のかかる複雑な工程になっていた。mp3はCDと音質が変わらないだけでなく、いくつもの点で優れていた。かさばらず、おカネもかからず、永久にコピーし続けられ、壊れることもない。CDは傷がついたり、割れたり、パーティーで盗まれたりするけれど、mp3は永遠だった。するとCDが勝てるのは、ただ目で見て触って嬉しいという点だけだ。つまりユニバーサルが売っていたのは、パッケージだった。

1994年にグローバーが働きはじめた頃、この仕事はまったく頭を使わないものだった。手術用手袋をつけてCDケースをビニール包装機に突っ込むだけだった。それで終わりだった。今ではアルバムは装飾品になっていた。ディスクは金色や蛍光色になり、ケースも半透明の青や紫になった。高品質の紙で作られた分厚いライナーノーツが複雑に折り畳まれてケースに入っていた。工程が複雑になった分、すべての段階でミスが起きる可能性が高まり、数十枚か時には数百枚単位で余分なディスクを作るようになっていた。わざと余分に作っておいて、パッケージの工程で傷や汚れでディスクがダメになってしまったら、差し替えていた。

シフトの終わりに、グローバーは手順に従って毎回、余ったディスクを粉砕機に入れて処分していた。粉砕機は単純な機械だった。冷蔵庫ほどの大きさで鮮やかな青い色のペンキが塗られ、前面にＣＤを入れる口があり、のこぎり状の金属シリンダーにつながっていた。ＣＤをそこに放り込むとシリンダーがそれを細かく砕く。もう何年もグローバーはそこに立ってなんの傷もないＣＤが何千枚と破壊されるのを見続けてきた。そのうちに、工場の警備体制の穴がここにあると気づきはじめた。粉砕機は効率的だが、単純すぎた。記憶も記録もそこには残らなかった。工場の電子的な在庫管理システムから外れた存在だった。24枚の余分なＣＤを処分するよう指示されて、実際には23枚しか粉砕機にかけなかったとしても、それに気づく人はだれもいない。

グローバーは考えた。処分するＣＤを生産ラインから粉砕機に運ぶ途中に、ビニール手袋を外し、密かにディスクに巻き付ける。粉砕機を準備するふりをして、制御パネルかヒューズ盤を開ける。あたりを見回してひとりだったら、手袋に巻き付けたＣＤをそっと機械のすき間に隠して、ほかのＣＤをすべて処分する。シフトの終わりにまた戻ってきて、終了の準備をしながらＣＤを隠し場所から回収する。

それでもまだ警備員と金属探知機をくぐり抜けなければならない。グローバーは危険を冒したくなかった。検査はランダムだと言われていたが、パッケージラインで働く従業員が狙われやすいのはわかっていた。グローバー自身も、ランダムなはずの検査に何度もひっかかっていた。とはいえ、警備員がグローバーを監視している間に、グローバーも警備員をよく見ていた。ある日偶然、面白いことを発見した。いつもスニーカーで来るグローバーは、その日に限ってつま先が鉄製のブーツを履いてきた。検査に引っかかり、警備員が足元に金属探知機をあてると、反応があった。警備員はグローバーにつま先が鉄製かと聞き、グローバーはそうだと答えた。すると、警備員は調べもせずにグローバーを通したのだ。

靴を脱がされなかった。身体検査も尋問もなかった。金属探知機が反応したのに、なにも起きなかった。その時、検査がただのこけおどしだと悟った。実は警備じゃなくて警備のまね事だ。窃盗犯を捕まえるためではなく、盗もうという人間を脅かすためにやっていたんだ。それに、稼ぎの悪い警備員はほかのみんなと同じくらい毎日の仕事にうんざりしていた。もしブーツの中にCDを入れられたら、外に持ち出せる。

でもさすがにブーツには収まらない。CDは少し大きすぎた。でもアイデアの種は播かれ、それから数か月グローバーは毎日シフトの終わりに列に並んで工場からの退出を待つ間に、だんだんとそれが見えてきた。ベルトのバックルだ。ノースカロライナの片田舎でよく見かけるファッションアイテムだった。工場のほとんど全員がつけていた。白人は星や線のついた大きな楕円形のメダルのようなバックルをつけていた。黒人はフェイクダイヤで「ボス」と浮き出した、葉飾りのバックルをつけていた。ヒスパニック系は西部劇のカウボーイのような長い牛角と金ぶちのついたバックルをつけていた。女性もバックル付きのベルトをしめていた。バックルは金属探知機にいつも引っかかっていたが、警備員がそれを外させたことは一度もなかった。

手袋の中にCDを隠す。機械のすき間にその手袋を隠す。あとで手袋を回収してベルトの内側にたくし込む。膀胱が苦しくなるくらいベルトをきつく締める。大きなバックルをCD

の真上の位置にもってくる。思い切って回転ドアを通る。検査に引っかかったら、金属探知機が鳴っても平然を装う。グローバーはとうとうCDを持ち出せる。こうやってCDを持ち出せる。

2000年以降、グローバーは発売前CDの世界一の流出元になった。ユニバーサルで、彼はいい立場にいた。度重なる企業統合で、工場に驚くほどのヒットCDが次から次に流れてきた。グローバーはだれよりも何週間も早く、ヒットアルバムを文字通り手に入れることができた。カリが管理者となって、アーティストの獲得や事業の買収や売却や、いつどこでCDを製造するかを決める契約をオンラインで追跡した。ユニバーサル傘下でなにか欲しいものを見つけると、カリがグローバーに伝え、流出のスケジュールやタイミングを電話でやり取りした。

グローバーは盗み屋が持ち出したCDを工場から遠く離れた場所で現金と引き換えに受け取っていた。仕事が終わって家に帰ると、カリにもらったソフトウェアでアルバムをPCにコピーした。それをmp3ファイルに変えて、カリに送っていた。

この工程は細かく決まっていた。シーンは秩序正しい組織で、「公式な」海賊ファイルの規格は厳しく定められていた。シーンのmp3ファイルの圧縮と配布方法を定めた文書は5000語にも及び、「もうひとつのRIAA」を自称するインターネットの著作権侵害協会がその文言を作っていた。この文書は音質の基準を定め、ネーミングの作法を要約し、リークの重複を避け、そのほかにもさまざまなことを定めていた。それは海賊版の規範を決める、MPEGの裏バージョンのようなものだった。

技術的なことについて、グローバーはカリに任せていた。シーンの参加者の多くと違って、グローバーはテクノロジーの細かい議論に興味はなかった。[2] CDを提供していただけだ。コピーしてデータを送ったあと、盗んだCDを一度か二度聞くと飽きていた。用なしになったCDは黒いスポーツバッグに放り込んで寝室のクローゼットに隠していた。

2002年までにスポーツバッグのCDは500枚を超え、キングスマウンテン工場で作られた主なアルバムすべてがそこにあった。リル・ウェインの「500ディグリーズ」、ドクター・ドレーの「2001」、ジェイ・Zの「ブループリント」もグローバーがリークしていた。クイーンズ・オブ・ザ・ストーン・エイジの「レイテッドR」も、3ドアーズ・ダウンの「アウェイ・フロム・ザ・サン」もやった。ビョークも、アシャンティも。ジャ・ルールも。ネリーも。「テイク・オフ・ユア・パンツ・アンド・ジャケット」もだ。

グローバーのリークは売上トップのアーティストばかりというわけではなかった。世界的に人気のあるセリーヌ・ディオンやシェールといったディーバ系は手に入らなかった。だが、グローバーのリークするアルバムは特定の重要な層にもっとも求められる音楽だ。その層とはエミネム世代だ。シーンの典型的な参加者は、15歳から30歳のコンピュータオタクの男性で、責任感がなく女好きで、犯罪すれすれの遊びをオンラインで楽しんでいた。リュダクリスやジェイ・Zやドクター・ドレーにはまっていたカリはまさにその好例だった。カリの頂点は、グローバーが「ザ・エミネム・ショウ」を発売25日前にリークした、2002年5月だった。これはその年いちばん売れたアルバムになったものの、リークのせいでツアーのスケジュールを変更しなければならなかった。

シーンのリリースにはすべて「NFO」（インフォと発音される）と呼ばれるASCIIのテキストファイルがついていて、それがリリースグループを表すタグになっていた。シーンのグループにとってNFOファイルは自慢の種で、コネの強さをひけらかすもので、メンバー候補を引き寄せる宣伝材料でもあった。またここには技術的仕様も記載され、曲の重複を避けるためにも使われていた。ラビッド・ニューロシスのNFOには次のような情報が含まれていて、いちばん下にはマリファナの葉っぱのロゴが描かれ、そこから立ち上るサイケデリックな煙がテキストの外枠になっていた。

チームRNS提供
アーティスト：エミネム
タイトル：ザ・エミネム・ショウ
レーベル：アフターマス
コピーグループ：チームRNS
ジャンル：ラップ
ビットレート：192kbps
演奏時間：1時間17分
ファイルサイズ：111・6mb

発売日：2002-06-04
コピー日：2002-05-10

いちばん大切な情報はコピーの日付で、これがRNSが最初にリークしたことを示していた。カリはこうしたリリースメモをいくつも自分で書いていて、それはライバルグループやアーティストをばかにする調子の、辛辣で扇動的なものだった。「ザ・エミネム・ショウ」の時には、最後にこんな文章で締めていた。「俺たち以外のグループには絶対無理だろ？」

カリは欲しいアルバムがあると、グローバーにしつこく電話してきた。せっかちで衝動的になり、うざいほどだった。しつこすぎると、グローバーはわざとリークを遅らせた。カリには自分が必要だとわかっていたし、サプライチェーンにこれほど深く食い込んでいる人間を見つけるのはほぼ不可能だと知っていた。

カリってやつはだれなんだ？　グローバーはよくわからなかったけれど、関係を続けるうちにいろいろと気づいたことから架空の人物像を作り上げていた。

まず、携帯の番号が818のエリアコードで始まっていた。カリフォルニアのロサンゼルスだ。電話中にたまに後ろで声が聞こえることがあった。おそらくカリの母親だろう。RNSの公式ロゴはマリファナの葉っぱだった。カリがハイになって電話をしてきた時には、グローバーはわかった。カリのいちばんの特徴は、大げさなヒップホップ口調だ。いつもグローバーを「D」と呼び、白人が嫌いだとこぼしていた。そんな風に自分を呼ぶ人間は周りにはいなかった。わざとクールで強面を装っていたが、グローバーにはハッタリにしか思えなかった。
　実際、カリはおべっかを使っているように聞こえた。グローバーは黒人で、海賊行為に関わっていたけれど、本物の犯罪者ではなかった。このところずっと真面目に暮らしていた。南部の田舎訛りで親しみのある深い声の持ち主だった。小さな町に住み、魚釣りが好きで、毎週教会にも通っていた。週末にはアパラチアの山中で泥だらけになって四輪オートバイを楽しんだ。もちろん2パックが好きだった。だれでもそうだ。でも、ニッケルバックも好きで、子供の頃からトラクターを運転していた。友達からは「貧乏白人みたいな黒人」と呼ばれていた。[3]
　だから、カリがわざと「底辺」のふりをしていることにグローバーはあきれていた。グローバー自身はそんな態度はとうに捨てていた。白人も普通に好きだった。彼女のカレンも白人で、親友のドッカリーも白人で、バイク仲間の多くも白人だった。カリは勝手に黒人像を頭に描いて、人種の壁をわざと作りたがっているように思えた。おそらくカリは白人でもなさそうだったし、絶対に黒人じゃないことは確かだった。カリのヒップホップ口調はあまりにもウソっぽかった。
　グローバーはちょっと調べてみることにした。「カリ」と検索すると、ヒンドゥー教で死を象徴する4つ手の黒女神だとわかった。東南アジア人、おそらくインド人だろうか？　そうだとすると、ものすごく奇妙なイメージが頭に浮かんだ。母親とロスの自宅に住んでいて、マリファナでハイになってインド人のくせに黒人の真似をする、ヒンドゥー教のリーク神。

これが組織の頂点に立つ男で、グローバーとドッカリーはその男と直接にやり取りできる特権的な立場に立っていた。だが、特別な立場にいるおかげで不都合もあった。グローバーはほかのメンバーとの接触を許されていなかった。ほかのリーダーたちもそうだった。何年も尽くしたあとに「リーク責任者」に昇進した男もそうだった。「RST」というハンドルネームを持つこの人物の本名は、サイモン・タイだった。

タイはグローバーやドッカリーとは別世界に住んでいた。名門大学に通う生物学専攻の学生で、家は金持ちだった。南カリフォルニアで育ち、1997年にペンシルベニア大学に入学した。新入生で大学の高速回線が使え、脇からRNSを見ながらすごいと感心し、なにか役に立ちたいと考えていた。1年近くチャットチャンネルをうろついてあれこれと単純作業をこなしたあとに、やっとグループに招待してもらった。

この頃タイは大学のラジオ局のDJに応募した。それから2年間、カリはタイがラジオ局の中で上に昇っていくのを辛抱強く待っていた。ラップ音楽へのタイの興味を育てて、主なレーベルの宣伝担当者と人脈を作るように指示していた。そして2000年、信頼できる最上級生となった21歳のタイはとうとう音楽ディレクターに昇り詰め、ラジオ局のオフィスの鍵を手に入れた。ラジオ局に送られる宣伝用CDが、監視も受けず直接手に入るようになったのだ。タイは毎日ラジオ局に届く郵便を確認し、なにかいい物が入ってきたら寮室に戻ってすぐにアップロードしていた。数秒の差で勝負が決まることもあった。

タイはその年、連続でふたつの大物を仕留めた。リュダクリスの「バック・フォー・ザ・ファースト・タイム」と、アウトキャストの「スタンコニア」だ。ラップ音楽の注目地域をニューヨークとロサンゼルスからアトランタに移したこの2枚のアルバムは、RNSの大金星になった。カリは愛弟子の成功を喜び、そのうちタイはカリが後継者として自分を育てていることに気づいた。リーク責任者への昇進は、大学のラジオ局での昇進の裏返しで、まもなくタイはRNSの下っ端に指令を出すようになっていった。ほかのシーンのグループリーダーたちとのトップ会議にカリはタイを入れるようになり、トップサイトの場所と管理についての極秘情報を知ることになった。一部のメンバーの本名さえ教えてもらった。

その後2年間、タイはRNSの採用係になった。カリとともに主要レーベルの販売スケジュールを追跡し、リーク源に目玉アルバムをチェックするよう指示を出した。どのリーク源がどのアルバムを入手できるかを見極めるには芸術的な手腕が必要で、RNSのように国際的な規模でさまざまな人材を抱える組織では特にそうだった。

まず、それぞれに専門のジャンルがあるラジオ局のDJだ。ヒップホップならボルティモアの「MistaEd」で、主流R&Bならジョージアの「BiDi」、独立系ロックならミネソタの「DJRhino」だった。

それから、イギリスの音楽ジャーナリストの「EgoUK」と「Blob」。タイと同じように彼らも大手レーベルの宣伝部に人脈があり、ユニバーサルが取りこぼしたラップアーティストを専門にしていた。彼らの大金星は50セントの「お蔵入り」したデビューアルバム、

「パワー・オブ・ザ・ダラー」だ。2000年にソニーから発売される予定になっていたが、銃撃事件に巻き込まれて発売中止になっていた。公式にリリースされなかったこのアルバムはRNSの手に落ちて、日の目を見たのだった。

日本人メンバーもいた。日本人の協力は欠かせなかった。というのも、アメリカの発売日より1、2週早くアルバムが日本で発売されることがあったからだ。日米同時発売でも、日本版にはレアもののボーナストラックが入っていて、シーンのコレクターにはこれが受けた。タイは日本版の入手を「kewl21」と「x23」に頼っていた。ひとりは外国人、もうひとりは日本人だった。

最後が火曜のリーク屋だ。彼らは発売日に自分のおカネで合法的にアルバムを買う歩兵だった。「RL」「Aflex」「Ziggy」たちはリーク源ではなく、単なる音楽ファンだった。これは最低レベルの入手経路で、ほかに入手先がない時にタイが指令を出していた。

2002年にカリはリーダーを降りてトップの座をタイに引き渡したいと申し出た。23歳のタイは大学を卒業したばかりで、五月病にかかっていた。卒業後も大学の近くに住み、大学のIT部門で仕事をしていた。ラジオ局のポストは譲ったが、オフィスの鍵は持ったままだった。今ではラップトップを持って夜中にラジオ局に忍び込み、宣伝用CDをコピーしていた。

カリの申し出は魅力的だったが、タイはなぜか断った。あとで聞いてみると、理由は思い出せなかった。怖かったからじゃない。当時のタイは怖いものなしだった。カリと親しくなり、毎日おしゃべりをしていた。グループに居場所を感じていたし、その後何年もチャットチャンネルに居続けた。でも、理由はともあれ、23歳のタイは引退することになった。そして「名誉リーカー」の称号を与えられた。

こうした経験をしてきた特権的な地位にあったタイでさえ、グローバーの存在を知らなかった。ドッカリーのことはぼんやりと知っていて、時折ユニバーサルの製造工場の内部から流出したCDを手に入れていることも知っていた。だが、自分たちの最高の入手源だった「ADEG」という名前の静かな存在については何ひとつ知らなかった。リーク者を2年間も管理し、リーダーになる寸前まで行っていたタイでさえ、知らされていないことがあった。カリはもっとも強力な武器を隠していたのだ。

カリはそれをグローバーを守るためだと言っていた。グローバーは信用していなかった。本心は、ライバルグループにグローバーを横取りされたくないから、ひた隠しにしているのだろうと思っていた。それでもグローバーはカリに付き合った。カリが必要だったからだ。推測は難しいが、シーンの参加者は全世界で数千人程度だっただろう。世界中に内部流出網を持っていたカリはエリート中のエリートで、本当のトップに限りなく近かった。彼はmp3のリーク基準を作った人物だ。多少嫌なことはあっても、カリの手下になる見返りは大きかった。レコード店の店員を買収して違法コピーを作っても、普通は3つか4つのトップサイトのパスワードしかもらえなかった。2002年までにグローバーは数十のトップサイトにアクセスできた。

グローバーはこの特権を目いっぱい利用して、海賊版映画を売りさばいていた。海賊版映画のビジネスは、海賊版音楽と同時並行で拡大していき、2001年には家庭用DVDバーナーが登場した。品質の悪いビデオCDから、レンタル品質のDVDに移行したことで、グローバーの商売は爆発的に拡大した。CDを焼いていた最初のタワーの代わりに、新しくDVDを焼くためのタワーを立てた。インターネット接続も衛星からブロードバンドに変えた。過去数年でいちばん人気のあった映画をシーンのトップサイトから自宅のPCにダウンロードし、それぞれ数十枚ずつコピーを作った。映画のタイトルをラベルに印刷し、ディスクに添えた。作品ごとにフルカラーの帯を印刷し、それをアルバムに差し込んで即席のカタログを作った。販売する時には、客がカタログから欲しい映画を指させば、車のトランクから「在庫」を取り出した。

グローバーは慎重に顧客ベースを築いていった。信用できる相手にしか海賊版は売れない。まずキングスマウンテン工場の同僚から始めた。そこから地元の床屋やクラブに広げていった。まもなく近くのコンビニの駐車場で決まった時間に売買を行うようになった。クリーブランド郡の周りで、グローバーは「映画屋」として知られるようになっていった。「スパイダーマン」のDVDをブロックバスターが入荷する数週間前、おそらくまだ劇場公開されている間に5ドルで売っていた。スパイダーマンだけじゃない。「ギャング・オブ・ニューヨーク」も、「ベッカムに恋して」も、「トイ・ストーリー2」も、「ザ・リング」も、「ドラムライン」も、過去5年に劇場公開された主な映画はすべて売っていた。それほど有名でないＤＶＤが欲しければ、たとえば今在庫のない芸術的な小作品でも、だいたい翌日には手に入れることができた。

顧客への価値は大きかった。値段でも品揃えでも合法的なライバルを打ち負かし、延滞料金のかからない所有権を提供したことで、グローバーのビジネスは花開いた。ドッカリーとはカルテルのような住み分けの約束を交わし、２００２年のはじめには週に２００枚から３００枚ものＤＶＤを売りさばき、数千ドルの現金を手に入れていた。２台目のＰＣを買い入れ、需要に追いつこうとバーナーをもう１台追加した。違法だとはわかっていたが、疑いをかけられることはないと感じていた。すべての取引は手渡しで、記録を残さず、銀行にもおカネを預けていなかった。音楽は売らなかったし、ユニバーサルの工場ではＤＶＤは作っていなかったし、シーンは地下深くに隠れていたので客は海賊版がどこから来ているのか絶対にわからないと思っていた。

それでもカリには副業を秘密にしていた。決して認めてもらえないからだ。カリの異常なまでの用心はもっともだった。２０００年のはじめからＦＢＩとインターポールはシーンを狙って「バッカニア作戦」という広範な捜査活動を行っていた。２００１年には国際的なおとり捜査でＤＶＤとソフトウェアの違法コピーグループ、ＲiＳＣ ＩＳＯのメンバーを70人以上も摘発していた。10か国で逮捕者が出て、ＦＢＩ捜査官がデューク大学、ＭＩＴ、ＵＣＬＡなどの寮に乗り込み、会社のサーバーに海賊ファイルを保存していたインテルの社員４人も検挙された。カリはオンラインに載った法律文書から捜査への対処法を学んでいた。

ＦＢＩは「ハニーポット」というトップサイトを自分たちで始めていた。シーンのファイル保存サイトのように見えて、実はここを利用したＩＰアドレスのログはすべてＦＢＩとロンドン警視庁に送られた。判決は1年から5年の間だった。

幸いグローバーはおとり捜査を免れていた。ＲｉＳＣ ＩＳＯのサーバーに一度もアクセスしたことがなかったからだ。その点はカリに感謝すべきで、カリはいつもＲｉＳＣを問題だと思っていた。ＲｉＳＣはシーンの中でも異端で、はっきりした形を持たず規律のないメンバーの集まりで、オフラインの組織犯罪と関わりがあるとＦＢＩは疑っていた。バッカニア作戦によってその疑いが証明された。インターポールの証拠によると、ＲｉＳＣは発売前の海賊ソフトウェアを東欧やロシアの地下組織に販売していた。

シーンの長年の原則として、共有コンテンツを販売することは禁止されていた。ファイルシェアと営利目的の海賊版の売買には明確な一線があった。仲間内だけに閉じられたトップサイトのシステムはゆるやかな協力と交換の一形式であって、道徳的に許されるし、おそらく違法ではない範囲とされていた。反対に、物理的な海賊版の売買は、倫理違反だと見られていたし、余計な注目を引きつけるものと考えられていた。

この考え方は道徳的な議論としては少々無理があり、法律的には完全に間違っていた。それでもシーンの参加者はこの精神に従っていて、トップサイトを利用して利益をあげることには強い抵抗感があった。実際、ＲＮＳへの参加は多くのメンバーにとって金銭面ではマイナスだった。一年に何百ドルもＣＤに使い、サーバーとブロードバンドに何千ドルも使い、なにかに役立つ見返りはほとんどなかった。

グローバーは例外だった。バッカニア作戦のあとで、カリはトップサイトのファイル売買を疑われるメンバーをグループから追い出すと宣言していた。ドッカリーは一時期その命令に従っていたが、グローバーは気にしなかった。自分が追い出されることはないと知っていた。あまりにもいい立場にいたからだ。タイが消えてユニバーサルの南部ラップアーティストが上昇している今、カリが頼れるのはグローバーだけだった。

ユニバーサルのお偉方は地域的なトレンドシフトに気づいたが、アウトキャストを逃してしまい、南部のそのほかのアーティストを押さえようと必死になっていた。ラップ業界のドンとも言われるラッセル・シモンズの勧めで、モリスはヒューストンの伝説的存在だった元ゲトー・ボーイズのスカーフェイスと契約し、スカーフェイスをデフ・ジャム・サウスの新しいリーダーに指名した。スカーフェイスはそれに報いるようにすぐにアトランタの若いラジオDJのリュダクリスと契約した。アップビートな曲に乗せて強気な言葉を弾丸のようにまくしたてるリュダクリスは、ミレニアル世代を大規模動員できるラッパーとして成功し、シングルの「ホワッツ・ユア・ファンタジー」は春休みの定番になり、ラジオで大ヒットした。

リュダクリスはカリのお気に入りで、デフ・ジャム・サウスの新曲をすべていちばんにリークすることがRNSの目標だった。2001年11月のリュダクリスの「ワード・オブ・マウフ」の発売前に、カリはグローバーに毎日電話をかけてきて進捗を確かめるようになった。

日に二度も電話がかかることもあった。グローバーはそれが気に障り、カリがいつもながら自分を軽く見ていると感じた。グローバーはリュダクリスの音楽などどうでもよく、それも気に障った。工場からアルバムを持ち出したあと、わざと1週間ずっと寝室のスポーツバッグに入れっぱなしにしてからやっと渡したほどだった。それでもRNSは「ワード・オブ・マウフ」を公式発売日の24日前にシーンにリークした。

デフ・ジャム・サウスの次の注目アルバムはスカーフェイスの「ザ・フィックス」だった。2002年8月に発売が予定されていて、カリはまたグローバーにしつこく電話をかけてきて、6月には渡して欲しいと求めてきた。面倒になったグローバーは、カリの言う通りアルバムを手に入れるとすぐに送った。それは店頭に出る予定より22日前の7月15日にインターネットに流れた。

その翌日、キングスマウンテンでは経営陣が工場の全従業員を集めてミーティングを行った。参加は必須だった。何百人もの従業員の前で、デンマーク人上司がすぐに要点に切り込んだ。スカーフェイスの「ザ・フィックス」の完全コピーがデューク大学のサーバーで見つかった。どうしてそうなったのか？　昨日パッケージラインでの作業が始まったばかりのアルバムで、まだ倉庫を出ていない。従業員のだれかが盗んだことは確かだ。だれかを教えてくれ。匿名でもいい。質問はしない。

カリはやらかしてしまった。海賊業界のトップに立つために、あまりに拙速にネットに上げてしまったのだ。だからユニバーサルは出所を絞り込めた。グローバーはパニックにも似た脱力感に襲われた。工場のフロアで、グローバーとドッカリーは密かに目くばせを交わした。無口な性格のおかげで、その場でつかまらずに済んだようなものだった。

その後の会話で、ベルトのバックルを使った盗み屋たちは、グローバーを密告しないと確約した。彼らにしても、仕事をクビになっては困る。でもグローバーの心配はほかにもあった。工場周辺で、海賊版映画の流出源はどこなのかをみんなが疑問に思いはじめていた。工場の上層部も海賊版DVDを手に入れているかもしれなかった。上司にDVDを売るようなへまをしでかすべきじゃなかった。グローバーはお客を問い詰めたり警告したりしなかったが、向こうが彼を避けているように見えた。もし運がよければ、なんらかの沈黙の掟《おきて》に救われるかもしれない。

そのミーティングの5日後に、グローバーの主な盗み屋のひとりが逮捕された。アルバイトのチェイニー・シムズがシャツの中に発売前のCDを隠し持っているところを探知機で抑えられたのだ。シムズはその場で逮捕され、横領で訴えられた。[4]

グローバーは苦しい立場に追い込まれた。副業は明らかに危険だった。シムズはグローバーの手下のひとりで、もし彼が警察に吐いたら芋づる式にすべてが明らかになる。警察に尋問されたら、ただだんまりを決め込んで、クビになるだけで済むことを祈るしかない。そうでなくても、グローバーがシムズと親しいことは知られていたし、スカーフェイスの流出に関係していると疑われるのは明らかだった。捜査員がデューク大学に注目することを願うしかない。それが煙幕になる。グローバーもRNSもデュークとは無関係だった。「ザ・フィックス」がどうやって大学サーバーに行きついたのかはまったく知らなかったし、どうでもよかった。ただ、もう潮時だということはわかっていた。

仕事が終わるとグローバーはカリに電話して悪い知らせを伝えた。一線を越えたんだ。あわててリークしたせいで、もうバレそうだ。グローバーはカリを一方的に責め、自分の映画の副業については口にしなかった。ふたりのやり取りは激しくなった。グローバーはRNSと永遠に縁を切ると言って電話を切った。カリがかけ直してきても、電話に出なかった。彼は家に戻ると車のトランクに海賊版のDVDを全部詰め込んだ。小売価格にすると3000ドルにもなる600本近い映画があった。みんなが寝静まった深夜、彼はシェルビーの町境まで車を走らせて、ゴミ処理場にすべて投げ捨てた。

12章　海賊を追う

2003年までにラップは主流になっていた。ヒットチャートのトップ40を独占し、ダンスクラブや大学のパーティーでも普通に流れるようになった。その前年に発売された「ザ・エミネム・ショウ」は全米売上ナンバーワンになり、ラッパーとして初めてアルバム1位を獲得した。ラップはロックに代わって、もっとも勢いのあるジャンルになり、エミネムはその後音楽史上最高の売上をあげたラッパーになっていく。モリスの指揮のもと、ユニバーサルはそのすべてを押さえていた。

ラッパーはカネへの執着を隠さなかった。カネについて話し、考え、曲を書き、札びらをばらまいた。契約ではがめつく交渉したが、いったん契約を結ぶと次から次へと休みなくアルバムを発表した。大ヒットを出したあかつきには、それを利用して自分自身がスカウトマンとして新人を発掘していった。売れっ子ラッパーを獲得すると、連鎖反応が起きてさらに多くの売れっ子を獲得できた。モリスのアーティストの中で今いちばん売れているラッパーたちも、もとをたどれば何年も前に獲得したアーティストがきっかけだった。1996年のインタースコープの買収で獲得したのがドクター・ドレーで、それが1998年のエミネムの獲得につながり、2002年の50セントにつながっていた。50セントの大ヒット曲「イン・ダ・クラブ」がアルバム「ゲットリッチ・オア・ダイ・トライン」の売上をけん引し、その後エミネムの「ザ・エミネム・ショウ」に続く翌年のナンバーワンアルバムに輝いた。

新作のリリースはまだ続々と予定されていた。ニューヨークのデフ・ジャムではジェイ・Zの愛弟子のカニエ・ウェストがデビューアルバム「ザ・カレッジ・ドロップアウト」の仕上げに入っていた。アトランタのデフ・ジャム・サウスではリュダクリスが「チキン・N・ビア」をリリースし、業界でもっとも安定的な人気を誇っていることを証明した。そのうえ、ニューオリンズではマニー・フレッシュがリル・ウェインの復活アルバム「ザ・カーター」をプロデュース中だった。

このラップの世界を仕切っていたのが、64歳の白人男のダグ・モリスだった。彼が10年以上も引っ張ってきたインタースコープの系譜から続々とヒットが生まれていた。8年前、ユニバーサル・ミュージックは存在しなかった。今では世界市場の4分の1を支配し、この地球上で最大のレコード会社になった。モリスは指導者のアーメット・アーティガンと同じく、この時代の伝説的存在になるべき人物だった。ニューヨーカー誌に憧れの人として紹介されるほど、有名になって当然だった。「大物」として認められるべき人物だった。

でもそうはならなかった。ラップの売上は伸び続けていたが、音楽市場はさらに急速に落ちていた。海賊版が販売に打撃を与え、2000年のピークからCD売上は3割も減っていた。市場シェアを急速に伸ばしたユニバーサルでさえ、売上を維持するだけで精一杯だった。

音楽業界はどこを見ても火の車だった。タワーレコードは一直線に破たんへと向かっていた。ソニーのコロンビア部門はいまだに社内の家電部門と内紛状態にあった。EMIは借金でクビが回らなくなっていた。BMGは音楽事業を売却しようとしていた。

AOLタイム・ワーナーもひどいことになっていた。モリスの元上司はタイタニック級の大惨事に遭遇していた。2002年4月、AOLタイム・ワーナーは540億ドルというアメリカ史上最悪の赤字を発表した。「のれん代の償却」という名目だ。つまり、買収金額が高すぎたということだった。バカバカしいほど価値が膨れ上がったAOLの株式を、ドットコムバブルの頂点で買い入れていたからだ。タイム誌自身もこの赤字を「大勢の酔っ払った水兵が二日酔いを覚まそうとしている」[1]ようだと解説していた。ワーナー・ミュージック・グループは、沈没船にはりついたフジツボだった。

ヴィヴェンディも五十歩百歩だった。2002年7月、格付け機関はヴィヴェンディの債券格付けをジャンク級に引き下げた。それまでの10年にわたる的外れなテクノロジー投資のつけがまわり、莫大なのれん代を株主資本から償却しなければならなかったからだ。ヴィヴェンディも赤字に陥り、シーグラム買収の指揮をとったジャン・マリー・メシエは取締役会から放り出された。まもなく副会長のエドガー・ブロンフマン・ジュニアもクビになった。流血を止めるためにやってきたのが、冷静なビジネスマンとして尊敬されていたジャン・ベルナール・レヴィだった。すぐにも現金を調達しなければならなかったレヴィはヴィヴェンディの水道事業と環境エンジニアリング部門を売却し、そのほかの資産の売却に向けて動きはじめた。

噂はすぐに広まった。2003年、スティーブ・ジョブズはヴィヴェンディにユニバーサルの買収を申し出た。旧譜を手に入れるのが目的だった。ジョブズは自身の音楽レーベルを作りたがっていた。そして、ジョブズがなにより欲しがっていたのはモリスだ。モリスもまんざらではなかったが、自分で決められる立場にはなかった。ヴィヴェンディはジョブズの申し出をはねつけた。債権者が売却を求めていても、音楽業界が急激に下降していても、ユニバーサルとモリスはヴィヴェンディにとって替えのきかない重要な資産だった。

ジョブズ自身は、自分の会社をビートルズにたとえるほどの生粋の音楽オタクだった。ユニバーサルの買収計画は、彼の長期的なビジョンの一部だった。2002年以来ジョブズはモリスにしょっちゅう電話をかけてきては、iTunesストアに参画させようとしていた。アプリを通して99セントで楽曲を販売しようというのだ。そこで楽曲を買えば、iPodで聴ける。あっという間に、猫も杓子もiPodを持つようになっていた。2001年の終わりに発売されたiPodの成功には、だれもが驚いていた。アップルのデザイン責任者でさえそうだった。彼らは違法mp3ファイルがどれほど浸透していたか、持ち歩けるようになればそれにどれほど価値が出るかをよくわかっていなかった。

ジョブズはモリスと同じように人生の第二幕の途中だった。1985年に自分の創業した会社を追い出されたジョブズは、1990年代の半ばに華々しく返り咲いていた。ジョブズはデザインとマーケティングと経営に卓越した才能を発揮し、性格的に敵は多くてもテクノロジーの未来に向けた彼のビジョンには説得力があった。ジョブズはなにより、モノの有り余った環境の中で、人々が買い物に個人的な意味を求めていることを理解していた。ブランデンブルクのようなエンジニアたちが否定していた「感傷」のようなものを煽り、それゆえにジョブズは時代を象徴するビジネスマンになっていた。

ジョブズは合法的な有料ダウンロードのサービス立ち上げに全力を注いだ。ブランデンブルクやモリスと同じように、ジョブズもまた知的財産から莫大な富を築いていた（自分自身の特許とは限らなかったが）。もともとｉＰｏｄはｉＴｕｎｅｓストアを補完するデバイスになるはずで、ジョブズは違法ファイルを減らしてその価値を下げるため、ＡＡＣへの転換を押していた。だが、２０００年代にアップルが勢いを持ったきっかけは、ナップスターで得た不正ファイルを堂々と持ち歩けるようにしたからだった。音楽の海賊行為が90年代版の違法ドラッグのようなものだとすれば、アップルの発明はマリファナパイプと同じだった。

だから、２００３年の業界の力関係はまだ大手レコード会社に有利に傾いていた。ジョブズにはモリスが必要だった。合法性が必要だったのだ。なによりもラップが必要だった。エミネムと50セントのない音楽ストアは考えられなかった。でも、モリスにはジョブズが必要だっただろうか？　モリスはいつまでも心を決めかねていた。ｉＰｏｄの容量は40ギガバイトで、１万曲も持ち歩けることにモリスはもちろん気づいていた。[2] とすると、ｉＰｏｄをいっぱいにするためにファンは９９００ドルも払うだろうか？　おそらく払わないだろう。逆にｍｐ3が簡単便利に使えるようになって、海賊行為が報われるだけだ。みんながｉＰｏｄ

を持つようになれば、CDの利点は消えるし、実際にiPodは広く普及していった。

モリスとジョブズは、長い間恋愛ごっこのような関係にあった。ふたりはまるで正反対だった。モリスは市場調査を信じ、喜んで消費者の声に耳を傾け、なにを売るべきかを聞いていた。ジョブズは市場調査に懐疑的で、「みんなそれを見せられるまでなにが欲しいかなんてわかりっこない[3]」とビジネスウィークの記者に語ったほどだった。モリスは人に好かれるための努力や評判を上げるための苦労をいとわなかった。ジョブズは気難しく、親友の気持ちでさえ傷つけてしまうこともしょっちゅうだった。モリスは根っからの東海岸の商売人だった。ジョブズは典型的な西海岸の起業家だった。それでもなぜかふたりは気が合ったし、いずれにしろモリスは手を打たなければならなかった。RIAA対ダイヤモンドの訴訟にけりがつき、ともあれiPodは市場に残った。2002年の終わりにユニバーサルのオフィスでミーティングを持った時、ジョブズは初めて一気通貫のウェブ販売モデルをモリスに見せた。プレスプレイやブルーマターやシーグラムといったとんでもない失敗案件の代わりに、このモデルなら多くの消費者に合法的に音楽を届けることができる。ジョブズはダウンロードごとに1ドルにつき70セントをモリスに約束した。モリスにとってそれ以上の条件は望めなかった。2003年のはじめにモリスはとうとう契約を結んだ。サイトは4月の終わりに公開され、初めてユニバーサルのすべての楽曲がだれにでも有料で合法的にダウンロードできるようになった。

iTunesストアはすぐにヒットした。初年度には7000万曲を売り上げた。それでもユニバーサルの総売上の1パーセントでしかなく、海賊行為はまだ広く行われていた。ナップスターは消えても、P2Pのファイルシェアはなくならなかった。CDにおカネを払ったことのない世代は、ファイルシェアを当たり前の権利だと考えていたし、音楽におカネを払うことを古くさい慈善行為だと思っていた。これが音楽の未来で、モリスの生き残りはそこにかかっていた。

度重なる発売前のリークによって、問題はさらに深刻になっていた。レコード屋で働いたことがあれば、新譜が店に並ぶ火曜がいちばん忙しいことがわかる。発売日の火曜の売上は業界のバロメーターで、映画の封切初日のようなものだ。通常のアルバムは、発売日から4週間で総売上の半分が消化される。これまではアルバムが流出しても、損害はその地域だけにとどまっていたが、今では発売前に流出した楽曲はファイル共有によって数時間で世界中に広がっていた。

iTunesも伝統的なビジネスモデルに従って火曜に新譜をリリースしていた。だが、すでにmp3のファイルがP2Pサイトで何週間も前に出回っていることも少なくなかった。もちろんそれは売上に打撃を与えていたが、ユニバーサルは特に流出が多いように思えたし、モリスはそれがなぜかをわからずにいた。2002年には警備の厳重なノースカロライナ工場からだれかが盗み出しているのではないかという疑いが持たれていた。スカーフェイスの「ザ・フィックス」が内部から流出したことは確かだった。だが、サプライチェーンには穴が多すぎた。レコード店、DJ、倉庫の従業員、音楽評論家、トラック運転手など、だれにでもチャンスがあった。それに全員を見張ることはできなかった。

ファイルシェアと発売前のリークは、実際にどのくらいCD売上を損ねていたのだろう？　全員が納得する答えはなく、リークが本当に売上減につながっているのかもわからないという意見もあった。確かに音楽業界は厳しい状況にあったが、ドットコムバブルが弾け、9・11の後遺症が残る中、苦しいのはほかの産業も同じだった。音楽業界が実施した調査がどれも問題の深刻さを訴えていたのに対して、海賊行為や違法コピーはCD売上にまったく悪影響を与えていないか、逆に売上を支えているという調査もあった。モリスはこの点で譲らなかった。いつでもどこでも無料で手に入るものにおカネを払おうという奇特な人はそうそういないことは、経済学博士でなくてもわかる。それに経済学者でなくとも、ある点だけは議論の余地がない。音楽を盗んでファイルをシェアするのは違法だ。

ヴィヴェンディとの契約があるモリスは一生カネに困ることはなかったけれど、アーティストの面倒は見たかった。オンラインの音楽泥棒は、アーティストの生業を破壊するような陰謀に関わっている。彼らは歴史上最大の著作権侵害という陰謀の共犯者なのだ。音楽を共有したりリークしたりすることはライフスタイルじゃない。犯罪だ。訴えるのが筋だとモリスは考えていた。第1ラウンドでは、訴訟に負けた。第2ラウンドを始めるべきだ。モリスは業界のほかのエグゼクティブと爆弾を落とす話し合いをしていた。企業を飛び越して、ファイル共有に関わっている個人を直接訴えるのだ。

モリスの法律チームはこの方向性に傾いていた。ユニバーサルの最高執行責任者のザック

・ホロウィッツはエンタテイメント法に詳しく、この訴訟の先頭に立っていた。法務責任者のハービー・ゲラーもまた著作権保護を提唱し、訴訟に勝てる見込みがあると踏んでいた。著作権保護派の先頭に立つタカ派を自称するふたりにとって、この訴訟は知的財産の神聖さをふたたび取り戻すチャンスで、おカネはおまけのようなものだった。個人を訴えればマスコミに叩かれることは予想していたが、それでも将来のために仕方のないことだと考えていた。モリスはホロウィッツとゲラーを信頼し、彼らの意見を聞き入れた。いちばん大切なのは、ファイル共有という一見無邪気な行為が深刻な結果につながるという先例を作ることだった。デジタル時代に資本主義がうまく機能するには、シェア行為は罰せられなくてはならない。

レコード会社の経営陣の中で、この訴訟は「ハブキャップ・プロジェクト」と呼ばれていた。売上で業界最大手のユニバーサルは、RIAAの年間予算にもっとも貢献していた。この訴訟には、ビッグ5のうちの3社が加わった。BMG、EMI、ソニーだ。反対したのはワーナー・ミュージックのロジャー・エイムスで、自分たちの潜在顧客を訴えるのは長期的には利益にならないと訴えた。小規模な独立レーベルの多くも反対だった。いちばん強く反対したのは、意外な人物だった。RIAAの会長その人だ。ファイル共有者を訴えるのは最悪のやり口で、ファンを遠ざけて業界の評判を今後何十年と傷つけることになるとヒラリー・ローゼンは固く信じていた。2002年の終わりから2003年にかけて侃々諤々《かんかんがくがく》の議論が何度も交わされたが、ローゼンは自分の意見を堅持し、なにがあってもハブキャップ・プロジェクトの顔になりたくないと言い張った。

ローゼンの意見は通らなかった。2003年9月7日、16年間RIAAを率いてきたローゼンはトップの座を降りた。業界団体の会長が抗議のため辞職すること自体、危険な兆候だったが、大手レーベルは気にかけていなかった。ハブキャップ・プロジェクトは勢いをつけ、その翌日には最初の訴訟が申請された。261名の個人が標的にされ、1曲あたり15万ドルの損害賠償を求められた。RIAAの広報部は、楽曲の不正コピーはCDの窃盗に等しいと訴えていたが、だとすれば、万引きと同じ行為に100万ドルの罰金を課しているようなものだった。

RIAAの海賊対策部門は、アップロードしたファイルの数で被告を選んでいた。1000曲が最低ラインだ。その目的はたちの悪い常習犯を狙い打ちすることだったが、技術的な要因で実際には狙い通りにいかなかった。ナップスターや似たようなファイル共有サイトでは、ユーザーの音楽ライブラリーが自動的にアップロードされるようになっていた。賢いユーザーはこの機能を外していたので、いわゆる「たちの悪い常習犯」とされたのは間抜けな素人ばかりだった。だから外から見ると、この訴訟は恣意的で悪意のあるものに見えた。さまざまなP2Pサーバーから適当にIPアドレスを見つけてきて、行きあたりばったりに被告を選び、インターネットプロバイダーにユーザーの個人情報の開示を求めているように見えたのだ。個人情報を召喚しても、RIAAは自分たちの訴えている相手をまったくわかっていないようだった。コンピュータを持たないシングルマザーや家族がその中に入っていた。

老人や子供も狙われた。失業者や亡くなってしばらく経っている人も含まれていた。ニューヨークの貧困地域に住む12歳のブリアナ・ラハラは、テレビのコメディ番組の主題歌をそのほかのいろいろなものと一緒にダウンロードした罪で訴えられた。それでも、RIAAは子供への民事訴訟を取り下げるという当たり前のことをせず、和解の条件として両親に2000ドルの支払いを求めた。

ハブキャップ・プロジェクトは支持を得られなかった。少数の消費者をランダムに狙い打ちして、集団的な海賊行為から生まれる巨額の損害をその人たちに支払わせようとしていたからだ。RIAAのウェブサイトはハッキングされ、何度もサービス不能に陥った。ユニバーサル傘下のアーティストの多くもこの訴訟に反対し、音楽ファンに味方した。テクノロジー評論家はこの訴訟を「バカバカしい」と一蹴し、フリーの公衆無線LANの時代にIPアドレスは不法行為の証拠になりえないと指摘した。法律の専門家はこの訴訟を「脅迫」だと言った。被告人の多くは法廷で自分たちをきちんと弁護するおカネも時間も知識も持ち合わせていなかった。アメリカ自由人権協会は独自に対抗訴訟を起こし、インターネットプロバイダーへの召喚状自体が違法だと訴え、RIAAの行動を「悪意ある」行為と呼んでいた。RIAAはこの訴訟を自分たちなりにこう呼んでいた。「教育的」な訴訟だと。[4]

炎上が収まってしばらくたつと、ダグ・モリスはこの悲惨なプロジェクトでの自分の役割を小さく見せようとした。ハブキャップ・プロジェクトの計画と実行にほとんど関わっていないと言い、ホロウィッツとゲラーのアドバイスに頼っていたと言っていた。おそらくそれは本当だろう。それでも、モリスはホロウィッツとゲラーの上司だった。モリスのはっきりとした支持があったからこそ、訴訟が起こされたのだ。RIAAの年間予算のほぼ3割を支配するモリスがこのプロジェクトに反対していたら、絶対に訴訟は起きなかった。

RIAAの弁護士たちでさえ、P2Pのファイルシェアは意図的な犯罪ではなく、ただ若者が音楽を聞きたかっただけだと認めていた。ファイルシェアはわがままな行為かもしれないが、だれかを傷つけようとするものではない。彼らはシーンの参加者とは似ても似つかぬ存在だった。レーベルから見れば、シーンには音楽ビジネスをわざと破壊しようという意図があったように見えてもおかしくなかった。ハブキャップ・プロジェクトの動乱の中で、シーンはその姿をうまく隠し続けた。音楽業界の中でも、知的財産権や著作権の専門家の中でも、ファイル共有者の中でさえも、シーンの存在を知る人はほとんどいなかった。

だが、RIAAはその存在を知っていた。海賊対策班は秘密裡にシーンを監視していた。スタッフがチャットルームをうろつき、サブカルチャーの言語を学んでいた。音楽リークに関わっていた十数組の有名グループや、海賊行為の関係者を必死に追いかけていた。RIAAは組織内にデータベースを作ってグループの活動を追跡し、それを使って流出元とインターネットでの拡散を描いた感染図のようなものを作った。2003年の終わりまでに、このところ力をつけてきたあるグループがそこにいつも関わっていることがわかった。RNSだ。

2004年1月、RIAAは、アルコール・タバコ・火器及び爆発物取締局の局長だったブラッド・バックルズを海賊対策部門長に任命した。バックルズはその捜査手腕と司法機関との人脈を買われ、年収50万ドルで雇われた。バックルズが仕事につくと、RIAAの海賊対策班はFBIの捜査官と定期的に会合を持ちはじめ、証拠や情報を共有し、FBIの捜査官をこの事件につけるよう説得した。FBIがRNSへの捜査を開始したのはこの頃だった。「ファストリンク作戦」と呼ばれたこの捜査は、数年前にソフトウェアの海賊行為への訴追に成功したバッカニア作戦で収集した情報から生まれたものだった。

捜査の責任者になったのは1997年にFBIに入局したピーター・ヴーで、彼はコンピュータ犯罪の専門家だった。ベトナム移民2世のヴーは、この仕事への熱意に満ちた知的で厳しい捜査官だった。それまでに、オンラインの恐喝、クレジットカード詐欺、児童ポルノといった事件を担当してきた。インターネットの闇の部分を見ることが彼の仕事で、「ネットの闇」がどれほど暗いかを彼ほど知る人はほかにいなかった。

そんなヴーにとって、シーンの捜査は休暇のようなものだった。バッカニア作戦もファストリンク作戦も、捜査対象になるのは犯罪歴のない人たちで、自分たちの行為が違法だと知って驚く場合も多かった。ヴーがいつも追いかけているような凶悪犯罪者や常習的な変質者と比べると、ゲームの海賊グループや音楽流出に関わる人たちは、はるかに軟弱だった。相手は頭のいい若者で、刑務所を死ぬほど恐れ、捕まるとすぐに罪を認め、進んで捜査に協力した。だからほとんどは有罪になっても執行猶予をもらい、もっとも悪質な場合でも1年から2年の実刑より重くなることはなかった。

とはいえ、現実に損害が発生していたことは確かで、ヴーはそれを終わらせようと心に決めた。RIAAの海賊対策部門と定期的に会合を持ちはじめ、情報と調査を共有し、ほんの少しでも進展があれば伝え合った。RNSのチャットチャンネルは閉鎖的で、ほかのグループで長い実績のあるメンバーだけを勧誘していたので、中に入り込むのは難しかった。RNSのリーダーは組織防衛に長け、ほかの組織の上層部にスパイを送り込みながら、一方で自分たちの秘密が漏れないように運営していた。ヴーは何年間も捜査を続けていたが、しばらくは成果があがらなかった。

13章　ビットトレント登場

２００１年までに、ブランデンブルクとグリルは別の道を歩んでいた。最新版の圧縮率は理論的な限界に近づき、この分野の問題はほぼ解決済みだと思われた。ふたりは別の問題に取り組みはじめた。エアランゲンのグリルは衛星ラジオの研究を始めた。ブランデンブルクはイルメナウの新しい研究室でサラウンド音声に取り組みはじめた。

ＭＰＥＧもまた前に進んでいた。動画の質は上がり、ファイルは小さくなっていた。音楽市場での騒ぎはすぐに映画市場にも広がった。シーンの中ではＤＶＤのコピー、映画館での盗撮、ＨＤテレビ番組の海賊版を専門にするグループが生まれていた。シーンが入手した映画ファイルはトップサイトのネットワークから広い世界へと流れ出ていた。

海賊対策チームは遅れを取っていた。ダイヤモンド裁判での敗訴で、テクノロジー自体の違法性は争えないことがわかった。そのためメディア業界は悪者をひとりずつ狙い打ちするしかなかった。グロックスター、ライムワイヤー、カーザーなどＰ２Ｐのサイト運営者に対して数多くの訴訟が起こされた。[1] ファイル共有者はもう圧縮に助けは必要なかった。流通の手段が必要だっただけだ。

ナップスターは閉鎖され、ばらばらに散らばったファイルシェア帝国の後継者たちは、品質でも規模でもナップスターにかなわなかった。カーザー、イードンキー、ライムワイヤー、ベアシェア、ヌテラ、グロックスターといった新たなP2Pサイトはゴミ溜めのようだった。こうしたサイトに音楽や映画をリクエストしても、長い長い列の最後に並んで待たなければならない。待ち時間は数時間にも、時には数日にもなり、そうやって列に並んで待っている間ずっと自分のIPアドレスを、手ぐすね引いて待っているハブキャップ・プロジェクトの弁護士に晒すことになってしまう。そのうえ、やっと手に入れたファイルはひどい音質だったり、まったく別の曲だったり、とんでもないニセモノだったりした。[2]

P2Pサイトの運営者が音質に投資するインセンティブはほとんどなかった。ナップスター判決によりP2P運営が違法だと決まったことで、大手メディア企業を取り込める希望はなくなった。ベンチャーキャピタルの資金は干上がり、ファイル共有サイトの運営者の多くは「無料」のはずの音楽を怪しげな広告に密かに紐付けしはじめ、ユーザーが音楽をリクエストすると消費者金融や性欲増強剤の広告が画面に現れるようになっていた。投資家はもちろん反発し、ユーザーも迷惑し、ファイル共有の世界はナップスター以前のアンダーグラウンドの時代に後戻りしたように見えた。それでもまだ、P2Pテクノロジーには大きな可能性があり、主流の投資家が諦めても、特異な才能を持つプログラマーはこの分野に留まっていた。そんな中で、短命に終わったモジョネーションというP2Pのスタートアップに勤めていた25歳の風変わりなプログラマーが、つまらない仕事の合間に、インターネットアーキテクチャのルールを書きかえることになる。

そのプログラマーの名はブラム・コーエン。自分の発明をビットトレントと呼んでいた。マンハッタン生まれのコーエンは、数学競技会を余暇に楽しむような才能あるプログラマーだった。髪を長く伸ばし、眉毛は濃く、鼻声で早口にまくしたてた。標準的なインターネットのパケット通信の効率の悪さや、ファイルの公称ダウンロード速度があてにならないといった、たいして面白くない話に、いつもクスクスと笑っているような究極のオタクだった。コーエンは突然ひくひくと笑いだし、いつも無理やりそうしているように聞こえた。話しながら椅子の上で飛び跳ね、目を合わせなかった。それは自閉症の一種と言われる典型的なアスペルガーの症状で、コーエンは自分がアスペルガーだと言っていたが、医師の診断を受けていたわけではなかった。

モジョネーションでの仕事を通してコーエンはファイルシェアの仕組みをじっくりと観察し、それを最低だと思っていた。たとえば、普通のP2Pサイトからシスコの「ソング・ソング」をダウンロードするとしよう。この曲のコピーは数えきれないほど巷にあっても、ナップスターやカーザーなどのサイトを使うと一度にひとつのファイルにしかアクセスできない。そんなのバカげてる。ユーザーごとに1曲ずつマッチングするより、P2Pプロトコルの機能を高度化して無数のユーザーを同時にマッチングする方がいい。ひとりのユーザーから「ソング・ソング」を1曲全部ダウンロードするのではなく、100人のユーザーから1曲の100分の1ずつを同時にダウンロードすればいい。そのやり方ならダウンロードが速くなる、というか瞬時にできる。ダウンロードが完了する前に、未完成のファイルを世界中のユーザーに同時進行でアップロードすることもできる。

それがビットトレントの核になる論理だったが、待ち時間の解消は、ほんの始まりに過ぎなかった。トレントの最大の功績は、昔から解けなかったインターネット問題のひとつを解いたことだ。それはトラフィックの集中による詰まりの問題だ。人気ファイルにトラフィックが集中してサーバーがダウンしてしまうことはよくあった。数百万人というユーザーが狭い出入り口に集まり、お互いを押しのけようとするからだ。だが、トレントのマッチング方式なら無数の出入り口が一斉に開き、サーバーへの圧力が消え、圧力は個人に分散される。この逆転の発想が驚きの結果につながった。トレント方式なら、同時にダウンロードする人の数が増えるほど、速度が速くなる。

素晴らしいテクノロジーだが、欠点があった。トレントの管理は「トラッカー」と呼ばれるサーバーによって行われていた。通常のP2Pネットワークよりもはるかに管理負担は少なく、運営におカネもかからなかった。それでも管理者は必要で、ナップスター判例によると管理者はコンテンツの行方に責任を負わなければならなかった。もし（そんなことが万一できるとして）トラッカーがファイルの行方を管理すべきだとすると、トラッカーの運営者は民事責任を問われることになるし、おそらく刑事責任までも問われてしまう。

コーエンはフラウンホーファーの戦略を真似て、自分の発明が海賊行為に利用されるとは思っていなかったと訴えた。ブランデンブルクやグリルと同じで、コーエンも自分自身を発明家だと思っていた。また、自分が見たり聞いたりするコンテンツにはきちんとカネを払っていた。もちろん、自分の発明によって金持ちになりたかった。でもブランデンブルクともグリルとも違い、自分の発明からロイヤリティーを確保しようとはしなかった。オープンソースの起業家として成功できると信じたコーエンは、ビットトレント技術をオープンライセンスに登録し、自分の発明だという保証を受けながら、どこでもだれでもただでこのアイデアを使えるようにした。

コーエンはビットトレントの最初のバージョンを2001年7月にラスベガスのデフコンカンファレンスで発表した。はじめはなかなか普及しなかった。初代のソフトは面倒でわかりにくく、ビットトレントのアーキテクチャは現行のインターネットプロトコルとあまりにかけ離れていたために、コンピュータオタクでさえなかなか理解できなかった。mp3の時と同じく、最初にその可能性に気づいたのは海賊行為に関わっていた人たちだった。カンファレンス後の数か月で海賊トラッカーサイトが次々と立ち上がったが、どのサイトもユーザー数はクリティカルマスに達しなかった。P2Pのファイル共有ネットワークの運営でいちばん難しいのは、ファイルの入手ではないことに、初期のトレントユーザーは気づきはじめた。仲間を集めることがいちばん難しかった。トレントサイトが初めて成功したのは2003年9月で、ナップスターのサーバーが閉鎖されてから2年以上が経っていた。それが、パイレートベイだ。

スウェーデンにホストを置くパイレートベイは、海賊版コンテンツシェアの世界的なサイトになった。映画、音楽、テレビ番組、ソフトウェアなど、なんでも手に入り、それがひとつの場所ではなく無数の場所に分散され、パイレートベイのサーバーはトレントファイルを管理するだけだった。このサイトが人気を集めたのは、自分たちが正しいという哲学を打ち出していたからだった。創始者はこの行為が合法的だと信じていたし、もしそうでなくてもやり通すと言っていた。トレントトラッカーの運営が著作権法違反だとしたら、パイレートベイの創始者たちは堂々と法律違反を行う勇気を見せていた。

この反体制的な態度が注目を呼び、同じ不満を抱いていたインターネットのサブカルチャーユーザーを引きつけ、この層がその後アノニマスや4chanといった名だたる組織につながっていく。パイレートベイの創始者たちは物議を好んだ。[3] そのひとり、ゴットフリード・スヴァルトホルム・ワーグは以前に「おバカな米兵」というサイトを運営し、イラク戦争の死者数を報告してそのバカさ加減をユーザーに投票させていた。彼らは不服従の証として自分たちの行為をふれまわり、それを気に入らない人に向かって中指を立ててみせた。2004年、ドリームワークスの弁護士がサイトの停止要求書を送りつけ、「シュレック2」の海賊版を流通させたとしてトレントをデジタル著作権法のもとで訴えると脅かした。スヴァルトホルムが書いた返答はとんでもなく反抗的だった。

ご存知かどうかわかりませんが、スウェーデンはアメリカの州ではありません。スウェーデンは北欧の国家です。念のため言っておきますが、アメリカの法律はここでは使えません。貴殿のようなとんでもないアホは、頼むから警棒をケツの穴につっこみやがれというのが私たちとその弁護士の意見です。[4]

すべてのサイトがこれほどけんか腰だったわけではない。パイレートベイは一般に開かれたサイトでさまざまな種類のファイルをホストしていたし、創始者は目立ちたがりだった。トレントトラッカーのほとんどは閉鎖的で招待者だけしか参加できず、コンテンツの種類もひとつかふたつに限られ、秘密裏に運営されていた。パイレートベイが範囲を広げてさまざまな種類のファイルを扱うようになると、個人のトラッカーは深く潜行し、ジャンルと媒体別の完全なコレクションを作ろうとした。その後数年間、こうした個人トラッカーは創始者の想像をはるかに超えて雪だるま式に拡大し、海賊コンテンツのライブラリーはパイレートベイやシーンもかなわないほど、時にはスミソニアンを超えるほどの量と種類になった。中でも、伝説と言われたのが、オインク・ピンクパレスとして有名になった音楽トラッカーだ。

ピンクパレスを運営していたのはアラン・エリスという21歳のイギリス人のコンピュータサイエンスの学生だった。リーズ生まれでマンチェスター育ちのエリスは、2002年にティーズサイド大学[5]のコンピュータサイエンス学部に入学した。ティーズサイドは北東部の荒廃した工業都市ミドルズブラにある。人見知りで、極端に内向的なエリスは、パイレートベイの創始者とは対照的に、どんな時でも礼儀正しかった。背は165センチくらいで小柄だったけれど、スカッシュが大好きで、いつも体を鍛えていた。髪も目の色も黒く、骨格のはっきりしたハンサムな顔立ちで、顎のくぼみがトレードマークだった。

大学はまったく物足りなかった。授業はコンピュータの黎明期を想定したものだった。フォートランやLISPといった大昔の言語が使われていた。いわばプログラミング界のギリシャ語とラテン語だ。オンラインコマースや最新のコンピュータトレンドは教えてくれず、なぜかインターネットをわざと無視しているようだった。今どきの就職先では、ウェブ用のPHPやデータベース用のSQLといった新しいプログラミング言語が求められていたのに、大学にはどちらの授業もなかった。

そこで、彼は独学することにした。授業とスカッシュ以外の時間にオープンソースのソフトウェアをダウンロードし、両方の言語の基本をマスターした。金儲けのためではなく就活に役立つスキルを身につけるために、ビジネスに近いウェブサイトを運営し、さまざまなユーザーの要求に応えようと思った。トレントトラッカーはこの点で完璧だった。選別にはSQLデータベースを使い、ユーザーインターフェースにはPHPを使った。

2004年5月30日、オインク・ピンクパレスが公開された。エリスが5人のルームメイトと住んでいた家の自室PCからサイトを立ち上げた。立ち上げの広告を、ほかのトレントサイトの掲示板に載せ、数人の信頼できる仲間を招待した。あまりユーザーは集まらなかった。当時、パイレートベイの人気にあやかって数百という個人サイトが公開されていた。そのほとんどは数か月か1年持てばいい方で、すぐに閉鎖されていた。エリスはピンクパレスもそうなるだろうと思っていたし、それでもかまわなかった。サイト運営はただの趣味だった。法に触れるとも思っていなかった。ドメイン名を登記した時にも、自分のクレジットカードを使い、本名で登録した。

最初の数週間でピンクパレスに数百人のユーザーが集まった。あまり動きもなかったので、たまにサーバーを閉じてゲームで遊んでいたほどだ。ライムワイヤーなどの人気ネットワークは遅いので、エリスはしばらく個人サイトのレイデンから音楽を手に入れていた。レイデンはパイレートベイと同じスウェーデン発のサイトだった。だが2004年夏にレイデンは技術的な問題のあとなぜか閉鎖され、トレントのデータベースもすべてなくなった。サイトがなければ、世界中のラップトップやPCに保管されている音楽ファイル自体もバラバラに分散され手に入らなくなる。20世紀風に言うと、図書館の目録がすべて焼き払われたようなものだ。

エリスはここにチャンスを見た。トレントの掲示板に戻って、ピンクパレスはブランドを変更し、映画やソフトウェアを保管しないと発表した。その代わり、音楽専門のトラッカーとして質を優先し量にこだわらないサイトになると宣言した。パイレートベイはリンクを寄せ集めたデータベースのようなもので、なんの監督も品質管理もなかったが、ピンクパレスはまったく違うものを目指した。高い品質をどこまでも追求し、慎重に収集されたデジタルアーカイブを目標にしたのだ。

エリスは積極的なブランディング戦略を打ち上げた。サイトのマスコットを決めるコンテストを開いた。マスコットに決まったのは、ヘッドフォンをつけた丸っこい子豚で、オインクと名付けられた。技術的な要求がますます高くなっていたサイトに、ブランディング作戦のおかげで親しみのある「顔」ができた。エリスは音質オタクになっていた。[6]オリジナルのCDからコピーしたmp3ファイルだけを許可し、[7]完璧なライブラリーを追求した。エリスが定めたアップロードのルールは、シーンのルールと同じくらい複雑だった。そのうえ、ほかのルールもあった。楽曲のタグ付けと分類のルール、トレントのアップロードに関するルール、アルバムジャケットとライナーノーツについてのルール、サイトの掲示板での行為についてのルールも定められていた。メンバーのアバターについても、ロックな子豚を例にした、「かわいさ」の基準までも定められていたほどだ。

ピンクパレスのメンバーはさまざまなことを求められた。ユーザーはメールアドレスを開示し、常時ログインし、IPアドレスも開示しなければならなかった。アップロードとダウンロードの割合も、一定の基準を維持しなければならなかった。ということは、音楽を手に入れるには、与えなければいけない。いちばん簡単なのは、サイトにない新しいアルバムをアップロードすることだ。そのためにはオリジナルのCDを手に入れてmp3に圧縮するのがいちばんてっとりばやかった。

今世紀はじめのナップスター熱の中で、ほとんどのアルバムの圧縮ファイルはネットにアップされていた。だが、その中には、技術的に未熟なファンが寝室で気まぐれにコピーしたファイルも多かった。ナップスターは劣悪なファイルであふれていた。タイトルやタグが間違っていたり、アーティスト名が違っていたり、音に欠陥があったりした。シーンから流出した音楽ファイルも流通していた。エリスのような音響オタクは、シーンの水準でさえ満足できなかった。ピンクパレスのやり方しかないと信じたエリスは、世界の音楽ライブラリーをゼロから作り直した。すでに世界中にコピーがあふれているのは承知のうえで、すべてをやり直すんだ。そして今度こそ正しくやるんだ。エリスはそう言っていた。

アップロード比率を厳格にしたことで、ライブラリーの質はもちろん上がったが、それはピンクパレスのユーザーたちが重大犯罪に問われる可能性があるということだった。一般公開されているパイレートベイは、ユーザーにアップロードを求めない。だから「当て逃げ」できた。ファイルをダウンロードして、再アップロード不能にしておけば、法的責任を免れることができる。ピンクパレスでは、それができなかった。ユーザーはこのシステムに強制的に参加させられることになる。世界に前例のない見事な音楽コレクションを作るための見上げた試みだともいえたし、大掛かりな詐欺に計画的に加わっているともいえた。

ピンクパレスのユーザーは、そんな危険を冒すだろうか？　答えはイエスだった。タイミングも完璧だった。レコード店を漁ったり交換会に出たりするレコード収集家は死に絶え、トレント中毒者という新人類が生まれていた。ピンクパレスのエリート感や排他性は、この新人類たちがまさに求めていたものだった。テクノロジーと音楽の両方で、自分たちの優秀さを見せびらかせる場所がここだったのだ。音響オタクはもちろん徹底して高音質にこだわっていた。ただし、プレイボーイ誌の後ろのページにレコード針についての怒りの手紙を投稿する代わりに、今ではサイトの掲示板で異なるビットレートの利点について延々と議論を交わしていた。

サイトのルールが厳しくなるにつれ、参加者も増えていった。ピンクパレスへの招待はレアなチケットになり、それが一層人気を煽っていた。ライブラリーを強化したいエリスは、さらに厳格なアップロードの条件を課した。ユーザーを階層分けし、ピラミッド型の体制を作った。掲示板への介入も増やした。そしてファンのコミュニティは喜んでそれに応えた。彼らは確かに音楽泥棒だったが、本当に求めていたのは秩序だった。

ピンクパレスはITマニアで音楽オタクの究極の行き先になった（ITオタクの音楽マニアもいた）。パイレートベイのような公開トラッカーは庶民によって乗っ取られてしまったけれど、ピンクパレスのメンバーは知識豊富で、クールで、社会にも溶け込んでいるというわけだ。2004年の終わりまでには数千人のユーザーが登録し、この献身的な中核層が、その後の爆発的な拡大を支えた。エリスがひとり自宅でサイトを管理できないほどに、規模は膨らんだ。

エリスはユーザーから技術サポートを募り、志を同じくする管理者の助けを借りた。ウィンドウズXPから、2003年にはウィンドウズサーバー2003にサイトを移し、その後リナックスに移した。ホストコンピュータはエリスの寝室から回線容量の大きな場所に移った。最初はカナダの田舎町に、そしてノルウェーのアパートに、それから最後にオランダの商業サーバーになった。

ホスティングの費用は高額になっていった。12月までには、維持費が月に数百ドルもかかるようになっていた。２００5年のはじめにエリスはサイトにペイパルの口座を載せて、控えめに寄付のお願いをした。すると世界中からさまざまな通貨で現金が送られてきた。

おカネもそうだが、サイトの仲間たちは手足になって働いてくれた。アーカイブを作り上げ、その熱意はシーンなど足元にも及ばないほどだった。参加者自身のＣＤコレクションや、友達のコレクションもアップロードした。何千枚ものアルバムをアップロードした「トレントマスター」もいた。シーンの参加者がしたように、トレント仲間もレアものや輸入盤をイーベイで探しはじめた。レコード店が次々と閉鎖される中で、ピンクパレスのメンバーは最終処分品を大量に買い入れていた。こうした強迫的なトレントマスターたちが、レコード店の最後のお得意様になっていた。

最初はアルバム１０００枚。そして1万枚。それから10万枚。エリスはその頂点に立つエリートだった。それは見事な偉業だった。粗悪なモノも、ニセモノも、映画も、テレビ番組もない。純粋な音楽だけ。そのすべてが完璧な品質を持つデジタルファイルだった。これまでに録音されたすべての音楽がそこにあった。

14章　リークを競い合う

「ザ・フィックス」の流出後、騒ぎはすぐに収まった。工場の管理職はグローバーを疑う様子はなく、仲間たちにも疑いはかからなかった。逮捕されたチェイニー・シムズは口を割らず、グローバーのDVDの買い手も口を閉じていた。グローバーは普通にシフトに入り、上司は彼に好意的だった。2002年の終わりに、グローバーはアシスタント・マネジャーに昇進した。

ここまで長い道のりだった。ファミレスでの昇進よりはるかに時間がかかった。それでも7年間残業を続けてきたかいあって、やっと管理職の仲間入りができた。給料は上がり、福利厚生もつき、より安定した立場に立てた。とうとう目標に手が届いたのに、グローバーはそれに満足できず、想いはシーンに戻っていた。インターネットのアングラ文化の隠れた英雄じゃない自分は、いったい何者なんだ？　アシスタント・マネジャーとはいえ工場で働く一介の小間使いで、養育費と家賃と公共料金とその他のいろんな支払いに追われるただの労働者じゃないか。それにまだ、いい車も欲しかった。

以前の生活に戻るには、ちょうどいい立場にいた。新しい仕事では工場から離れて事務所勤務になり、ほかの従業員を管理したりアルバイトのシフトを組んだりした。管理職の内輪の会話にも入れてもらい、工場の警備体制もよく見えるようになり、グローバー自身が流出を防ぐ立場になった。しかも警備体制を構築したスティーブ・ヴァン・ビューレンは異動していた。組織の考え方が変わり、ヴァン・ビューレンは工場の環境と安全を管理する仕事に移った。工場の警備は人事の管轄になり、人事部門の優しい管理職はあまり注意を払っていないとグローバーは感じていた。

もうひとつ、彼にとって都合のいいことがあった。管理職になったグローバーは、自分もドッカリーも検査の対象にならないことがわかったのだ。「ザ・フィックス」の捜査でふたりには疑いがかからなかった。入れ墨をしたムキムキ黒人のグローバーと、太ったバプティストの白人のドッカリーは、ウェブのエリート犯罪者には見えず、犯人像に当てはまらなかった。彼らのテクノロジースキルは履歴書にはなかったし、上司はふたりの能力を理解していなかった。この点でふたりには大きな利点があった。どちらもレーダーにひっかからなかったのだ。

2003年のあたま、たもとを分かったはずの数か月後に、グローバーはふたたびカリとよりを戻した。また活動に戻りたかったのだ。話し合いのあと、ふたりは取り決めを結んだ。グローバーはこれからもアルバムを流し、カリはあせりすぎないことにする。CDが工場を出て倉庫に到着するまでは、リークしない。それは、流出元がわからないようにするための作戦だった。こうすれば、キングスマウンテン工場だけでなくサプライチェーンのすべてが捜査対象になる。

カリはしぶしぶ合意した。グローバーが捕まったら困るけれど、もしリークが遅れるとほかのグループに手柄を横取りされてしまう。グローバーがRNSを抜けたあと、ライバルグループは過去2年間の負けを取り戻すように巻き返しに出ていた。EGOやESCといったシーンのグループはポップスやロックの注目アルバムのリークを決め、RNSの独壇場だったラップとR&Bでも勝ちを収めていた。グローバーが抜けたことで、RNSはキングスマウンテン工場で製造された「8マイル」のサウンドトラックを取りこぼした。ビヨンセのソロデビューアルバムも逃した。マライア・キャリーの「チャームブレスレット」もだ。最悪だったのは、R・ケリーの「チョコレートファクトリー」を別ルートで手に入れていたのに、リークを決められなかったことだ。この10年で最高の曲になった「イグニション」のリミックスを、モデムの回線の詰まりのせいでタッチの差で手柄にできなかった。[1]

ライバルグループの入手源はサプライチェーンのかなり下流にいた。彼らは信頼できる内部の人間を確保できていなかったし、レコード店の従業員に賄賂をつかませて、倉庫から商品を盗ませているのだろうとカリは思っていた。ということは、相手は発売1週間前にリークを決めることができるわけで、RNSはうかうかしていられなかった。リークが発売3週間前だと、グローバーが捕まってしまう。1週間前だとライバルに手柄をさらわれる。2週間前が狙い目だった。この取り決めに従って、グローバーは手に入れ次第ブツをカリに送り、カリはトップサイトでの公開を遅らせることにした。その間は、カリだけがこの地球上でただひとり最新の音楽ライブラリーを持つことができる。

取り決めがなされるとグローバーは一気にギアをあげ、仕事で発揮してきた勤勉さを今度はシーンで発揮した。２００３年以降、グローバーはふたたび発売前の音楽の流出元として世界最強になり、自身の以前の功績をもしのぐようになった。管理職になっていたグローバーは注意深くシフトを組み、もっとも優れたリーク人材、つまりいちばんベルトのバックルが大きな男をうまくシフトに組み入れた。窃盗グループはさらに手口を巧妙に練り、工場から遠く離れた場所で、グローバーは一度に8枚から9枚のビニール手袋に結ばれたアルバムを受け取るようになっていた。グループのひとりはレンジでチンできるお弁当を工場に持ってきた。弁当箱はプラスチック製の円筒形で蓋の口はCDよりも少しだけ大きかった。毎日お弁当を食べ終えると容器を洗い、工場に持っていってCDを詰める。トイレで弁当の蓋を糊付けし、警備室を抜けて「中身が入ったままの」弁当箱を持ち帰る。

グローバーのリークによってRNSはふたたび海賊番付のトップに返り咲いた。２００３年のはじめに50セントのデビューアルバム「ゲットリッチ・オア・ダイ・トライン」をリークし、これがその年もっとも売れたアルバムになった。その後ジェイ・Z、G－ユニット、メアリー・J・ブライジ、ビッグ・タイマーズ、リュダクリスと続き、その年の最後をカニエ・ウェストのデビューアルバム「カレッジ・ドロップアウト」で高らかに締めくくった。ダグ・モリスが契約したものはすべてグローバーが持ち出し、それらは店頭発売の14日前にかならずリークされて、これがRNSのトレードマーク的な行動になった。

グローバーの手柄を利用して、カリはRNSを神秘的な存在に仕立てあげ、世界中のライバルグループから人材を引き抜いた。ライバルグループのトップに立っていた「ダークボーイ」。クラックを売ってリークのためのカネを稼いでいるニューメタル狂いの「イエスチャット」。RNSのヨーロッパのサーバーを管理していたスウェーデン人IT管理者の「タンク」。フランス国内のEDMシーンに人脈を持つDJの「スリランカ」。兄弟でひとつのハンドルネームを使い、BMGとEMIの内部にコネのあるイタリア人音楽プロモーターの「インキュボーイ」。

そしてだれより、「ダ・ライブ・ワン」を引き入れた。「ダ・ライブ・ワン」ことパトリック・サンダースはダイヤルアップの時代からソフトウェアの違法コピーに参加していた典型的なシーンのメンバーだった。ボルティモアの郊外で育ったサンダースは幼い頃からコンピュータに興味を示し、母親もそれを応援していた。16歳の時にアドビのフォトショップの海賊版を、母親が設けてくれたダイヤルアップの専用回線から2日がかりでダウンロードした。それ以来、ソフトウェアにカネを払ったことは一度もない。

サンダースと会ってまず気づくのは、ひっきりなしに話し続けていることだ。ずっと元気よく大声で話し続けていたが、話はあちこちに飛び、ひとつの話題に数分ととどまることはなかった。サンダースは黒人で肌の色は割と明るくそばかすがあり、髪は濃く黒かった。やぎヒゲを蓄えて、アメリカン・スピリットを立て続けに吸っていた。海賊行為の動機は、単なる政治信条だった。彼は著作権法の概念に反対し、自分のパソコンでオープンソースのリナックスを走らせていた。ポップミュージックにもまるで興味はなかった。聞くのはハウスだけだったし、リークの順位しか気にかけていなかった。

サンダースは高校時代からずっとシーンのグループのどれかに参加していた。1997年に、ニューヨーク州トロイのレンセラー工科大学に入学したが、卒業の数か月前にドロップアウトしてしまった。以来、ニューヨークのアンダーグラウンドクラブに入り浸り、ブラック・エンタテインメントTVの社員と知り合った。ブラック・エンタテインメントTVは、MTVも傘下に持つヴァイアコムの一部門で、コンテンツがざるのように流出していた。サンダースはその人脈を使って数々の注目コンテンツのリークを決めていた。

はじめに参加したのは、オールドスクールクラシックスというマイナーなグループで、70年代の旧譜を専門に扱っていた。それから、RNSのライバルグループEGOに入った。彼のリークが注目を集めると、カリからグループに招待された。サンダースは喜んだ。カリは大物で、オンラインでチャットできるだけでも名誉なことだった。RNSへの招待は、特別な出来事だった。シーンのメンバーにとっては、ハーバードに合格するようなものだ。サンダースはRNSに加入するとすぐに、ふたつの大きな獲物を仕留めた。まず、アウトキャストのダブルアルバム「スピーカーボックス／ザ・ラヴ・ビロウ」のCDをヴァイアコム本社の内部から手に入れることに成功した。次にブリトニー・スピアーズの「イン・ザ・ゾーン」の先行版をイーベイで見つけた。

カリの人材獲得が成功し、2004年までにRNSはラップとロックのリークでトップに立っていた。RNSはグローバーを通して、ジェイ・Zの「ザ・ブラック・アルバム」、リル・ウェインの「ザ・カーター」、マライア・キャリーの「MIMI」をすべて14日前にリークした。その他にもコールドプレイ（「X&Y」を4日前に）、ガレージロックバンドのザ・ストロークス（「ルーム・オン・ファイア」を1週間前に）、ハワイアンロックのジャック・ジョンソン（「オン・アンド・オン」を3週間前に）、カナダを代表するロックバンドのニッケルバック（「ザ・ロング・ロード」を3週間前に）、そしてアイスランドのポストロックバンドのシガーロス（「タック」を1週間前に）をリークした。

RNSはあらゆるジャンルのあらゆる音楽ファンにアルバムをリークしはじめた。カントリーファン向け（トビー・キースの「ホンキートンク・ユニバーシティ」）、ヒップスター向け（ベックの「グエロ」）、メタルファン向け（コロージョン・オブ・コンフォーミティの「イン・ジ・アームズ・オブ・ゴッド」）、ゴスファン向け（エヴァネッセンスの「フォールン」）、専業主婦向け（「ユア・ビューティフル」が大ヒットしたジェームス・ブラントの「バック・トゥー・ベッドラム」）、そしてシーンのメンバー向けに（ビョークの「メダラ」）。コヒード・アンド・カンブリアもシステム・オブ・ア・ダウンもリークした。ケニー・チェズニーも、インキュバスもそうだ。フー・ファイターズもケリー・クラークソンもだ。ケニーGの「グレーテストホリデークラシックス」もそうだった。「スポンジボブ／スクエアパンツ」のサウンドトラックもRNSがリークした。

カリの夢は広がっていたが、RNSが日の出の勢いで上昇していたちょうどその時、警察の捜査は厳しさを増していた。２００４年４月に二度目の一斉捜査が行われ、十数か国で１００人を超える検挙者が出た。狙われたのは、初期のシーンで最大勢力だったＡＰＣというグループだった。カリがＡＰＣのリーダーを引き抜いたため、ＡＰＣは力を失いＲＮＳの敵ではなくなっていた。彼らの２００４年の最大のリークはメリッサ・エスリッチのアルバムといった程度だった。今回の手入れで18人のＡＰＣメンバーが深刻な共謀罪に問われた。[2]

この一斉検挙によってシーンに激震が走る。トップ会議が開かれ、主なグループの代表者がすべて参加した。インターネットのどこかの片隅で、「もうひとつのＲＩＡＡ」が新しいリークの基準やｍｐ3の新たな圧縮規格や、「オフィシャル」グループへの捜査対策を徹底的に議論していた。各グループはトップサイトへのアクセス許可を見直し、メンバーに身辺を固めるよう指示した。こうした変更を取り決めるのは簡単だが、実行するのは難しかった。ＲＮＳには正式な指示命令系統があり、肩書と責任分担がきちんと決まっていたが、カリの力は物理的な世界では効かない。また、面白い問題も浮かび上がっていた。犯罪に片足を突っ込んだ匿名のインターネット集団を、実際にどう「率いる」のか、という問題だ。

チャットチャンネルを使うことが、その答えだった。一斉検挙のあとでカリはＲＮＳのスレッドを一般のサーバーからハワイ在住の「フィッシュ」（魚を飼っていた）の自宅コンピュータに移した。チャットチャンネルはパスワードで暗号化され、限られた人しかログインできなくなった。アクセスを許可されたＩＰアドレスは、世界中で50にも満たなかった。ログインの許可を与える権限を持つ人間がチャットチャンネルの「管理者」になり、名前の前に@がついた。「@カリ」と見れば彼がリーダーだとわかる。彼が旗振り役だった。

　だが「管理者」の権限を持っていたのはカリひとりではなかった。サーバーの持ち主だったフィッシュもまた管理運営の権限を持っていた。カリがいない時にチャンネルを運営していたのは@KOSDKだ。グループの中でグローバーがカリ以外に定期的に連絡を取っていた唯一のメンバーがKOSDKで、スーパーマンとクラーク・ケントのように、KOSDKとカリが同時にチャンネルに現れることはなかった。グローバーは一時期KOSDKとカリが同一人物なのではないかと疑っていた。

　だがそのうちに、別人らしいと気がついた。人格がまったく違っていたからだ。パトリック・サンダースもしょっちゅうKOSDKと連絡を取っていて、カリとは別人だと確信していた。KOSDKはオクラホマ州タルサの出身で巷で人気の音楽を好み、田舎暮らしを送っていたが、サイモン・タイが抜けたあとにコーディネーターの立場に昇格した。サンダースは愛情をこめてKOSDKを「農夫」と呼んでいた。

　@フィッシュと@KOSDKと@カリは、理論的には同じ権限を持っているはずだった。だが、実際に命令を出していたのはカリだった。それでも、こんな形に権力が分散されることは現実世界ではありえないことで、インターネットの匿名性によってそれが可能になっていた。RNSのメンバーはチャットチャンネルで何千時間も共に過ごしていたが、誕生日や本名などの個人情報を明かさないことが厳しく定められていた。ネットの人格はつかみどころがなく、一貫していなかった。ログインごとに名前を変えることもできたし、会話の最中に簡単なコマンドで変えることもできた。だからカリがいつも「カリ」だったわけではない。「ブラジーニ」にも「ロンリー」にもなった。「デス」と名乗ったこともある。

グループは暗号や偽名の陰に隠れていたが、それがCD売上に与えていた破壊的な影響は隠せなかった。このことが注目を集め、記者がシーンのグループ周辺を嗅ぎまわりはじめた。2004年12月号のローリング・ストーン誌の記事に、マスコミで初めてRNSの名前が載った。「CD流出がレコード業界を蝕《むしば》む」という見出しだった。その下に「あるグループが4日間にU2とエミネムとデスチャのアルバムを流出させる」という小見出しがついていた。ビル・ウェルデのこの記事は、RNSによる損害については通り一遍の分析に終わっていたが、こんな不吉な文章もあった。「エミネムに近い筋によると、工場からウォルマートといったチェーン店へとアルバムを運ぶ流通段階で『アンコール』が流出したと本人は信じている」

ウェルデが聞いた「エミネムに近い筋」は間違っていた。CDを盗んだのは流通業者ではなかった。プレス工場から直接流出していたのだ。「アンコール」をリークしたのも、そのたった3日後にU2の「原子爆弾解体新書〜ハウ・トゥ・ディスマントル・アン・アトミック・ボム」をリークしたのもグローバーだった（デスティニーズ・チャイルドの「デスティニー・フルフィルド」をリークしたのはイタリアのメンバーだ）。それでも、マスコミはRNSのふたりの有力入手源に近づいていて、それは迷惑なことだった。前回の一斉検挙にビビッていたカリは、真剣に対策を考えはじめた。

まずはNFOファイルから足がつきそうな情報を削除した。NFOファイルとはリークの証明書で、グループの指揮官やリークした人物などを列記する、新聞の発行人欄のようなものだった。そこで、ここにはグループ名さえ残さないことにした。大麻の葉も煙の絵も削除して、たった2行の情報だけを載せることにした。アルバムをリークした日付と、店頭での発売予定日だ。

カリは、役に立たないメンバーやお荷物になっていたメンバーを締め出して、グループの頭数を減らした。すべての連絡は暗号化されたチャットチャンネルを通すよう指示を出し、インスタントメッセンジャーや電子メールを禁じた。ライバルグループのメンバーとのやり取りを全面的に禁止し、特にAPCのメンバーとは関わらないように命じた。FBIがAPCのだれかを囮《おとり》にして自分たちを罠にかけるのではないかとカリは疑っていた。また、どんな場合でもグループチャットにログを残さないことを徹底させた。

なによりもカリは、海賊版コンテンツの密売をふたたび固く禁じた。そんな頭痛の種はいらない。アルバムをアップロードしたらCDをすぐに破壊し、ローカルなファイルのコピーを消去するよう、カリは命令していた。どんな形でもシーンのコンテンツを物理的なメディアに落とすことは禁じていたし、小遣い稼ぎに売るなど厳禁だった。この決まりは絶対で、2004年の終わりに海賊版売買を告白した「オーメン」というメンバーはRNSを追放された。「もうひとつのRIAA」もこの方針を支持し、内部文書にこのルールを明文化した。「CDが欲しければ、おカネを払って買えばいい。我々は窃盗犯の懐を潤すためにここにいるのではない」[3]

そりゃそうだけど。グローバーは気にしていなかった。カリはビビりすぎだと思っていた。おそらく捜査にビビッていただけで、マリファナの影響で不安が増幅されてるんだろうくらいにしか考えていなかった。今では週に3回も4回も電話で話す仲になっていたものの、カリを友達とは思わなかった。ふたりの関係は冷たく不確かで、ほかのメンバーと付き合いのなかったグローバーだからこそ、カリの怒りや不満や野心や欲望が手に取るようにわかった。なによりも、小物の密売人を見せしめに追放しても、グローバーを手放すことは絶対にないとわかっていた。カリにはグローバーが必要で、グローバーがほかのグループに引き抜かれることをカリは嫉妬深い愛人のように恐れていた。カリは管理者だったかもしれないが、グローバーはカリよりも優位に立っていた。

だからシーンのルールに従わなかった。気が向いたらAOLのインスタントメッセンジャーを使うこともあった。盗んだCDをスポーツバッグに詰め込んでクローゼットに隠していた。もうアルバムを買うことはなく、ネットのオタク集団の中でカネにならない勲章をもらうことにも興味はなかった。グローバーが気にかけていたのはトップサイトだけだ。貢献度が大きくなれば、もっと映画を手に入れることができる。映画が手に入れば、もっとDVDを売れる。

闇の映画マンが復活した。地元だけでなく、都市にも進出した。調子のいい週には300枚ものDVDを捌いた。税金のかからない現金が1500ドルも入ってきた。空ディスクのパック価格は急落し、映画はただで手に入ったので、ポケットに入る利益はみるみるうちに膨らんでいった。

需要は大きく、グローバーひとりでは応えられないほどだった。そこで地元の床屋を通してDVDの委託販売を始めた。週のあたまに、信頼できる床屋にそれぞれ400枚ほどDVDを預け、あとで分け前を取りに戻る。グローバーは1週間で床屋ごとにおよそ900ドルを受け取った。いちばん売上の大きな床屋は、散髪よりもDVDで稼いでいた。

噂が広まり、ライバルが現れはじめた。ドッカリーは取り決め通りグローバーの縄張りには入ってこなかったが、ほかの密売人が入ってきた。グローバーと同じように、ネットに詳しいブローカーが共有ファイルを焼いて、素人相手に小遣いを稼いでいた。ライバルもみんなグローバーの知り合いだった。そのうちのひとりは、DVDの焼き増しのためのタワーの設営をグローバーに助けてもらっていた。

だが、グローバーには奥の手があった。ライバルはみなライムワイヤーやパイレートベイといった一般公開サイトからファイルをダウンロードしていて、トップサイトから流出する発売前のコンテンツを手に入れることはできなかった。それでも、2000年代の半ばにはその奥の手もあまり効かなくなっていた。シーンのメンバーは必死で守ろうとしていたが、ファイルはトップサイトの内部に留まらず、すぐに外に出てしまうようになっていたからだ。

グローバーもそれを感じていた。2005年、RNSは全米売上トップ5のアルバムのうちの4枚を、またトップ10のうち7枚をリークして、番付を独占していた。1位と2位に輝いたのはマライア・キャリーの「ＭＩＭＩ」と50セントの「ザ・マッサカー〜殺戮の日。」で、どちらもグローバーの手柄だった。シーンのコンテンツは人気で、ＲＮＳがリークするアルバムはたちまち一般のファイルシェアサイトに流れ出て、グローバーの盗んだ発売前のアルバムのコピーが48時間以内に世界中のｉＰｏｄに収まっていた。

今ではタッチの差がものをいうようになっていた。ＤＶＤビジネスは音楽よりもさらに新作が求められた。ビデオレンタル店に、チャップリンの「街の灯」は１枚しかなくても「シュレック」は１００枚置いているのと同じことだ。州内一の密売屋としての評判を保つために必要なのは、２〜３日の差だった。海賊版の販売には、ドラッグや不動産やその他の闇ビジネスと同じ経済原理が働いていた。供給がすべてなのだ。

供給源はさまざまだった。音楽だけでなく、シーンのほかのコンテンツもそうだった。映画の流出グループは家庭用ＤＶＤ市場に深く入り込み、レンタルビデオ屋やその他の筋からコンテンツを手に入れていた。アカデミー賞の選考委員に送られる候補作のコピーをなぜか公開前に手に入れていた。技術の進歩によって「盗撮」にも驚くべき変化が訪れていた。デジタルカムコーダを使って映画館での盗撮が行われていた。盗撮技術は洗練され、ある映画館で撮った動画に別の高品質の音源をかぶせることもできた。カナダで逮捕されたピクサー映画の盗撮者は、小さな娘を連れていて、おむつバッグの中にカムコーダを潜ませていた。

テレビ番組もまた新しいコンテンツになり、ケーブル局の人気ドラマはグローバーの商材になっていた。電波に乗ったものはすべてＤＶＲに入れられ、コマーシャルが取り除かれ、取り扱い可能なサイズに圧縮され、数分のうちにトップサイトに上げられた。ケーブル局から直接流出するものもあった。「ザ・ワイヤー」の4シーズン分がまるまる、第1話の放送開始前に流出したこともあった。放送前の「ザ・ソプラノズ」のエピソードがロサンゼルスの地方局から暗号化されていない衛星回線で送られていたことにオーストラリア人のシーンメンバーが気づいたこともある。通常の商業帯域の外での通信だったが、衛星放送の受信アンテナを使って彼はその放送分を盗み取り、放送前にトップサイトに上げることに成功した。

グローバーはこのすべてを手に入れ、その他にも手を伸ばしていた。長年のリーク経験から、グローバーはだれにもかなわないコネを持っていた。商売敵よりも有利なコネを持つグローバーの懐《ふところ》にはカネが流れ込んできた。グローバーは地元での販売が終わった頃にライバルに商材を売りつけることさえあった。商売は口コミで広がり、床屋での取引は繁盛した。2004年のある土曜には、グローバーの自宅の外にDVDが焼き上がるのを待つ車の列ができたほどだった。

近所の人たちは、グローバーを麻薬の売人だと思っていた。実際はドラッグよりはるかにいい商売だった。材料費はほとんどただで、トップサイトから引っ張ってくるだけだ。怪しげな地下のドラッグ部屋に行ったり、恐ろしいメキシコ人カルテルから買う必要はない。空のディスクは1枚25セントで、床屋に分け前を与えた後でも利益は5割を超えていた。しかも、そのほかにもカネになるコンテンツがあった。プレイステーション用の「マッデンNFL」を店で買うとすると60ドルもするうえにゲーム屋の外で徹夜で列に並ぶことになる。グローバーなら10ドルですぐに売ってくれる。アドビのフォトショップは普通なら400ドルだ。グローバーから買えば20ドルで、認証回避のパッチなどもついてすぐに使える。プロのエンジニアリング用AutoCADは小売価格1500ドルだ。グローバーなら40ドルで売ってくれる。

グローバーの上得意の多くは工場の従業員で、グローバーが信頼する人間にはもっといい条件で取引していた。映画1本に5ドルを支払う代わりに20ドルで見放題にしてあげるのだ。それならディスクもいらなかった。グローバー自身がトップサイトを作って自宅サーバーで管理し、パスワードを買った人はなんでも好きなコンテンツをダウンロードできる。過去5年間にリリースされたDVDがすべてそこにあったし、最新のゲーム、音楽、ソフトウェア、そのほかにもいろいろと取り揃えていた。サイトにないものはリクエストすれば1時間以内にグローバーが探してくれた。ビデオ・オン・デマンド、つまり動画配信サービスは夢のような未来のテクノロジーだと考えられていたが、グローバーと知り合いなら、それが目の前にあった。彼は自宅でネットフリックスを経営していたことになる。

グローバーの生活はめまぐるしいものだった。工場で12時間働いたあと、帰宅すると2時間はディスクを焼き、数時間眠ると、子供と一緒に歯磨きをしてまたしばらくディスクを焼き、工場で12時間のシフトに入る。だがそのかいあって、ものすごい額の現金が入ってきた。管理職としての上限ぎりぎりまで残業すると、週に1500ドルの合法的な稼ぎが手に入る。そのうえに床屋から2000ドルの現金と、自分で売った金額が入ってきた。頭の中で計算したところ、２００４年と２００５年には年間３０００時間を超える合法的な労働収入よりも、海賊版の販売から得た金額の方が大きかった。全部を合わせると、彼は週に４０００ドル近く、つまり1年に20万ドル近い稼ぎがあった。

グローバーの金遣いは荒くなった。ガールフレンドのカレン・バレットのためにタイヤホイールを買ってあげた。「ホンダ車にホイールなんて」とグローバーはあきれ顔だったが。子供のためにゲーム機を買い、家族をディズニーワールドに連れて行った。四輪バイクをもう1台買い、またそれを買い替えた。家の頭金も支払った。養育費を払い、クレジットカードの借金も返した。そしてとうとう車を買った。

持っていたチェロキーをクレイグスリストで売り、フル装備の１９９９年型リンカーン・ナビゲーターを２万４０００ドルの現金払いで買い入れた。色はメタリックな濃紺で、内装は革張りだ。もちろん中古車だったが、グローバーにとって自動車はただの箱だった。DVDで儲けたカネで改造を始めた。

まずはタイヤだ。ここに２０００ドルもかけた。それからボンネットに１０００ドル。ゼノンのヘッドライトにも１０００ドル。シャーシー周りに青いネオンライトをつけた。ほかの小物と合わせてこれに３０００ドル。そしてもちろんステレオだ。特注デッキに１００0ドル、前の高音スピーカーに１０００ドル、後ろの12インチウーハーに３０００ドル。窓に曇りガラスを取り付け、最後に24インチのスティールホイールを完備した。ラッパーたちの間ではしばらく「スピナー」ホイールが人気だった。メタルホイールにベアリングがついていて、車が止まっている時にもホイールが回転する。ひとつ1000ドルもするグローバーのホイールは「フローター」と呼ばれるもので、重心が下にあり、車が動いていても止まっているように見えた。

改造にはカネがかかったが、10年間休まずに働き詰めたグローバーはやっと理想の車を手に入れた。平日はただの工場労働者でも、土曜の夜の人気クラブの駐車場では一目置かれる存在になれた。そこでは5000ドルのステレオから、クラブの常連さえまだ聞いたことのない未来のヒット曲を流すことができた。人前でもネットでも、グローバーはいつも控えめでおとなしく、出しゃばらず、あまりしゃべりたがらなかった。今は愛車にしゃべりを任せていた。

15章　ビジネスモデルを転換する

　2004年の終わり頃には、音楽業界の未来はどうしようもなく暗くなっていた。CD売上は下がり続けていた。借金でクビが回らなくなったEMIは、破たんへとつき進んでいた。BMGとソニーが統合されて、ビッグ5はビッグ4になった。タイム・ワーナーは事業を「合理化」し、ワーナー・ミュージックを売却した。インタースコープ騒動の前にモリスが経営していたあのレーベルだ。ワーナーを買ったのは、シーグラムを破産させたモリスの元上司のエドガー・ブロンフマン・ジュニアだった。[1]

　今のモリスはブロンフマンよりも力を持ち、ユニバーサルの市場シェアはワーナー時代よりもはるかに大きくなっていた。アメリカ国内で発売されるアルバムの3枚に1枚、世界中の4枚に1枚はユニバーサルのものだった。それでもまだ足りなかった。音楽業界で1位でも、売上全体は下がっていた。CDは時代遅れになり、スティーブ・ジョブズが約束したiTunesストアからの売上はまだ微々たるものだった。2005年のユニバーサルの売上のうち、デジタル販売はわずか1パーセントだった。

　モリスはいくつかの事業部を丸ごと閉鎖しなければならなかった。2002年以来、3度にわたる大量解雇で2000人の社員が職を失っていた。採用は凍結され、アーティストの契約金は減らされた。広告費は大幅にカットされ、ミュージックビデオの予算も削られた。

とはいえモリス自身は経費削減の影響を受けていなかった。例の契約はまだ有効で、音楽業界が下降していく中、モリスは2005年に1400万ユーロを超える報酬を受け取っていた。ドルに直すと1800万ドル近い金額になる。ヴィヴェンディの全社的な倹約方針の中で、モリスひとりが手つかずのまま社内でいちばんの高給取りになっていた。ほかの経営陣の6倍以上の報酬を受け取り、その金額は上司であるはずのジャン・ベルナール・レヴィCEOを超えていた。1日に直すと、モリスは5万ドルを稼いでいた。それは工場の包装ラインで働く勤勉な従業員の年収と同じ額だった。

モリスの報酬は一般に公開されていたため、批判を受けた。崩れゆく帝国に君臨する人物に、なぜそこまでの給料を支払うのか？　その答えは、例の契約だった。モリスの報酬は売上ではなく、投下資本に対する収益で決まることになっていた。年のはじめにモリスは親会社に一定の予算を要求する。そして年の終わりに、年間のアーティスト収益を計上する。収益が予算を上回ればそれだけ、モリスの報酬は上がる。売上が縮小し続けているなら、予算を減らせばいい。

モリスはヴィヴェンディに毎年同じことを伝えていた。予算を減らしてくれ。そう言うのは簡単ではない。多くの、というかおそらくほとんどの企業経営者はここで躓《つまず》き、事業拡大のつけに苦しむことになる。だがモリスは違っていた。表向きにはどこまでも楽観的な姿勢を打ち出しながら、舞台裏では、これまでビルボード番付と生死を共にしてきた実務家として、状況を冷静に見ていた。毎朝出社後いちばんにすることは、売上数字の確認だ。モリスはどんな厳しい批評家よりも業界で起きていることをよく知っていたし、だからこそ自分が達成できそうな利益以上の予算を決して要求しなかった。

だが、予算よりも大きな利益を上げるためには、人員削減が必要になる。喜んでクビを切っていたわけではない。モリスは部下たちについてはいつも心のこもった温かい言葉で語っていた。暗い時期にも社内の雰囲気を盛り上げようと努めた。政治家のように、社員の名前と顔とちょっとしたエピソードを憶えて、部下を喜ばせる才能があった。そして、頼まれもしないのにしょっちゅう忠誠心の大切さを口にしていた。

「忠誠心」という言葉は、企業上層部の決まり文句だ。この言葉が出たら、だいたい裏切られる人間が出ると思っていい。しかし、モリスは本気で忠誠心を大事にしていたし、彼の経歴がそれを物語っていた。浮き沈みの激しい業界で、彼は同じアーティストと同じ経営陣を10年近く抱えてきた。ジミー・アイオヴィンやL・A・リードやシルビア・ローヌといったプロデューサーをずっと大切にしてきた。2ライブ・クルーや2パックへの厳しい批判にも負けず、彼らを守り通した。もっと昔にさかのぼると、1980年代のアトランティックで10年間文句も言わずアーメット・アーティガンに仕えた。野心ある男たちがみんな別の場所にチャンスを求めていた時にも、アーティガンのもとで黙々と働いた。なにより1960年代のはじめ、23歳でフランスに一兵卒として駐留していた時に美しい女性に出会い、その後彼女と結婚した。2児に恵まれて、今では結婚50周年を迎えようとしていた。

とはいえ、ビジネスはビジネスだ。2005年にはまだCDが合法的なアルバム売上の98パーセント以上を占めていたが、モリスはCDというフォーマットになんの未練もなかった。その年の5月、ヴィヴェンディ・ユニバーサルはCDの製造販売事業をエンタテインメント・ディストリビューション・カンパニー（EDC）という別会社に移すことを発表する。[2] EDCの資産には、いくつかの巨大な倉庫とふたつの大規模なCD製造工場が含まれていた。ひとつはドイツのハノーファー工場。もうひとつはノースカロライナのキングスマウンテン工場だ。ユニバーサルのCDは今後もこのふたつの工場で生産されるが、独立した別会社がこの事業の主体になった。

それは企業財務の教科書に出てくるお手本のようなやり方だった。不振事業を切り離し、好調な事業を手元に残す。EDCは典型的な「お荷物」会社で、その低成長で資本集約型のビジネスは見る見るうちに時代遅れになっていた。言い換えると、EDCはカネはかかるがリターンを生まない構造だった。投資銀行に買い手を見つけてもらおう。ユニバーサルはもうデジタルに移行し、CDは死に際にあり、臨終間際のゼイゼイという声はモリスにも聞こえるほど大きくなっていた。

CDはもう終わった。これからはiPodだ。このくだらない小物に人々は心を奪われていた。だれでも一歩家の外に出ると、iPodに白いヘッドフォンをつないで頭を揺らしながら走っているランナーにぶつかりそうになった。アップルストアの平米あたり売上は、歴史上のどんな小売店よりも大きかった。おしゃれで小さなナノの入った美しいボックスは、なによりも人気のクリスマスプレゼントになった。アップルが作ったこのガジェットを、世界中のどこでもだれでも身に着けていた。

iPodの発売以来、アップルの株価は7倍になった。おまけだったテクノロジーが、ユニバーサルよりも大きな存在になったのだ。モリスにとってはいいことのはずだった。ソニーのウォークマンに人々が熱狂した時には、何千万本ものテープが売れた。ディスクマンが流行ると、CDが売れた。その計算でいくと、mp3プレーヤーが流行れば、何千万枚どころか何億という楽曲が売れるはずだ。実際、iPodが1000万個売れれば、iTunesストアで10億曲が売れることになる。だがそうはならなかった。デジタルの売上は伸びていたが、CDの減少を補うにはほど遠かった。しかもダイヤモンド判例によって、iPodはウォークマンやディスクマンのような録音デバイスではないということが確立していた。iPodはかっこいいハードドライブに過ぎなかった。だから iPodは海賊版でいっぱいになっていた。2年前にジョブズと1曲99セントで手を打ったモリス自身でさえ、今では公然とアップルを批判し、自分はババをつかまされたと訴えていた。[3]

モリスには、こういう子供じみたところがあった。アトランティックにいた1980年代、モリスは業界で初めてMTVの可能性に気づき、アーティストにMTV向けのプロモーションビデオを作らせた。だがすぐに、コンテンツへの支払いが足りないと文句を言うようになった。ラジオにも莫大な広告費を投下したあとで、楽曲の放送分へのロイヤリティーが少ないと非難した。自分が合意したはずの契約に文句をつけるのがモリスの癖で、おそらくそれが彼の交渉術だったのかもしれない。だがこのデジタル時代に、ころころと態度が変わるモリスは方向性が定まらず、現実と乖離《かいり》しているようにも見えた。[4]

それに、本当の問題はアップルではなかった。mp3プレーヤーはいずれだれかが作っていたはずだし、優れたデバイスを作ったからといって非難される筋合いはない。本当の問題は一般大衆だった。法を破っていたのは消費者だ。iPodにあれだけのおカネを払うくせに、音楽業界には一銭も落とさなかったのだから。ほとんどの人はファイルシェアを違法だと理解していないようだった。

一般人はアホか。RIAAは2005年の終わりにお灸を据えるつもりで1万6837人を訴えた。被告のほとんどは普通の市民で、RNSやピンクパレスのエリート海賊グループとは無縁だった。どこにでもあるサイトから音楽をダウンロードしていたらある日突然裁判所に呼ばれてしまったのだ。ハブキャップ・プロジェクトのせいで裁判所は大忙しになり、連邦裁判所の知的財産権裁判の半分以上が、RIAA対一般人で占められた。批判を受けても、音楽業界が生き残るには一般大衆にファイルシェアが違法だと知ってもらうしかないとモリスは思っていた。

だが、一般大衆がファイルシェアから足を洗ったとしても、海賊行為にすべてをかけているエリートたちはまったく動じなかった。本来ならシーンのメンバーやトレント参加者を牢屋に入れるべきで、そのためにはFBIとRIAAが引き続き力を合わせるしかない。シーンの複数のグループに参加している人間もいて、2001年の一斉検挙で逮捕された人の中にマーク・シューメイカーという男がいた。フロリダに住むシューメイカーはソフトウェアをリークしていたが、違法音楽海賊グループAPCのリーダーでもあった。

共謀罪の捜査のほとんどは組織の下っ端から始まる。今回はトップから始まった。シューメイカーの協力を得て、FBIはバッカニア作戦の時と同じようなおとりサーバーを仕掛けた。「フェイタル・エラー」と名付けられた偽のトップサイトを1年以上運営し、メンバーのほとんど全員を罠にかけた。2004年4月の一斉検挙で、FBIはAPCのメンバー18人を逮捕した。罠にかかったのはみんな、それほど内部へのコネのない一般人だった。ブルース・ハックフェルドとジェイコブ・ストーラーは、その典型だ。22歳のふたりはルームメイトで、趣味はビールと格闘技と音楽の海賊行為だ。どちらも大学には行かず、音楽業界とのつながりもない。悪い仲間がいただけだ。賄賂を渡してウォルマートの倉庫からCDを盗み出し、ちょっとばかり在庫をくすねていた。

前科のないふたりは共謀罪に問われ、執行猶予なしの5年の実刑を求刑された。ほかのメンバーと同じように、有罪を認め、減刑と引き換えにFBIへの協力を約束した。彼らはバージニアの郊外に連れて行かれて、司法省のコンピュータ犯罪部門で政府案件を扱っていたジェイ・プラブーに引き合わされた。

音楽の不正コピーで逮捕されるなんて、わけのわからない体験だった。ハックフェルドもストーラーも犯罪者の自覚はない。少なくとも深刻な犯罪に関わったつもりはなかった。理論的には違法だとわかっていても、犯罪ではなくいたずらくらいに考えていた。APCが狙われたことにふたりとも驚いていた。もっと目立つ悪質なグループがほかにたくさんあったからだ。

しかも、ますますわけがわからなかったのは、バージニアで訴えられたことだ。バージニアに住んでいるメンバーはいないし、そこから流出したCDもなく、FBIのおとりサーバーはフロリダにあった。それは犯罪の性質のせいだとプラブーは説明した。ふたりの罪が詐欺でも窃盗でもなく、「著作権侵害の共謀罪」だったからだ。キーワードは「共謀罪」だ。ニューヨークで銀行強盗をすれば、ニューヨークで罪に問われる。モンタナで銀行強盗に入れば、モンタナで罪に問われる。だがニューヨークの銀行強盗についてモンタナで話し合ったとしたら、検察はどちらの州で起訴してもいい。共謀罪の場合には、共謀が行われた場所ならどこでも、罪に問うことができる。

それでもまだふたりは混乱していた。だって、バージニアまで出かけていって、アイオワでリークしようと話し合ったわけじゃない。いったいなんでバージニアなんだ？　理由は、プラブーがバージニアにいたからだ。ピーター・ヴーが働くワシントンDCのお隣だ。バージニアの住民はお堅い政府職員が多く、その住民の中から選ばれる陪審員は、有罪判決を出す確率がアメリカでもっとも高かった。それに、ふたりは何年か前に一度だけ、AOLのインスタントメッセンジャーでおしゃべりしたことがあり、それがバージニア州フォールズチャーチにあったAOLのサーバーをほんの一瞬だけ経由していたからだ。その「ほんの一瞬」があれば、法的に「共謀」は成り立つ。つまり、デジタルな海賊行為に関して言えば、司法省はどこでも好きな場所で起訴できた。

バージニアに連れてこられたストーラーとハックフェルドは別々にプラブーに取り調べを受けたが、ふたりの記憶はぴったりと一致していた。司法省の担当者は、あご髭を生やしたふとっちょの南アジア人で、医療用シューズをはいていた。部屋の片側にはアメリカ国旗がかかり、反対側にはブッシュ大統領の写真がかかっていた。真ん中にホワイトボードがあった。ホワイトボードには網状の組織図が描かれていて、ファストリンク作戦の本当のターゲットがそこに書かれていた。RNSのメンバーだ。図表のいちばん上に、マーカーで「カリ」という名前が書かれていた。

プラブーはRNSについてハックフェルドとストーラーを問い詰めた。メンバーを知っているか？　知らない。トップサイトへのアクセスがあるか？　ない。どうやってネタを手に入れているのか？　知りません、ごめんなさい。すごく口の固いグループなんです。僕らなんかと話してくれません。知っていることといえば、1999年頃に僕たちを追い越して、それからずっと先に行っちゃってるってことぐらいです。

プラブーはしつこかった。それぞれを2時間以上問い詰め、同じ質問を何度も繰り返して聞いた。ハックフェルトとストーラーはわざととぼけていたわけではない。本当になにも知らなかったのだ。プラブーは引かなかった。RNSがいくら優秀でも、穴がないはずはない。ふたりはなにも知らないとしても、それを知っているだれかとつながっているはずだ。

ユニバーサルにとってＡＰＣの検挙はほんのなぐさめにしかならなかった。本丸ではない。ＡＰＣは小者だ。売上には関係ない。その一方で、ユニバーサル自身が法的な問題にひっかかっていた。ニューヨーク州のエリオット・スピッツァーというお硬い司法長官が、業界ぐるみの「袖の下」の証拠をつかんで、音楽業界全体を捜査すると脅していた。スピッツァーは、極秘の内部文書を大量に入手し、この証拠をもとにして、曲をかけてもらうためにラジオＤＪに賄賂を渡すという慣行が業界として組織的に行われていたことを証明すると言っていた。

ラジオ局との癒着は昔からの音楽業界の問題だった。プロモーターは賄賂が罪になることを忘れてしまい、そのたびに同じことを繰り返していた。ワーナーではブロンフマンが500万ドルでスピッツァーと和解していたし、モリスも次は自分だと知っていた。2006年3月、ユニバーサルが現金や贈り物と引き換えに自社アーティストの曲をプライムタイムに何度も繰り返してかけてもらっていたことを示すメールをスピッツァーは社内から手に入れた。たしかにそれは腐敗だったが、たいしたことではない。数百ドル程度のなにかをＤＪに渡していただけだ。それにラジオが斜陽になる中で、こんなことを起訴してどうするのかといぶかしむ人もいた。音楽業界全体が沈みつつあるのに、300ドルのギフトカードを配ったくらいでしつこく捜査するのか？

とはいえ、いまだにラジオはヒットを生み出していたし、モリスの事業戦略の中でラジオは重要な役割を担っていた。しかも、袖の下は問題のほんの一部だった。

ユニバーサルは「やらせ」も行っていた。サクラを雇ってラジオ局にリクエストを入れ、ありもしない人気を人工的に作り上げていた。やらせは特定のファンを狙ったものだった。たとえば、２００４年7月には全国の数十か所のラジオ局を狙って「18歳から24歳の黒人女性」[5]から一斉にやらせの電話リクエストを入れさせた。ニューヨークやシカゴといった重要市場に、苦戦中のアシャンティの「レイン・オン・ミー」へのやらせリクエストが毎週40回も入っていた。

エミネムや50セントといった人気アーティストには、そんなやらせはいらなかった。彼らの素晴らしい音楽には本物の需要があったからだ。やらせが必要だったのは実力のないアーティストたちだ。ボーイズバンドからソロになったニック・ラシェイ、頭のイカれたラッパーのDMX、どうしようもなく知名度頼りのリンジー・ローハンといった面々だ。ユニバーサルは、音楽性もないアーティストの販促でも行う契約を結んでいた。だからやらせをやっていた。彼らの曲に人気があると思わせて、ある程度のところまで持っていけば、実際に人気が出ることもある。

それがうまくいくこともあった。２００５年6月、リンジー・ローハンはディズニーの「ラブ・バッグ」のリメークの「ハービー／機械じかけのキューピッド」に主演した。映画のテーマソングは「ファースト」という曲で、そっぽをむいた彼氏を必死にふりむかせようとする歌だった。ローハンのへたくそな歌を聞きたがる人はあまりいなかったし、映画の封切りが近づいても「ファースト」はヒットチャートにのぼらなかった。だが公開初週の週末にＭＴＶのリクエスト番組にこの曲へのリクエストが殺到した。その時、裏になにがあったのかが、スピッツァーの召喚したメールのタイトルからうかがえる。

ご参考までに――月曜からリクエスト番組にリンジーの曲が殺到するように、専門の会社を雇います。[6]

「ファースト」はＭＴＶのリクエスト番組でトップ10に入り、1か月以上もそこに留まっていた。ユニバーサルのやらせのおかげで、リンジー・ローハンの「スピーク」はプラチナアルバムになった（最悪なのは、やらせに洗脳されたかわいそうなファンがカネを払って「ハーピー」を見に行ってしまったことだ）。ヒット曲は実態がなくても生み出せるようだった。低賃金のサクラに電話をかけさせ、数百ドルのギフトカードを送ればいい。

モリスの名前はどこにも出てこなかった。ユニバーサルは1200万ドルで当局と和解し、犯罪行為を認めなかった。それがスピッツァーのいつものやり口だった。だれも刑務所に入らず、カネを払えばたいしたおとがめはない。だが少なくとも業界を少しだけいさめることにはなった。もしかしたら本物のヒット曲を作ろうという気になるかもしれない。

だが、どんなにいい曲でも、売り込まなければヒットしないことをモリスは知っていた。彼はこのプロセスを科学していた。まずはいい曲が必要だ。ここが難しい部分だが、モリスはヒット曲を聞き分ける耳を持っていた。次にラジオとテレビで放送してもらわなくちゃならない。放送は政府規制の厳しい独占事業なので、規制にひっかからないように注意が必要だった。幸いラジオ局とはもちつもたれつの関係だった。最後にアルバムを製造販売する。ラジオでヒット曲を聞いた人たちは、CD店でアルバムを丸ごと買う。

しかし、この最後の部分はもう崩れていた。今ではアルバムを全部買わなくてもいい。昔かたぎに音楽にカネを払おうという人でも、iTunesでシングルを買うことができる。アーティスト自身でさえ駄作だと思っている曲を、音楽業界はこれまで売ってきた。[7]そのつけが回ってきたのだ。アルバム販売は、経済用語で言えば「強制的な抱き合わせ販売」のいい例だった。リクエスト番組で何度も「ファースト」を聞かされた消費者は、この曲欲しさにアルバムの「スピーク」を買っていた。リンジー・ローハンの歌を12曲も聞きたい人間がどこにいるだろう？　1曲で充分だ。

もちろん、アーティストが偉大なアルバムを生み出していた時期もある。2枚組のレコードに、名曲がずらりと収まっていた。アーティガンの時代、レッド・ツェッペリンは自分たちの芸術性の全体像を伝えるような曲を12曲揃えて、2枚組のLPに収めていた。ファンはマリファナ片手にヘッドフォンを付けてターンテーブルの横に腰かけ、2時間ぶっ通しで「フィジカル・グラフィティ」を最初から最後まで順番に聞いていた。だがアルバム中心のロックは80年代に死に、MTVとウォークマンの出現によって音楽はその後20年間シングルヒットが先行するビジネスになった。

特にラップはシングルヒットがすべてだった。シングル曲は威力があったが、アルバムはただの穴埋めのような曲も多かった。中途半端なビートの曲や、売れない弟分のおまけのような曲、理解不能な短い曲もあった。「イン・ダ・クラブ」を16回続けて聞く方が、「ゲット・リッチ・オア・ダイ・トライン」を一度通して聞くよりずっと楽しめた。ヘッドフォンを付けて床に寝転がるのはもうカッコ悪い。クリックホイールを指で回しながら、公園をランニングするのが今風だ。ラップのアルバムを全曲聞くような人はいなくなり、アーティスト自身でさえそうだった。ユニバーサルの未来がかかったジャンルは、ヒット曲を出してアルバムを売るやり方にいちばん合わないジャンルだった。

今の新しいビジネスモデルに、モリスは馴染みがあった。ずっと前に消滅したモデルが、今蘇っていた。1963年にローリーレコードでバート・バーンズのソングライター助手として働きはじめた頃、アルバムは珍しかった。当時のほとんどのレーベルと同じで、ローリーも7インチのシングルレコードを小売価格10セントで販売していた。当時を憶えているモリスは、今どきのデジタルモデルが古いシングル盤のモデルに似ていることに気づいていた。インフレ調整後の価格に直すと、当時のシングル盤と今の1曲の値段はほぼ同じだった。アルバムは消えつつある。だがモリスは生き残った。

不正コピーよりも、海賊版の密売よりも、なによりも、これが音楽を本当に殺していた。売れ残った在庫の山に埋まってきたモリスは、以前のシステムが効率的でないことを知っていた。CDが売れない時には、小売店など通さずに、直接廃棄場に運んだ方がマシだとさえ思ったこともある。業界全体を俯瞰すれば、デジタルなシステムははるかに無駄が少なく、ファンが欲しがる曲をはるかに速く届けられた。問題は、CDほど利益にならないということだ。

ユニバーサルの中でも、この経済モデルの転換に気づきはじめたアーティストもいた。インターネットにのせられるなら、がめついDJに袖の下を回す必要はない。かならずリークされるなら、これまでみたいに時期を決めてアルバムを発売してもしょうがない。そもそも、なんでアルバムを作る必要があるんだ？　74分でなくちゃならない理由はない。たまたまそれがCDの上限だっただけだ。いい曲だけを発表すればよくないか？

このモデルに目をつけたのが、キャッシュ・マネー・レコードのリル・ウェインだ。ウェインも彼のレーベルも低迷し、バードマンが育てたビッグ・タイマーズがラジオ局に賄賂を送っていたことはスピッツァーの捜査で明らかになっていた。しかも、キャッシュ・マネーの初期のスターの多くが、ロイヤリティーをめぐるバードマンとスリムとの争いの末、ほかのレーベルに移籍してしまった。リル・ウェインの復活アルバムになるはずだった2004年の「ザ・カーター」は、発売きっかり2週間前にユニバーサルのサプライチェーンからなぜか流出し、その影響で初年度のゴールドアルバムさえ獲得できなかった。「ゴーDJ」はマイナーヒットになったが、ニューオリンズ以外でウェインが話題になることはほとんどなくなっていた。かつて仲間だったジュヴィナイルと同じように、ウェインも消えかけていた。「リル」と名のつく忘れられたラッパーの仲間入りは目の前だった。リル・ロメオ、リル・バウワウ、リル・シーザー、リル・キキ、そして自分。

ウェインは奇妙になっていった。[8] ドレッドヘアを伸ばし、体中にバカバカしい入れ墨を入れた。絶え間なく大麻を吸い続け、コデイン入りの咳止め薬の中毒になっていた。声はガラガラになった。曲はサイケデリックになっていった。2003年のウェインはものすごい才能を持ったやせっぽちの若者で、規則正しいビートにきちんと韻をのせていた。2005年のウェインは、ブラッドベリの小説に出てくる「刺青の男」みたいになっていて、オートチューンで処理されまくった彼の曲は宇宙からの意味不明な信号のようだった。

ウェインは作った曲をすべてインターネットに無料でアップしはじめた。定期的なアルバム発売に加えて、広告予算もなくラジオでの放送もしないミックステープを、年に2〜3曲ネットにあげるようになった。これまでミックステープといえば、アーティストがレーベルとの契約にこぎつけるためにデモとして作り、外に出すものだった。だが12歳の時からレーベルと契約を結んでいるウェインに、その必要はなかった。彼のミックステープは音楽性にあふれ、アルバムよりはるかに出来がよかった。変わっていて、楽しくて、踊れて、多層的で、歌詞は洒落ていて、何度も聞きたくなった。ビートや曲をほかのアルバムやラッパーから借りてきて、はるかにいいものにし、時にはドラマチックに変えていた。10000バーズ、ダ・ドラウト、ダ・ドラウト2、ザ・プリフィックス、ザ・サフィックス、ブロウなど、数々のアンダーグラウンド曲を発表した。ウェインには一銭も入らなかったし、カネを受け取ることはできなかった。というのも、サンプリングの許諾を受けていなかったので、訴えられる恐れがあったのだ。

２００５年の終わりにウェインはアトランタの独立系プロデューサーのＤＪドラマとタッグを組んで、「デディケーション」という新しいミックステープを作った。ＤＪドラマは、なにかと話題のプロデューサーだった。このところ頭角をあらわしてきたアトランタのラッパー、Ｔ．Ｉ．とヤング・ジージーのために作ったミックステープを公開していた。12月にｍｐ3限定でインターネットに公開された「デディケーション」は予想外のヒットになり、ふたりのキャリアに火をつけた。それはラジオ発のヒットではなく、今さらながらウェインの才能に驚いたヒップホップファンたちがブログで話題にしたことから生まれたヒットだった。「新生」ウェインはネット界で注目を集め、ピッチフォークやバイスといった人気の音楽専門サイトに取り上げられるようになった。

５か月後、ウェインとドラマはふたたびタッグを組んで「デディケーション２」を発表した。「デディケーション２」は、かっこよくて、楽しくて、不思議で、冒瀆的で、思わず引きつけられてしまう曲だった。ありとあらゆる曲がこの中にサンプリングされていた。アウトキャスト、ビギー、ナンシー・シナトラ。だが、だれにもカネを支払っていなかった。ピッチフォーク、ローリング・ストーン、そしてニューヨーカーでさえも、この曲を２００６年最高の1曲だと讃えていた。主流メディアの批評家に絶賛されるなど、２、３年前のウェインからは考えられないことだった。自分の曲を自分でリークすることで、ウェインはキャリアを立て直した。ジェイ・Ｚやエミネムがリークを責める中で、ウェインは両手を拡げてリークを歓迎していた。彼はそれまでのどんなアーティストよりもインターネットの熱狂の波を味方につけていた。「今生きている中で最高のラッパー」という宣伝文句が、世間にも真剣に受け止められはじめた。

mp3革命はまだ終わっていなかった。300ドルで売り出された2005年モデルのiPodはまだ贅沢品で、ウェインの若いファンたちのほとんどには手が届かなかった。貧しい若者たちはまだCDの時代に生きていて、DJドラマはファンのためにアトランタの事務所でお手製のミックスCDを製造し販売していた。ドラマが作ったCDは都市部のレコード店に流通し、店主はサウンドスキャンに売上枚数を報告し、ビルボードがその数字に基づいてヒットチャートを発表していた。ウェインのミックステープは、サンプリングの許諾もなく、アルバムでもなかったのに、チャートに顔を出すようになっていった。

キャッシュ・マネーの復活に、ユニバーサルの経営陣は困惑しているようだった。キャッシュ・マネーの販売権は2004年にモータウンが買っていて、モリスはシルビア・ローヌにモータウンの経営を任せていた。モリスがローヌを雇い入れたのはタイム・ワーナー時代だ。ワーナー傘下のエレクトラ・レコードでローヌはメタリカやフィッシュのコアなファンをうまく盛り上げ、才能を発揮していた。モリスはローヌを褒めちぎり、ローヌの経営者としての実力は証明された。しかし、モータウンに移ったローヌは、ウェインの行動をまったく理解できなかった。「例のミックステープは私たちレーベルにとって明らかに気がかりなものです」のちにローヌはローリング・ストーン誌にそう語っていた。「レーベルがアーティストに求めることに、真っ向から反する行為ですから」[9]

この発言と同じようないくつもの発言が重なって、音楽業界のエグゼクティブがなにもわかっていないという雰囲気が作られていった。これが、1年後の恥ずかしい事件につながった。RIAAのブラッド・バックルズと協力していた地元警察が、DJドラマを海賊版の密売容疑で逮捕したのだ。アトランタのスタジオに捜査が入り、数千枚の自家製ミックステープCDが押収された。CDには「宣伝用」というラベルが貼られていたが、実際には現金で売られていた。ミックステープには許諾を受けていないサンプルが含まれていたために、警察にすると厳格な意味で共謀罪にあたるように見えたのだ。

現場に踏み込んだ警官は、著作権侵害でドラマを逮捕すると告げた。この事件は明らかな間違いだった。ドラマはユニバーサルで今いちばん売れっ子のラッパーのキャリアを復活させたばかりだったのに、RIAAが警察と協力してスタジオに踏み込んでしまったのだ。しばらく混乱が続いたが、結局ドラマはなんの罪にも問われなかった。

FBIでは、特別捜査官のピーター・ヴーもまた行き詰まっていた。この3年間というもの、ファストリンク作戦とRNSの捜査はほとんど進展していなかった。2005年のRIAAとの会合後、キングスマウンテン工場が流出源らしいとする内部文書をFBIの捜査員が書いていた。だがユニバーサルが工場を売却したあと、この報告を深追いする捜査官はいなかった。

FBIはいつものやり方を踏襲していた。「カリ」と呼ばれるRNSのリーダーは、内部アクセスがありリークの手柄をあげてきたメンバーとしか連絡をとっていないようだった。

それなら、ＦＢＩが手柄をあげればいいのでは？　音楽業界と協力して、ＦＢＩがアルバムをリークしたらどうだろう？[10]　リル・ウェインにできることが、ＦＢＩにできないはずはない。麻薬売買組織や反社会的勢力に入り込むために、ＦＢＩはそうした潜入捜査をこれまでも行ってきた。だが、このアイデアは行き詰まった。音楽業界は、どんな理由でも発売前のアルバムの流出を絶対に認めなかったからだ。

残された手がかりはひとつだけ。ＡＰＣの残党だ。プラブーとヴーは２００４年の共謀罪で有罪答弁をしたメンバーを狙った。ＡＰＣの組織全体にしばらく揺さぶりをかけ、２００６年のはじめにやっとひとりが口を割った。テキサス州カレッジステーションに住むジョナサン・レイズという男で、ネットでは「Ｊドウ」として知られていた。レイズはＲＮＳのメンバーに強いコネがあり、共有ＦＴＰサーバーからＲＮＳメンバーのＩＰアドレスを探し当てられるかもしれないと言っていた。ＦＢＩはこの手がかりをたぐり、２００６年の終わりにヴーはとうとういい知らせを報告できた。ＲＮＳメンバーのインターネット通信を傍受できたのだ。

16章　ハリポタを敵に回す

ピンクパレスは爆発的に拡大していた。2006年のはじめには10万ユーザーを抱え、100万枚近いアルバムがダウンロードできた。iTunesストアの4倍のアルバム数だ。ユーザーは毎日1500件の新しいトレントをアップロードしていた。アルバムは複数のフォーマットで公開され、ピンクパレスは考えられるかぎりすべてのアーティストの完璧で正確な作品目録を完成させていた。まったく無名のアーティストのだれも知らないような曲も、ピンクパレスに行けば見つかった。オリジナル盤も、復刻盤も、宣伝用の特別編集バージョンも、限定7インチレコードのコピーも、アメリカでは聞いたことのない日本限定のボーナストラックも、すべてそこにあった。

ニック・ドレイクの例を見てみよう。ドレイクはずっと無名のまま、1974年に26歳で薬の過剰摂取で世を去った。最後に出したアルバム「ピンクムーン」は5000枚しか売れていない。その後の25年で、彼の名前は少しずつ世の中に知られていった。ドレイクは「知る人ぞ知るミュージシャン」になり、一般人には無名でも玄人のお気に入りになっていた。1999年には「ピンクムーン」のタイトル曲がフォルクスワーゲン・カブリオのCMに使われた。若いトレンドセッターの楽しい夜のドライブの最中に、いつも鬱々としていたシンガーの人生の無意味さを歌う歌詞をかぶせたのだ。最後にカメラが空にパンすると、フォルクスワーゲンのロゴが月の上に浮かんだ。

フォルクスワーゲンから見ると、このキャンペーンは失敗だった。カブリオはアメリカではあまり売れず、3年もたたずに販売中止になった。このCMで車より売れたのは、音楽だった。CMのオンエアから数か月で、「ピンクムーン」の売上はその前の25年間の合計を上回った。[1] ドレイクはイギリスのアイランドレーベルと販売契約を結んでいて、今ではユニバーサル・ミュージックが旧譜の権利を握っていた。このたなぼた現象で利益を得ようとユニバーサルはすぐに動いた。

ピンクパレスに行けばこの歴史がわかる。それはドレイクの逝去後の人気にあやかって何度も利益を得ようとするレーベルの軌跡を描いた展示のようだった。ピンクパレスには8つの異なる音源からアップロードされた「ピンクムーン」のコレクションがあった。1972年にアイランドレコードから出された、非常にレアでありえないほど価値の高い初版のレコード。1986年にハンニバルレコードから出たCDのボックスセット。1990年にアイランドから出た復刻盤。1992年にハンニバルから出た再復刻盤。2000年のカブリオのCMのあとにアイランドから出た再再復刻盤。シンプリー・ビニールから出たハイファイ音楽ファン向けの再再復刻盤。2003年にアイランドレコードが出したデジタルリマスター再再再復刻盤CD。そしてユニバーサル・ミュージックが2007年に出した日本向けレコードの再再再再再復刻盤。これらの復刻盤はすべて、FLAC、ACC、mp3など、ありとあらゆるフォーマットで圧縮されていた。[2] 1枚のアルバムを、30もの違うフォーマットから選ぶことができた。

iTunesではそうはいかなかった。ピンクパレスの楽曲ライブラリーの規模と範囲はどんなオンラインの音楽ストアをもしのぎ、その分散されたライブラリーを壊すことは現実的に不可能だった。とはいえ、大きくなりすぎてサイトの維持が難しくなった。アラン・エリスは自由時間の半分をサイト運営に使っていたので、成績は下がり、大学を1年留年してしまった。2006年の夏までにピンクパレスは1日に1万ページビューを集め、サーバー管理費が月に数千ドルにものぼるようになっていた。エリスはサイトのフロントページに何度か寄付のお願いを載せてみた。仲間たちからはものすごい反応があった。ピンクパレスのユーザーから1年間で20万ポンド、つまり50万ドル近い寄付が集まったのだ。ピンクパレスは人々から愛されていた。ユーザーは喜んでおカネを支払った。

するとおカネが余るようになってきた。エリスはサイトの最初のページで定期的に収支を報告し、ピンクパレスへの寄付と費用を開示した。だがその次にエリスは珍しい行動に出て、それをかなり怪しいと思う批判者もいた。このサイトは非営利だと公言し続けていたエリスが、彼個人の別口座を10件開いて、余ったおカネをピンクパレスのペイパル口座から自分の銀行口座に送金しはじめたのだ。

あとになってエリスは、送金はリスクを減らすためだったと語っていた。著作権侵害の訴えのあった口座をペイパルが凍結した例があり、自分たちにもその恐れがあると感じていたのだ。だから口座を分散させておけば、どれかが凍結された時に失うものが少ないと考えたのだった。もちろん、エリスが自分名義の口座のカネを流用した証拠はどこにもない。海賊行為の中心人物になっていても、エリスの生活は質素倹約の模範のようだった。大学の同級生とアパートをシェアし、自分と彼女のためにおカネのかからない料理を作り、市営バスで移動していた。

動機はともかく、資産凍結に対するエリスの恐れはもっともだった。2006年5月、スウェーデン当局はパイレートベイのサーバー管理会社を捜査し、サイトをホストしていたサーバーを押収したうえ創始者たちを逮捕した。世界最大級のトレントサイトが閉鎖され、一瞬の間トレント革命は致命的な打撃を受けたように見えた。だが、パイレートベイの運営者はいつか捜査が入ることを予見していた。秘密の場所にデータベースのコピーを保管し、3日もかからずバックアップのサーバーを立ち上げて、復活を遂げた。パイレートベイの検挙は国際的なニュースになり、創始者たちは懲役の可能性もあったが、その打たれ強さはトレント技術への人々の興味をさらにかき立てた。

ピンクパレスはこの混乱に乗じて、拡大を続けた。その後すぐに、コンテンツの削除依頼通知が舞い込みはじめた。世界中で著作権者は、自分たちの手で権利侵害に手を打とうと、弁護士や探偵を雇って違法にアップロードされたコンテンツの削除を求めていた。著作権者たちは、はじめは下手に出た。単純で変哲もないメールをエリスに送り、著作権侵害の存在を彼に伝え、当該トレントを削除するよう求めてくる。スピルバーグに中指を立てるほど特別な誇りを持っていたパイレートベイの管理者とは違い、エリスは依頼に従った。罪を認めることはなかったが、依頼があればそのたびに「善意で」トレントを削除していた。

2007年にエリスがやっと大学を卒業した頃には、ピンクパレスは18万のメンバーを抱える一大勢力になっていた。ユーザーの中には、有名アーティストもいた。ナイン・インチ・ネイルズのトレント・レズナーは、ピンクパレスの大ファンを自認し、「世界最高のレコード店だ」[3]と言っていた。ピンクパレスのメンバーになったレズナーは普通のリスナーから熱狂的なファンになっていた。自分の聞いた曲をラスト・ドット・fmという音楽トラッキングサイトで公開し、ピンクパレスのメンバーになってから3年間で9万1000曲以上を聞いていた。[4]時間に直すと6000時間にもなる。

エリスは別の意味でも成長していた。ピンクパレスを運営するうちにウェブスクリプトとデータベース管理のスキルを身につけていた。大学では教えてくれない技術だった。だから大学を卒業する頃には、普通の学生よりはるかに就職に有利になっていた。彼はミドルズブラの化学会社にIT管理者として入社した。年収は3万5000ポンドだ。社会人になったエリスは月々の収支を細かくスプレッドシートに記録しはじめた。ピンクパレスへの寄付はエリスの収入には記録されず、この時点で月に平均1万8000ドルの寄付が集まっていた。

ユーザーにとって、寄付はたいしたことではなかった。ユーザーが気にかけていたのは、アップロードとダウンロードの比率だ。というのも、入手できるネタが尽きかけていたからだ。彼らに残された道はひとつだけだった。超高速のインターネット接続だ。寮住まいの学生は大学のサーバーが使えたが、そのほかのユーザーにはカネがかかった。費用をかけて自宅の回線を高速にするか、月に20ドルでホスティング会社からシードボックスというサーバーを借りるかだ。ピンクパレスユーザーの多くは、シードボックスを借りていた。

どうしてみんなピンクパレスを利用するためにカネをかけていたんだろう？　トレント技術は難しいし、アップロード比率を維持するのも大変だし、掲示板の監督者は厳しいし、ほんの少しでもデータをアップロードすれば重罪に問われるかもしれないのに。ピンクパレスにあるものは、パイレートベイにもカーザーにもあったし、それほどカネをかけるならiTunesストアで買った方が手っ取り早いのに？　理由はいろいろだ。伝統的な経済学の立場から、無限の選択肢を得られることが比率を維持するコストや逮捕のリスクに勝ったと見る人もいる。行動経済学的には、音楽をただで楽しむことに慣れたユーザーはカネを払って楽曲を買うことに抵抗感があったともいえる。「コモンズの囲い込み」[5]に反対するユーザーがインターネットを企業の手から守ろうとしたと見る政治学者もいる。社会学者はピンクパレスの排他性が参加者を引きつけたと言う。

だがその答えは、ピンクパレスのサイト自身にある。極めて活発なユーザーの掲示板を見れば、メンバーがエリスにそっくりだったことがわかる。テクノロジーに強い20代の中流層で、ほとんどが男性で、大学生か社会人になってまもない人たちだ。中にはそれほど運のない人たち、いわゆる「ニート」も多かった。コンサートやドラッグは人気のトピックだった。

いちばん活発な板は「なぜ音楽を盗むのか？」というトピだ。数多くの答えが寄せられた。おカネの節約、大手レーベルへの反抗、新しいコミュニティの誕生、勇気ある政治活動、ただの欲など、理由はさまざまだった。ユーザーの写真を投稿する板もあった。鼻ピアスをしている人も多かった。だが、そんな掲示板が存在していること自体が、サイトの魅力だった。それは新しいテクノロジーや新しいバンドやアンダーグラウンドの娯楽を学ぶ場であり、音楽ビジネスが実際にどう機能しているのかを知ることのできる場だった。iTunesはただの店、というかモールのようなものだったけれど、ピンクパレスはコミュニティだった。

エリスは意図的にこのコミュニティ精神を育てていた。個人のトラッカーサイトのほとんどはそれができていなかった。サイトの運営者は冷淡で近寄りがたく、そのためアップロードも集まらなかった。エリスは反対に、音楽や技術面ではメンバーに高いレベルを求めながらも、お互いの礼節ある対話を促していた。たまにユートピア的な理想を掲げることもあったけれど、彼の楽園は実際に機能していた。もちろん違法だったが、それには大きな価値があり、人々は力を合わせて、見返りがなければ人は動かないという資本主義の行動原理に異を唱えていた。

当時のエリスの生活は、修道士のような簡素なものだった。なにもないさびれた田舎町でアパートの部屋をシェアし、だれもありがたがらない仕事に毎朝通い、家に帰るとオンライン界で崇められる修道院長として過ごしていた。ネット上のファイルシェアの掲示板では、ピンクパレスからの招待はレアものとして憧れの的になり、おカネで取引されることさえあった（エリスはやめさせたがっていた）。ネット界隈では、ピンクパレスのリーダーは崇められ、賞賛される存在だった。

もちろん、著作権者はそれをにがにがしく思っていた。2007年までにピンクパレスの受信箱は削除請求のメールであふれかえり、弁護士は丁寧な上っ面をかなぐり捨てて、訴えるぞと脅していた。M.I.A.も、Go!Teamも、プリンスも自分たちの楽曲をすべて削除させた。それほど有名でないアーティストたちもとりあえず同じようにしていた。バラエティ番組のイタ電の録音でさえ、削除を求める著作権者がいた。[6]

エリスは自分の身を心配しはじめた。ピンクパレスはあまりに短期間に大きくなりすぎた。ユーザー数は多すぎ、新しい楽曲は少なすぎた。新規メンバーの不満はいつも「もうアップできるものが残っていない」[7]ことだった。アップロードの比率を保つには、まったく新しいなにかを探してこなくてはならず、音楽業界のサプライチェーンに入り込むのがそのいちばんの方法だった。発売前の流出コンテンツが、時には何週間も早くアップされはじめた。それはグローバー自身のリークだったり、ほかのユーザーのリークだったりした。みんなアップロード比率を保つためにやっていたことだったが、RNSでさえもピンクパレスに先を越されるようになっていった。

エリスはシーンのメンバーではなかったし、レコード会社のサプライチェーンに侵入したいなどとはまったく思っていなかった。エリスは記録保管人であって、リーク犯ではなく、発売前のアルバム流出に関心が集まったのは、まったく迷惑だった。問題を少しでも和らげようと、リークをやめさせるために音楽以外のコンテンツを許可することを考えはじめた。テレビ番組や映画は除外した。ほかの個人トラッカーがすでに専門サイトを運営していたし、他人の縄張りを荒らさないという暗黙の了解があったからだ。結局オーディオブックのアッププロードを許可することにした。

これまでに録音された音楽のほぼ大部分をすでに取り込んだサイトにとって、オーディオブックの受け入れはたいしたことでないように思えた。だが、エリスはこの時思いがけず大きな力に歯向かうことになってしまった。J・K・ローリングはその頃、出版史上もっとも稼いだ作家になりつつあった。ハリー・ポッター7部作はこれまでのすべての記録を破り、西フリジア語や古代ギリシャ語を含む67か国語に翻訳されていた。ワーナー・ブラザーズとの8本の映画契約からエマ・ワトソンやダニエル・ラドクリフという世界的スターが生まれた。ハリー・ポッター・シリーズは出版史上もっとも売れた作品になり、映画は史上最高の興行収入を記録した。オーディオブックもまた人気だった。人々に愛されるイギリス人コメディアンのスティーブン・フライがナレーションを担当したハリポタのオーディオブックはベストセラーになった。

ローリング個人のストーリーもまた感動的だった。シングルマザーのローリングは、生活保護を受けながらハリー・ポッターの第一作のほとんどを書き上げた。『ハリー・ポッターと賢者の石』の初版は、1000部という控えめな出版部数で発売された。この初版本には今や何万ドルもの値がついている。だが、「金持ち話」より「貧乏ばなし」の方が一般に受けることは確かで、「貧乏ばなし」の裏にはローリングの恐るべきビジネス感覚が隠れていた。グローバリゼーションによって知的財産の価値はこれまでになく高まり、ローリングはその才覚でハリポタブランドの力を最大限に広げていた。ローリングは現代のウォルト・ディズニーで、愛されるキャラクターを人々の頭に植え付け、それを限りなくカネのなる木に変えていた。2010年が近づく頃には、ローリングは出版界で初めての10億ドル作家になりそうだった。そしてもちろん、彼女の知的財産の価値は海賊版を厳しく取り締まることで守られていた。

ローリングはアドルショー・ゴッダードという法律事務所を雇い、汚れ仕事をやらせた。アドルショー・ゴッダードの著作権専門家は賢かったし、明らかに人脈もあった。2007年7月の終わりにエリスはウェブサイトのドメイン名登録業者から、情報更新の請求を受けた。エリスの名前は登録されているが、必要な住所が登録されていないという。請求書を送るので現住所と郵便番号を教えていただけますか？　でないとドメイン名が抹消されるかもしれません。

エリスはもちろん求めに応じた。今まで一度も身元を隠したことはなく、大量の削除請求メールを受け取ってはいたが、自分のやっていることは合法だと純粋に信じていた。翌日、ドメイン登録業者はエリスに情報更新のお礼メールを送り、そのすべての情報をローリングの弁護士に差し出したと伝えてきた。

エリスはそのドメイン業者に怒り狂った。イギリスの情報保護法違反だと思った。そこですぐにサイトのドメイン登録の国名コードをイギリスからコンゴ共和国に変えた。もちろんサイト運営はイギリスから行い、サーバーもオランダに置いたままだったが、登記されたドメイン名のデータベースでは彼を見つけることはできなくなった。サイトのトップページには、ドメイン名変更の「法的な」理由をあやふやに綴った。

だがその後、なんの警戒もしていなかった。自分はなにも悪いことをしていないと頑固に思い込んでいたからだろう。彼のサイトは著作権で保護されたファイルを保管していないから、というのがエリスの主張だった。それに、厳密にいえばそれは正しかった。ピンクパレスはトレントの集合体だ。トレントにつながったファイル自体はオランダのサーバーではなく世界中のコンピュータの中に分散されていた。もしエリスが弁護士に相談していたら、その違いに法的な意味はないことをすぐに教えてもらえただろう。でもエリスは、弁護士には相談しなかった。

ローリングの弁護士はエリスの連絡先を受け取ったその日にそれを警察に渡した。警察はそれを国際レコード産業連盟に渡した。国際レコード産業連盟は、アメリカのRIAAのグローバル版だ。世界的な業界団体により厳格な著作権保護を訴え、金賞やプラチナ賞といった国際認証を発行し、インターポールやスコットランドヤードから引き抜いた腕利きの捜査官を雇って海賊対策ユニットを運営していた。国際レコード産業連盟は知的財産権の性質についての議論に特に関心があったわけではない。トレントサイトが音楽のリークを促して大金を稼いでいると思っていただけだ。「ピンクパレス」というサイト名を見ても、革命や理想主義者を思い浮かべることはなく、ただのゆすりたかりとしか考えていなかった。

もしピンクパレスが犯罪者だとしたら、あまり賢い犯罪者じゃなかった。つい最近まで自宅にサーバーを置き、彼のIPアドレスはだれでも手に入った。すべてのサイトの活動を記録していて、ユーザーのアップロードとダウンロードのログを名前とメールアドレスのすぐ横に記録していた。インターネットのドメイン名登記を調べればすぐに、管理者の名前がわかった。アラン・エリスだ。

オンライン著作権侵害の歴史上もっとも簡単に逮捕できるだけの証拠が山のように積み上がった。2007年10月23日、エリスはいつものように夜明け前に目を覚ましミドルズブラにある化学会社のIT部門に出勤するつもりだった。シャワーを浴びて寝室に戻ると、前の晩に泊まっていた彼女はまだ眠っていた。いつもの朝と同じように管理者としてサイトにログインし、サーバーの記録をチェックし、前の夜にきた部下たちからのメールを読んでいた。すると、ドアを蹴破って十数人の警官が部屋に踏み込んできた。

エリス名義の10件の銀行口座はすべて一斉に凍結された。マンチェスターに住む父親もなぜか逮捕され、資金洗浄の罪に問われた。エリスの自宅コンピュータは証拠として押収された。18万のメンバーのIPとメールアドレスが保管されたオランダのサーバーも押収された。パイレートベイの管理者と違ってエリスはこうした事態をまったく予想していなかったため、ピンクパレスのトレントは消えてしまった。

警察はアパートでエリスを1時間以上尋問した。エリスは口を閉じていた。外では陽がのぼっていた。もっと聞きたいことがあるので警察署に来てほしいと言われた。手柄を見せたい警察はあらかじめタブロイド紙に逮捕を知らせていたため、マスコミがエリスのアパートの外で夜明け前から待っていた。手錠をかけられたエリスは、寝室から連れ出されて記者たちのフラッシュを浴びることになった。

17章　「シーン」に別れを告げる

グローバーのスポーツバッグはいっぱいになっていた。2006年の終わりまでに2000枚近いCDをリークしていた。もう捕まる恐れもなかった。ユニバーサル時代の元上司と違って、EDCの新しい工場経営陣はまったく気にしていなかった。これだけリークへの批判が高まっていても、ユニバーサルのサプライチェーンはこれ以上ないほど穴だらけだった。

工場の売却直前にユニバーサルはふたたび製造ラインを拡張し、今では1日に100万枚のCDが生産できるようになっていた。だがこれが最後の拡張になった。工場は不良資産とされ、そのように運営されていた。売却されてから一度も新しい機械は設置されなかった。採用も凍結された。基本的なメンテナンスも行われなくなった。士気は低く、従業員の多くは新しい仕事を探しはじめた。それでも、グローバーは残業のシフトに入った。包装ラインの管理はますます難しくなっていた。注目アルバムはほとんどかならず複数枚組みで、ボーナスDVDや折りたたんだポスターや豪華なアルバムアートがついていた。

カリはなにも気にしなかった。彼のやり方はダグ・モリスと同じくらい強引だった。カリにとってはいちばん売れそうなアルバムをリークすることがなによりも大切で、気にかけていたのはヒットチャートだけだった。2006年にRNSはまたその年いちばんのリークを決めた。ソニーの内部に入り込んで、アメリカン・アイドルで優勝したキャリー・アンダーウッドのデビューアルバム「サム・ハーツ」を盗んだのだ。そのほかに、ラスカル・フラッツ、ジェームス・ブラント、ケリー・クラークソンも盗んでいた。都会から田舎へ、若い男性から年配の女性へ、ティーンエイジャーからその両親へというファンの変遷は、あるトレンドの表れだった。大手レーベルにとっての上得意は、ファイルシェアを知らない人たちになっていた。

RNSはそこで止まらなかった。業界内部への潜入作戦は完了していて、大手レコード会社から小さなインディーレーベルまで、ほぼすべてにRNSは入り込んでいた。2006年にはあらゆるジャンルから4000枚を超えるCDをリークしていた。その年のNFOリストはグラミー賞の招待状のようだった。エイコン、アーニー・ディフランコ、バリー・マニロウ、ベット・ミドラー、ビヨンセ、ビリー・レイ・サイラス、ボブ・シーガー、ビルト・トゥ・スピル、バスタ・ライムス、バズコックス、クリスティーナ・アギレラ、DJシャドウ、エルビス・コステロ、フー・ファイターズ、ゲーム、ゴーストフェイス・キラ、グッチ・メイン、ヒラリー・ダフ、ホット・チップ、インディゴ・ガールズ、インセイン・クラウン・ポッシー、ジャーズ・オブ・クレイ、ジミー・バフェット、ジョン・レジェンド、ケニー・ロジャース、コーン、LCDサウンドシステム、マドンナ、モリッシー、マイ・ケミカル・ロマンス、ニール・ヤング、ネリー・ファータド、ニック・ケイヴ、ナイン・インチ・

ネイルズ、オアシス、オマリオン、パール・ジャム、ファレル、ピットブル、プライマス、プリンス、パブリック・エネミー、レジーナ・スペクター、リック・ロス、リアーナ、ザ・ルーツ、シザー・シスターズ、シャキーラ、ステレオラブ、スティング、テイラー・スウィフト、スリー6マフィア、トビー・キース、トニー・ベネット、トゥール、そして〝おかしなアル〟・ヤンコビック。

RNSの活動規模は今や面倒なほどに広がりすぎ、メンバーの多くはいい大人になっていた。1996年にシーンが始まった頃、参加者の多くはティーンエイジャーだった。彼らは三十路《みそじ》にさしかかり、ワクワク感も消えかけていた。そのうえ、年を取るごとにリーク源としての価値も下がっていった。大学のラジオ局の仕事から離れたり、音楽記者よりもっと稼げる仕事を見つけたりしていた。法的なリスクについて昔より理解し、人づきあいや良心の呵責といった重荷も負うようになっていた。

年に何百という新曲を聞いていると、さすがに飽き飽きしてくる。メジャーレーベルの音楽はみんな同じだった。アーティストはみんなオートチューンで音程を直していた。ソングライターはみんなその前の大ヒット曲を焼き直ししていた。どのアルバムも、ほんのひと握りのプロデューサーが制作していた。グローバーも以前ほどラップに入れ込めなくなっていた。トニー・ドッカリーはキリスト教に目覚めゴスペルしか聞かなくなっていた。サイモン・タイはチャットチャンネルに出入りしていたが、もう何年もアルバムをリークしていなかった。カリでさえも退屈しているように見えた。征服すべき世界はもう残っていなかった。

一方で、リスクはこれまでになく高まっていた。インターポール、FBI、国際レコード産業連盟、RIAAの海賊対策班が協力し、少なくとも4つのチームがRNSの尻尾を捕まえようとしていた。その年のはじめに、カリは連邦刑務所に収監されている別グループの古い友達を訪ねるつもりだとサンダースに話していた。刑務所を訪ねたあとのカリは動揺していたようだとサンダースは感じた。

数日後、カリはグローバーに電話して、珍しい指示を出した。ワイヤレスルーターのパスワード保護を解除しろと言ったのだ。普通ならサイバー犯罪者からルーターを守るためにパスワードをかける。でも、今は俺たちがサイバー犯罪者だ。だからルーターを保護しなければ、IPアドレスを辿られても何の証拠にもならないと法廷で主張できる。だれでも自分たちのネットワークにアクセスできるからだ。そうしておけば捕まった時に自分は関係ないと否定できる。

グローバーは指示に従ったが、とてもじゃないがそんな言い訳が通用するとは思えなかった。それはカリの強迫観念の表れだとグローバーは思ったし、そんなくだらない警戒策に従うのがだんだん面倒になってきた。だが、ほかのメンバーたちはそうする必要があると思っていた。火の粉が自分たちの身に降りかかっているのは明らかだったし、RNSの上層部はそろそろやめる潮時かもしれないと考えはじめていた。2004年、2005年、2006年は伝説的な年だった。今やRNSは歴史上もっとも成功した音楽リーク集団になり、ライバルの多くが諦めてしまうほどにシーンを独占していた。今やめれば頂点で去ることができる。

グローバー自身も引退を考えていた。リークを始めたのは25歳の時だ。もう33歳になっていた。外見はそれほど変わっていなかった。10年間同じ髪型で、同じ柄物のTシャツとジーンズ姿で、顔もほとんど老けていなかった。でも、自分に対する見方は変わっていた。若い頃のやんちゃな自分が、今では理解できなくなっていた。どうしてあれほどスポーツバイクに夢中になっていたのか、なぜ銃を持たなくちゃならないと思っていたのか、もう思い出せなかった。かつて腕に彫ってしまった、ピットブルを散歩させている死神の入れ墨が、とんでもなくバカバカしく思えた。

今は家族との生活がいちばん大事だった。前の彼女との間にできた子供たちをカレンと育てはじめてからもう数年が経っていた。今ではふたりの間に子供ができた。赤ちゃんができてからグローバーは少し仕事を減らした。教会にも以前より行くようになった。子供たちと一緒にいるのは楽しく、それを失いたくなかった。それにDVDの販売は時代遅れになっていた。トレントサイトがシーンに追いつき、トップサイトに上がったコンテンツは一瞬でだれにでも手に入るようになった。グローバーのコネにはもうなんの強みもなく、海賊版DVDからの収入は週に数百ドルにまで下がっていた。

車もリンカーン・ナビゲーターがいらなくなった。昔は派手な改造車を持つのが一生の夢だと思っていたが、2年も経つとシェルビーの町をネオンライトとフローターホイールで走りまわるのがくだらなく思えてきた。残業代と海賊DVD販売の貯金を使って、フル装備のフォードF150の新車に買い替えた。流行りのクラブの駐車場でブイブイ言わせていたグローバーは、イクメンになり変わろうとしていた。

カリにもその気持ちを伝えはじめた。こんなくだらないこと、ずいぶんやってきたな、とグローバーは言った。よく捕まらなかったよな。そろそろ潮時だろう。意外なことに、カリもそうだと言った。シーンの魅力は薄れていたし、カリはグループの中でただひとり、警察がしゃかりきになって自分たちを落とそうとしていることを知っていた。

2007年1月、RNSのヨーロッパのトップサイトが突然消滅した。数テラバイト分のファイルが保管されていたハンガリーのサーバーが、すべての接続を拒否し、サーバーを管理していたホスティング会社もサービスに応じなくなった。カリは決心した。リスクは高すぎ、自分たちは注目を浴びすぎている。そしてグループの閉鎖を命じた。RNS最後のリークは2007年1月19日。グローバーが工場から持ち出したフォール・アウト・ボーイの「インフィニティ・オン・ハイ」だった。NFOには短い別れの言葉が添えられていた。

これが最後のリリース。楽しんで！

11年にわたって2万曲をリークしてきたRNSにも、とうとう終わりがやってきた。最終日はほろ苦かった。チャットチャンネルに昔の仲間が終結して、敬意を表した。メンバーは過去の友情と昔のリークを懐かしんだ。参加者は匿名を守っていたが、たくさんの友情が生まれていた。多くのメンバーにとって、シーンは自分の内面を映す鏡だった。「セント・ジェームス」のログイン名だったドッカリーは、過去の名前を懐かしんで、ハンドル名を次々に変えはじめた。もうそろそろ潮時だということはみんながわかっていたが、それでも最後の瞬間が近づくと、もの悲しい雰囲気が漂った。そして#RNSは閉鎖された。永遠に。

グローバーにとっては子供じみたことをやめるいいチャンスだった。グローバーはいつも陰の存在で、グループの端っこにいたが、いちばん役に立つ人物だった。最後が近づくと、カリから離れられることにほっとしていた。普通の生活に戻りたかったし、それをありがたく感じた。

だが、3か月もするとグローバーはまたしても戻ってきた。説明できない衝動に駆られ、なんとも言えない欲望が湧き上がり、2007年4月頃にはまた工場からCDを持ち出していた。カネのためではなく、ただリークするためだけだった。チャットチャンネルはなくなっていたので、AOLのインスタント・メッセンジャー経由でパトリック・サンダースに直接連絡をとった。

サンダースはグローバーの存在を知っていたが、話をしたことはなかった。カリがグローバーをどれほど隔離していたかがそれでわかる。4年も同じグループにいたのに、サンダースはグローバーのハンドル名も知らなかった。私的なチャットを通して、グローバーはサンダースにほかのシーンのグループへの橋渡しを頼んだ。サンダースは承諾し、オールド・スクール・クラシックス（OSC）というグループでリーダーを務める「リックワン」に紹介した。サンダースはグローバーを強く推薦してくれた。

カリがなぜかそれを聞きつけ、7月にグローバーにまた電話をかけてきた。カリもまた足を洗えずにいた。また戻ったんだってな。俺もなんだ。RNSは死んだが、リークは続けたい。新しいグループはほんの数名の信頼できるメンバーだけに留めよう。俺とお前とドッカリーとあとヨーロッパの2、3人だけ。KOSDKとフィッシュも。サンダースも呼ぼう。リークを続け、3文字の適当なアルファベット名で発表する。グループの存在を秘密にして、名前もつけない。ここまで長年かけてネットワークを築き上げてきたし、地球上で最高のトップサイトにアクセスできる。今諦めるなんてないよな。

グローバーは懐疑的だった。以前から感じていたが、カリの本当の動機がわからなかった。少なくとも昔はオンライン仲間からの賞賛が動機だと思えた。グローバー自身はそんなことはどうでもよかったけれど、それをありがたがる人がいるのは理解できた。でも、今はそれもなく、ただ自分の満足のためだけだ。

この時の彼らの行動は、中毒ともいえた。ふたりとも別々の時に二度ほどシーンを辞めようとしたが、結局できなかった。何年もあとにこの時のことを振り返ったグローバーは、どうして続けてしまったのか説明できなかった。おそらくなんらかの足跡を残したかったのかもしれない。大きなことをしたかったのかもしれない。

最後にもうひとつ大仕事をしたい、とカリは言った。実際にはふたつの大仕事で、2枚とも同じ日に発売が予定されていた。ライバルとして知られる50セントとカニエ・ウェストが、同じ日にアルバムを発売するのだ。ふたりはマスコミを通してどちらが売れるかについて言い争っていた。50セントはもし負けたら引退すると言っていた。ふたりの競争はローリング・ストーン誌の表紙にもなった。[1]

カリはもちろん、その争いが茶番だと知っていた。どちらのアルバムも同じ親会社が販売し宣伝していた。ヴィヴェンディ・ユニバーサルだ。王道ヒップホップの争いは、ダグ・モリスの仕掛けた宣伝キャンペーンだった。ファンにどちらのアルバムも買わせるためのトリックだった。カリは騙されなかったし、ユニバーサルのお偉方にそれを知らしめたかった。RNSはどちらのアーティストのアルバムもこれまですべてリークしてきた。ほとんどの人が存在さえ知らなかった50セントのアルバムもだ。RNSは閉鎖されても、カリにとって50セントとカニエ・ウェストのリークはどうしても外せない伝統行事だった。カニエの「グラデュエーション」と50セントの「カーティス」が欲しい。グローバーはカリに目を配っておくと告げた。

アルバムの公式発売日は2007年9月11日で、8月半ばにEDC工場で最初に製造された。グローバーは窃盗グループからアルバムを手に入れ、どちらも聞いた。「グラデュエーション」はクラウトロックからフレンチハウスまで幅広くサンプリングした野心作で、カバーには村上隆のアートを使い、ラップと高級アートが大胆に組み合わされていた。「カーティス」はそれより無難なアルバムで、「アイ・ゲット・マネー」や「エイヨー・テクノロジー」といった過去のヒットシングルをもとにしたビートの効いたクラブ音楽に傾いていた。

グローバーはどちらも楽しんだが、今の彼はとんでもない立場に立っていた。グローバーだけが、この注目の争いの勝敗を分ける力を握っていた。グラデュエーションをリークしてカーティスを隠しておけば、カニエが負ける。カーティスをリークしてグラデュエーションを手元に置いておけば、おそらく50セントを引退に追い込める。

しかも、グローバーはカリより優位に立っていた。長年ふたりは不信と怒りと依存の入り混じった奇妙な関係から抜け出せずにいた。グローバーはそれが嫌になってとうとう切れてしまった。カリにはどちらか1枚だけ渡して、もう1枚は新しい仲間のリックワンに渡そうと決めた。そしてもう一度2枚のアルバムを聞いてみた。どちらも甲乙つけがたかった。でもやっぱりカニエの態度は気に食わないし、グラデュエーションはちょっと違うと思った。そこで、先にグラデュエーションをリックワンにリークすることにした。

2007年8月30日、グラデュエーションがシーンのトップサイトに上がった。手柄をあげたのはOSCだった。数時間もしないうちにカリが激怒してグローバーに電話をかけてきた。オイ、負けちゃったじゃないか！　どうしてなんだ？　グローバーはわからないと答えた。工場ではまだアルバムを見ていないとウソをついた。でもカーティスは今日見たぜ。もうすぐ手に入る。2007年9月4日、カリがカーティスをリークした。適当にアルファベットを組み合わせてSAWというグループがリークしたことにした。

ユニバーサルは両方のアルバムを9月11日の火曜に正式に発売した。リークされてはいたが、どちらのアルバムもよく売れた。カーティスは最初の週に60万枚売り上げた。グラデュエーションは100万枚に届きそうだった。グローバーが先にリークしたカニエが勝負に勝ったのだ。グローバーは驚いた。リークがアルバム売上に与える影響についての対照実験をやってのけたようなものだった。少なくとも今回の実験では、最初にリークしたアルバムの方が売れた。いずれにしろ、グローバーは結果に満足していた。リークのあとで、グラデュエーションはグローバーの中で大きな存在になっていた。相変わらずカニエは好きになれなかったが、アルバムは勝って当然だったし、50セントは結局引退しなかった。

それにみんながカネを儲けていた。50セントはバカでかいダイヤのピアスをしていたし、ビタミンウォーターにも投資していた。カニエはスーパーモデルと付き合い、30万ドルもするらしい金のファラオのようなネックレスをこれ見よがしにつけていた。ダグ・モリスは2か月前にセントラルパークが一望できるコンドミニアムを1000万ドルで買っていた。それにひきかえ、グローバーは工場で年間3000時間も働き、養育費を払いながら、ゴム手袋とベルトのバックルを使って音楽業界のみんなを打ち負かしていた。

アルバム発売の翌日、グローバーは工場に出勤した。その日はダブルシフトで、夜勤だった。夕方6時に入って、6時間は通常の時給で働き、残りの6時間は残業代がついた。仕事が終わったのは9月13日の朝6時だ。帰り支度をしていると、仲間が彼を脇に呼んだ。[2] なんか変だぞ。こんなこと今までになかった。お前の車の周りに奴らが集まってる。

夜明け前にグローバーは駐車場に歩いていった。3人の見慣れない男が、確かに車の周りにいた。グローバーは近づいて、ポケットから車のキーを取り出した。男たちはグローバーをじっと見つめて、動かなかった。グローバーがリモコンのボタンを押すと、車がプーと鳴り、男たちは銃を取り出してグローバーに手を上げろと言った。

　男たちはクリーブランド郡の警察官だった。FBIが家宅捜索をしている最中で、身柄を確保すると告げられた。グローバーは男たちを見た。上げた手には車の鍵を握ったままだった。自分は逮捕されたのかとグローバーは聞いた。逮捕ではないが、自宅まで送って行くと警官は言う。

　家までの20分は長かった。グローバーは頭が真っ白になった。帰宅すると、大変なことになっていた。前庭には防弾チョッキを着た5、6人のFBI捜査官がSWATチームを連れて来ていた。警察嫌いの隣人は、グローバーの家族にかまうなとわめいていた。捜査官は隣人に家に戻れと叫び返していた。正面から家に入ると、ドアが蹴破られていたことに気がついた。台所にはガールフレンドのカレン・バレットが幼い息子を抱いて立っていた。困惑と非難の表情で、目には涙を浮かべていた。

　特別捜査官のピーター・ヴーが名乗り出た。ずっと君を探していたんだ、とヴーは言った。5年以上もね。ドッカリーはもう吐いた。お前も吐いた方がいい。

　捜査令状を見せてくれ、とグローバーは言った。ヴーは令状を見せた。グローバーは車が捜査範囲に含まれていないことを祈りながら、令状をじっくりと読んだ。もし含まれていたら、探していたものが見つかるはずだ。リークされたカニエ・ウェストの「グラデュエーション」のコピーだ。

18章　金脈を掘り当てる

２００７年の終わりまでに、ＣＤ売上は２０００年のピークから半減し、ＣＤの値段も大幅に下がっていた。合法的なｍｐ３の電子売上では、落差は埋められなかった。利益率も利益額も縮小し、モリスはふたたび全社にわたる大幅な人員削減を迫られた。

一方で、ハブキャップ・プロジェクトも終わりに向かっていた。ＲＩＡＡによる一般のファイル共有者に対する教育的訴訟に負けることはなかったものの、これといった効果もなかった。被告の大部分は和解を選んだ。訴えを取り下げたケースもほんの一部はあったが、陪審裁判に持ち込まれる案件は稀で、１万７０００件中たった１件だけだった。[1]２００７年10月4日、ミネソタ州ブレイナードに住むジェイミー・トーマスは、カーザーから24曲をダウンロードしたとして著作権侵害で有罪を宣告された。陪審団はトーマスに１曲につき９２５０ドル、つまり全部で22万２０００ドルをレコード会社に支払うよう命じた（トーマスは控訴した）[2]。

ユニバーサルの弁護士にとって、この判決はＲＩＡＡの戦略が正しいという証拠だった。著作権法と無関係な一般市民がレコード会社に有利な判決を下し、予想外の懲罰的な賠償金を課したのだ。一般のファイル共有者を訴えたら、勝てることがわかった。トーマス訴訟は画期的な判決だった。

だが、裁判に勝っても焼石に水だった。小さな借家暮らしのシングルマザーで、インディアン保護区で働いていたトーマスは、この判決で自己破産に追い込まれた。控訴の結果がどうであれ、RIAAは賠償金のほんの一部しかもらえないことは明らかだった。しかもトーマス自身はデジタル技術に疎く、ファイルシェアについてもほとんど理解がなく、違法コピーの世界を牛耳っているシーンの上層部やトレント運営者となんの関わりもないことは、RIAAの弁護士も認めていた。トーマスは音楽業界の生贄だった。[3]

では、本物の海賊犯はどうなっただろう？　トーマス判決の1か月前、長年の努力の甲斐あってFBIはとうとうRNSに風穴をあけ、鍵になる男を捕まえた。ベニー・ライデル・グローバーその人だ。CD工場の包装ラインの管理者として、グローバーは手下を使って8年で2000枚近いアルバムを盗み出し、音楽業界を破滅させ、そのカネで車のホイールを買っていた。グローバーは有罪を認めて共犯者に不利な証言を約束し、金銭的な賠償を求められることはなかった。

問題は続いていた。メガアップロードのようなほぼ合法的なデジタル保管サイトが現れはじめた。P2Pのファイル共有はトレントサイトに移っていった。ライバルのリークグループがRNSの座を奪った。海賊行為に対する戦いはドラッグとの戦いのようだった。カネがかかる割におそらく勝ち目はなく、重罪で訴えるという脅しも効かなかった。リル・ウェインの「ザ・カーターⅢ」は、「デディケーション」後の人気に乗じた初のアルバムだったが、これもリークされた。グローバーの仕業ではなく、ウェインのプロデューサーのひとりから漏れたのだ。発売日の数か月も前にアルバムがリークされ、ウェインはこれに応えるように「ザ・リーク」という新しいアルバムをつなぎに発表した。

２００６年から２００８年の間にウェインは、自身のミックステープやアルバムをのぞいても、少なくとも２００曲に参加していた。この時期のウェインの参加作品をすべて集めるのは不可能なほどだった。いたるところに顔を出していたウェインに一般のファンも注目しはじめ、完成版の「ザ・カーターⅢ」はかなりのヒットになった。３００万枚近くを売り上げて、２００８年の売上第1位に輝いた。それでも、わずか5年前にナンバーワンになった50セントの「ゲット・リッチ・オア・ダイ・トライン」の半分だ。２０００年ならトップテンにも入らない売上だった。

アルバムは死につつあった。しかし、ダグ・モリスはうまくやっていた。急降下していく業界のトップに座り、いまだに年間１５００万ドル近い報酬を受け取っていた。ニューヨークの郊外の湖のほとりにテニスコートとボートデッキとプールのついた豪邸を持っていた。フロリダ屈指の海沿いの高級保養地にもマンションを持っていた。専用車と専用ジェットで移動し、ロビンフッド財団とロックの殿堂博物館の理事を務めていた。特権階級の世界に住み、セレブや権力者に囲まれていた。世界でもっとも有名なミュージシャンも、モリスと話すためならほかのことをすべてさておいた。スティーブ・ジョブズでさえ電話を返した。

ユニバーサル時代の報酬は合計で1億ドルを超え、モリスは大手レコード会社のCEOとして断トツに高給を取っていた。世間から隔絶されたレコード業界の外側からも、モリスの富に注目が集まりはじめた。ビルボードやバラエティといった専門メディアはいつもモリスに好意的だったが、ブロンフマンがそうだったようにモリスも背後から狙われていた。主流マスコミがモリスを追いかけはじめた。

2007年の終わりに、モリスはワイアード誌のセス・ムヌーキンのインタビューを受けた。その記事はモリスを前世紀の遺物のように描いていた。モリスはいつものように、自分はヒット曲の裏方でなにも特別なことはしていないと言い張った。ムヌーキンはわざとモリスが自滅するよう誘導した。

「テクノロジーのわかるやつはレコード業界にはいない」モリスは言った。「記者はそう勘違いしてるんだ。音楽業界がテクノロジーに乗り遅れたってね。でもそうじゃない。ただどうしていいかわからなかっただけだ。獣医でもないのに突然犬の手術をしろって頼まれたようなもんだ。どうしたらいいかわからなくて当然だろう？」

私なら獣医を雇いますが。でもモリスにはそれさえできなかった。「だれを雇っていいのかわからなかった」イライラしながらモリスは答えた。「だれが優秀な技術者かさえ自分じゃ判断できない。適当なことを言われても、僕にはわからないから」モリスの無邪気な様子こそ問題だった。「テクノロジーによって音楽ビジネスが破壊されることに、モリスは備えていなかった」と言うのはモリスと一緒に長年働いてきた業界のインサイダーだ。「そういうマインドじゃないんだ」[4]

モリスはムヌーキンの記事に激怒した。テクノロジーに詳しいワイアードの読者層に受けるように、モリスがバカっぽく見えるような発言を集めただけの中傷記事だと感じた。自分ではしごくまともなビジネスマンだと思っていたし、音楽に関しては特にそうだった。獣医のたとえ話は失敗だった。音楽ビジネスをたとえるなら、ムヌーキン自身の分野の話にすればよかった。出版業界は音楽業界よりもデジタルへの転換に失敗していた唯一の業界だった。

インタビューで語ったことはたとえ話ではなかった。口のうまい人間にのせられて、ヴィヴェンディとタイム・ワーナーが何十億ドルという資金を無駄遣いするのを見てきた。経営陣がインターネットなどに関心を持たなかった方が、株主にとっては何倍もマシだった。モリス自身もプレスプレイのようなオンラインベンチャーに多額のカネをつぎ込み、結局一文にもならなかった。テクノロジーへの投資経験は、モリスの究極の目標を脅かしかねなかった。会社から引き出す予算より、返す資金の方が少なくなってしまう。モリスにとってそれはあってはならないことだった。

それに、モリスになにができたというのだろう？　音楽業界のだれかがモリスよりうまくやり、違う道を辿っていたのなら、ワイアードの主張もうなずける。だが、音楽業界の凋落は大手レーベルから弱小インディーレーベルまで、全員に影響を与えた。モリスは業界の門番で、彼の許可がなければプロの音楽スタジオにも、工場にも、流通網にも入れてもらえなかった。だけど今ではその必要はない。ＰｒｏＴｏｏｌｓがあればスタジオはいらないし、mp3エンコーダがあればCD工場はいらず、トレントトラッカーがあれば流通網はいらない。業界全体がラップトップ1台に収まったのだ。

モリスはトレンドを作る人間として最強の存在だった。この2年間に契約したアーティストは、リアーナ、リック・ロス、テイラー・スウィフト、レディ・ガガ、そしてなによりジャスティン・ビーバーだ。モリスはテクノロジーには疎くても、変な髪型の無名のユーチューバーを国際的なスーパースターに変える術《すべ》を知っていたし、そうやって20年近くも次々とスターを生み出し続けていた。ユニバーサルはやるべき事をすべて正しく行い、世界中から最高のアーティストを選んでカネをかけて育てあげ、ライバルたちを打ち負かしていた。それなのに、今になってテクノロジーの大家でなければだめってわけなのか？　それはブランデンブルクにリル・ウェインを発掘しろというようなものじゃないか？　ムヌーキンにキンドルが発明できたというのだろうか？

そうかもしれない。これだけは確かだ。例のインタビューはモリスのキャリアでも最低のものだった。モリスは風刺画のネタにされ、悪意あるインターネットの罠にひっかかった。ゴシップサイトのゴーカーは、あの記事を勝手に引用して、モリスを「世界一おバカな音楽エグゼクティブ」[5]と呼んだ。モリスの部下たちは怒っていた。中には実際に才能ある技術者もいたし、シリコンバレーの仕事を蹴ってまでモリスと働いていた人間もいた。「モリスのせいでユニバーサル自体がバカっぽく見えた」と言うのは当時ユニバーサルでデジタル戦略を統括していたラリー・ケンズウィルだ。「この業界にいる多くの人にとって、あれは侮辱だった」

モリスは年を取りすぎ、現実がわからなくなっているという批判の大合唱はだんだん大きくなっていった。モリスは69歳だった。ヴィヴェンディは引退年齢を70歳と定めていて、取締役会はモリスに数年の猶予は与えるけれど基本的には引退してもらうと告げていた。モリスはすでに後継者を育てはじめていた。イギリス人の音楽エグゼクティブ、ルチアン・グレンジだ。モリスは2年後の2010年に引退する。それでは遅いと批判する人もいた。

モリスにとって、救済はすぐそこにあった。ムヌーキンに辱めを受けたことは、もしかしたらよかったのかもしれない。もしかしたら、あの記事でモリスは目が覚めたのかもしれない。方向を変えるには、このくらいの辱めが必要だったのかもしれない。もちろんモリス自身はそれを否定しているが、ワイアードの記事のすぐあとに彼はこれまでにないことを始めた。動機はともかく、その後の2年間のモリスの決断が、未来の音楽業界の経済的な枠組みを作ることになった。

始まりはティーンエイジャーの孫を訪ねたことだ。市場調査のつもりでモリスは孫に音楽をどうやって手に入れているかを聞いた。うん、盗んでるわけじゃないけどね、本当だよ、でもアルバムにもシングルにもおカネは払ってないんだ。自宅のパソコンでユーチューブを見てる。モリスは孫と画面の前に座った。

孫とおじいさんがラップのビデオを一緒に見ている図はお笑いのネタみたいだったけれど、モリスの場合、そのビデオのほとんどは自分が許可して予算を与えたものだった。少しばかり探してみて、ふたりとも好きなビデオを見つけた。50セントの「イン・ダ・クラブ」だ。孫はその重いビートが好きだったけれど、モリスは800万枚も売れたから好きだった。ビデオの設定はなかなか風変わりで面白かった。50セントがナイトクラブで取り巻きに囲まれて踏ん反りかえり、美しいモデルたちが高価なコニャックを片手にダンスフロアで踊っている。カメラが壁の向こうにパンすると、ダンスフロアは実は砂漠の中にある秘密の実験室で、ドクター・ドレーとエミネムが白衣を着てカルテを手に持ち、マジックミラー越しにクラブに集う人間の生態を観察している。

もしあのビデオが続いていたら、カメラは砂漠からニューヨークのモリスのオフィスにパンしていただろう。モリスはラップ文化の究極の支援者で、50セントやドクター・ドレーやエミネムに小切手を渡した当の本人だった。いま孫の部屋でそのビデオを見ながら、モリスは驚くべきことを発見していた。ユーチューブのサイトではビデオの横に小さな枠があり、そこにさまざまな広告が流れていた。どうでもいいような広告だった。ダイエット食品、住宅ローンの借り換え、「お母さんが見つけた、くびれをつくる方法」みたいなヤツだ。だが広告があるということは、シリコンバレーのどこかでカネの絡んだ取引が行われているということだった。自分が15年もかけて作り上げたクリエイティブな商品が、なんらかの形で売られているということだ。それなのに、自分たちの懐には一銭も入っていない。

翌日、モリスは部下のザック・ホロウィッツを呼びつけた。それは忘れられない会話になった。

アイツら広告売ってるな、とモリス。

だれがですか？　とホロウィッツ。

みんなだ！　とモリス。サイトだ。ビデオに広告を紐付けしてるじゃないか！

ダグ、とホロウィッツが言う。あれは販促ビデオですよ。

なんのための販促なんだ？　ゲットリッチオアダイトラインか？　あれは4年前のアルバムだぞ。

ダグ、あのビデオはただなんです、とホロウィッツ。

これからは違う、とモリス。

モリスはホロウィッツに命じてすべての主なウェブサイトに最終通告を送りつけさせた。一度の再生ごとに収入の8割を渡さなければ、ビデオをすべて引き上げる、と。2007年の終わりまでには何十万本というビデオがユーチューブから削除され、ユニバーサルのすべてのアーティストは主要な動画サイトから消えた。

削除請求は正式な音楽ビデオだけでなく、ユニバーサルのアーティストの楽曲を使ったアマチュアビデオにも及んだ。リンプ・ビズキットの曲にのせた素人格闘技のファンビデオ。シックスペンス・ノン・ザ・リッチャーの曲にのせたロスとレイチェルのおのろけ場面。ジョシュ・グローバンの曲をかぶせたブラッドとシャロンの結婚式ビデオ。すべてから音楽が消された。ユーチューブユーザーはもちろん怒り狂い、コメント欄ではケチで強欲なモリスを批判するコメントが並んだ。

一般人は怒っていたが、アーティストは大喜びだった。動画サイトは交渉に応じざるを得なくなり、ユニバーサルは広告収入の大部分を受け取ることになった。法律チームからのちょっとした脅迫状に助けられたモリスは、なにもないところから数億ドルという利益を生み出した。mp3革命で不意打ちを食らったモリスは、やっと最後になにかを学び、もうこんなことは繰り返さないと心に誓った。

これをきっかけにモリスは同じような収入源を探しはじめた。広告収入は新たな分野で、過去の過ちを正すいいチャンスだった。ヒットチャートに加えて、インターネットの基本的な取引単位にもモリスは注意を払いはじめた。CPMとはインプレッション単価、つまり1000回表示あたりの広告コストのことだ。CPM料金は電子オークションで瞬時に決まり、その価格は1セントに満たない場合から数百ドルまでさまざまだった。動画のCPM料金はかなり良く、平均で単位あたり30ドルを上回っていた。

ネット経済に詳しくなったモリスは、Vevoという音楽ビデオのシンジケーションサービスを提案した。ミュージックビデオをアルバムの販促材料に使うと決めたのは、ちょうどMTVが始まった頃だった。モリスは昔からこの決定に異を唱えていて、それを覆すいいチャンスだった。2008年と2009年を通して、彼は過去40年にさかのぼって4万5000本を超えるミュージックビデオのライブラリーを作り上げた。Vevoの立ち上げによって、ミュージックビデオそのものに経済価値が生まれ、アルバム以上にカネになる可能性があった。

Ｖｅｖｏは２００９年12月にサービスが開始され、ニューヨークで立ち上げパーティーが開かれた。いつもはマスコミに出たがらないモリスだったが、Ｖｅｖｏのためにできるかぎりマスコミの注目を集めようと努力した。パーティーは豪華だった。グーグルＣＥＯのエリック・シュミットとＵ２のボノが挨拶をした。レディ・ガガとアダム・ランバートがパフォーマンスを披露した。リアーナはカットの深いおへその見えるスポーツコートで登場した。ハンチング帽と黒ぶちメガネのジャスティン・ティンバーレイクは新聞配達の少年のようだった。ヤング・ジージーはサングラスとダイヤのイヤリングを身に着け、野球帽のつばを斜め後ろに向けていた。19歳の美しいテイラー・スウィフトは無造作な髪型の32歳のジョン・メイヤーといちゃついていた。15歳だったジャスティン・ビーバーは付添人が必要だった。77歳のクライブ・デイビスもそうだった。そしてダグ・モリスは、ロマンスグレーの髪にピンストライプのスーツで固め、マライア・キャリーの腰に手を回し、すべてを司っていた。

動画共有サイトのＶｅｖｏは、そのパーティーで大々的にサービスが開始され、あまりのトラフィックにすぐにサイトはダウンした。だがまもなく秩序を回復し（サイトは回復したが、パーティーは乱れたままだった）、Ｖｅｖｏはたちまち利益を生むようになった。

動画からの利益の可能性は巨大だった。ジャスティン・ビーバーの「ベイビー」の前に流れる30秒のＣＭは、Ｖｅｖｏのオークションで料金が決まり、その後数年にわたって10億回以上再生されて、3000万ドルを超える収入を生み出した。広告主は複雑な追跡技術を開発し、視聴者のブラウザにそれを埋め込んでその後の消費行動を追跡した。いわゆる「CTA（コール・トゥ・アクション）」広告を見た視聴者がたとえばドレーのビーツのヘッドフォンや#YOLOのシャツを買うと、Vevoに追加の収入が入る。40年前に、モリスは注文の状況を教えてもらうために、窓のないオフィスで受注係につきまとっていた。今では巨大な電子頭脳につながった自動のウェブ追跡ソフトが、その役目をもれなく果たしてくれていた。

70歳になったモリスは、とうとうイノベーションを起こした。Vevoは1万人を超えるアーティストの30年分のクリエイティブな創作物を取り込んで、コストがかかる販促物を高成長の利益源へと変えた。Vevoはユーチューブでもっとも人気のチャンネルになり、モリスへの批判は消え失せた。

広告収入の増加と同時に、音楽業界では別の変化が起きていた。経済学者によると、一般消費者が娯楽にかける費用は比較的安定しているはずだった。ということは、ある分野にかけるおカネが減ると別のところにおカネを落としていることになる。ライブ市場のトレンドはこの仮説を裏付けていた。ファンはアルバムにおカネを使わず、大規模な音楽フェスに向かいはじめていた。バナルー、コーチェラ、その他のフェスはさまざまな人気アーティストを呼び込んで、永遠のウッドストックのように多くのファンが詰めかけ、1999年から2009年にかけて北米のコンサートチケット売上は3倍になった。多くのミュージシャンがレコーディングよりツアーから多くの収入を得るようになってきた。

同時に、広告主やサンプリング中心の音楽プロデューサーからの楽曲使用ニーズが増え、音楽著作権ビジネスが急速に拡大していた。ライセンシングのビジネスはそれまでアルバム売上とは別とされていた。ライセンシング収入は、歌手だけでなく作曲家や著作権保有者にも入ったからだ。著作権ビジネスは長い間退屈なものとされていたが、この20年に力関係は逆転し、２００９年のマイケル・ジャクソンの死でこのことが浮き彫りになった。25年前の「スリラー」の大成功のあと、マイケルは４７００万ドルという前例のない金額で、ビートルズのほとんどの曲の版権をポール・マッカートニーから買っていた。[6] マイケルはものすごいプレミアムを支払った。マッカートニーは別にカネが必要だったわけでなく、ビートルズ人気がなくなっていたわけでもない。だが、それは素晴らしい投資になった。それから25年間で、ビートルズの旧譜カタログの価値は20倍も値上がりし、その間にも莫大な現金を生み出していた。ビートルズ版権の値上がり率はアメリカ株の3倍にもなったが、その期間のドルの購買力は60パーセント下がっている。マイケルの死後まもなく、ビートルズの版権の彼の持ち分は、10億ドルを超えると推定された。

この流れに応えて、音楽会社はアーティストに３６０度の契約を求めるようになった。つまり音楽会社がアルバム売上の一部を受け取るだけでなく、原盤権と販売権も所有するということだ。アーティストやマネジャーはこうした契約に反発し、これまではレーベルのものでなかったはずの収益まで絞り取られることに不満を漏らしていた。３６０度契約は物議をかもしたが、このデジタル時代にさえまだアーティストはレーベルを必要としていたし、そうしない方がいいとわかっていても仕方なく契約に合意していた。

それが2010年代半ばの音楽業界の状況だった。この頃、47年間業界でキャリアを積んだモリスは、とうとう引退準備に入った。内心では強制的に引退させられることに不満を持っていたが、人前ではにこやかに振る舞っていた。ヴィヴェンディでの10年は山あり谷ありで、見方によっては悲惨だったという人もいるかもしれないが、これだけは確かだった。売上の減少と大量の人員削減と金融危機に直面した10年間で、ユニバーサルは一度も赤字を出さなかった。実際、2000年代最初の10年間にモリスがたたき出したリターンは見事なもので、すべてを合計すればリターンが予算を上回っていた。大手音楽レーベルでそれができた人間はほかにいなかった。

引退間近のモリスにスティーブ・ジョブズが誘いをかけているという噂がささやかれはじめたのも、それが理由だろう。それからすぐに契約が提示された。ヴィヴェンディなんか辞めちまえ、とジョブズは言った。アップルに来てほしい。iTunesレーベルを立ち上げよう。アーティストもどんどん確保する。これまでだれも見たことのないような最高のレーベルを経営してほしい。

ジョブズはゼロから音楽業界のビジネスモデルを書き換えようとしていた。これまでのレコード会社はアーティストの代理人になる権利をカネで争ってきた。未来のアルバムのロイヤリティーを前払いし、もっとも高額な前払い金を支払った会社がアーティストと契約を結んでいた。このシステムでは、アーティストがアルバム売上から得る収入の割合は驚くほど低い。デビューしたてのアーティストの取り分は売上の8パーセントという場合もある。この割合では前払い金を回収するのに何年もかかるし、結局回収できないアーティストがほとんどだった。

だから、ロイヤリティーが「一銭も入らない」と愚痴るアーティストが出る。レーベルから見れば、アーティストはすでに多額のロイヤリティーを前払いで受け取っていて、アルバムは失敗作だったということになる。レーベルは前払いによってリスクを取ることになり、だからこそアーティストがもらうロイヤリティーの割合が低くなる。レーベルにとっての最大のコストはCDの製造でも販売でもマーケティングでもない。実際、それは契約書のどこにも書いていない。それは失敗のコストだ。売れたアーティストが、レーベルが抱える数多くの売れないアーティストを支える仕組みになっていた。レーベルにとっての前払い金は、アーティストを犠牲にしてリスクを取るための方策だった。

ジョブズはこのやり方が古いと感じていた。レーベルはリスクの高いアーティストに大金を投資すべきではなく、アーティストもまた取り分を増やしたいはずだと考えていた。iTunesのレーベルはアーティストに前払い金を渡さない代わりに、初日からロイヤリティーの半分を渡す。この取引なら透明で、公正で、だれかがほかのアーティストを支える必要もない。

それは大胆な提案で、モリスにとっては批判を封じ込める究極の策だった。もしモリスが無知なハイテク恐怖症なら、希代のイノベーターがこれほど熱心に雇おうとするだろうか？　だが同時に、この提案はどうしても受け入れることのできないものだった。まず、モリスはジョブズの意見に反対だった。多くのアーティストにとって、特に駆け出しのアーティストにとって、多額の前払い金はキャリアの大切な節目になり、レーベルからの信頼の表れでもあった。鼻先ににんじんをぶら下げなければ、アップルがいい新人を獲得できるはずはない。アーティストはよく愚痴ってはいたが、レーベルと同じように、内心では高額の前払い金と低いロイヤリティーに満足しているとモリスは感じていた。

基本的な考え方に違いがあったばかりか、さらに切迫した心配もあった。ジョブズは死にかけていた。顔は落ちくぼみ、声はしわがれ、身体はやせ細っていた。しばらく寛解していたすい臓がんが再発し転移していた。アップルの誘いに心を惹かれたが、モリスは思い切れなかった。ジョブズを個人的には慕っていたが、カリスマ経営者の死後にアップルの独自レーベルへの熱意が薄れてしまうことを恐れていた。何度かの話し合いのあと、モリスは丁重に誘いを断った。

伝統的な音楽業界のビジネスモデルをひっくり返そうとしていたのはジョブズだけではない。ちょうど同じ頃にジェイ・Zがニューヨークのモリスのオフィスに現れて、前払い金の契約から抜けたいと言ってきた。モリスはかなり以前にジェイ・Zと複数アルバムの契約を結び、将来の作品への独占的な権利を手に入れていた。ジェイ・Zはその契約をモリスから買い取り、次のアルバム「ザ・ブループリント3」のロイヤリティーを100パーセント自分のものにしたいと言っていた。

モリスはその取引に乗った。というのも、ジェイ・Zの将来に弱気だったからだ。直近の2枚のアルバムはそれほど売れず、どんなアーティストでもある年齢になると人気は衰えはじめる。モリスにはその経験があった。人気の衰えはじめた大物アーティストをこれまで多く手掛けてきたからだ。そうした大物のひとりでモリスが1980年にアトランティック・レコーズで契約したのがピート・タウンゼントだった。ザ・フーの「トミー」や「四重人格」をプロデュースしたタウンゼントは、ロック界で最高のソングライターだったが、40歳の曲がり角を迎えた1980年代の終わりには、衰えが見えていた。腹を割って話しあう中で、モリスがタウンゼントにどうしちまったんだと聞くと、ものの見方がすっかり変わっちまったんだとタウンゼントは答えた。若い頃は出歩いて酒を飲み、パーティーに明け暮れて女の子を追いかけ回していれば満足だった。でも今じゃセックスと聞くと「娘がAIDSにかかりませんように」と思ってしまう。

ジェイ・Zも同じようになるのではないかとモリスは心配していた。2008年にスーパースターのビヨンセと結婚したジェイ・Zはやんちゃ男のキャラから卒業していた。昔から音楽は若者のものだったし、真面目夫キャラに変身したジェイ・Zはもうすぐ40になる。いつもなら契約を破らせず将来のアルバムの権利を必死に守っていたモリスだが、今回はあっさりと例外を認めた。

すぐに金額の交渉になった。モリスは「ブループリント3」を渡す代わりに600万ドルを求めた。ジェイ・Zは500万ドルしか出せないと言う。普通ならその間のどこかに落ち着くものだが、ふたりとも普通の男じゃない。ではこうして決めようということになった。100万ドルをどちらが取るかを、コイントスで決めることにしたのだ。[7]

それじゃいい加減すぎるだろうと、モリス自身も思った。でも、結局ユニバーサルのカネだ。ジェイ・Zは自分のカネを賭けるわけだが、ギャンブラーなのはいつものことだ。一般人にとって100万ドルは人生を変えるほどの大金でも、ジェイ・Zとモリスにとってはとうの昔にはした金になっていた。コイントスで決めようぜ。50年近い経験のあるモリスでさえ、「ブループリント3」の本当の価値がわかっていなかったのだ。

人生は驚きの連続だ。会計士の予測が合っていたためしはない。これまでも、穴馬が勝ち、本命が負けるところを見てきた。彼の音楽ビジネスはひとつのデジタル技術によって救われ、次のテクノロジーによって潰され、さらにその次の技術によって救われようとしていた。モリスはこれまでに何度か、アメリカ文化の激しい動乱時に文化の守り神になってきた。人生で本当になにが可能かをだれよりも敏感に感じ取ってきたモリスだからこそ、いつまでも若々しいままでいられた。

100万ドルをかけてモリスが手を差し出し、親指をピンとはじくと、コインが空中に舞い上がった。

19章　海賊は正義か

アラン・エリスを逮捕したイギリス政府はすぐに、詐欺の共謀罪で起訴すると発表した。銀行口座に大金が貯まっていたことと、サイトが招待制であったことを理由に、ピンクパレスがエリスの個人的な金儲けのスキームだと断じたのだ。エリスが逮捕されたのは、グローバーが駐車場で身柄を確保されてわずか2か月後だったが、ふたつの事件に関連はなかった。それぞれが独立した捜査の結果だった。アメリカのファストリンク作戦と、イギリスのアークロイヤル作戦だ。

逮捕は世間の反発を呼んだ。エリスは本当に詐欺師なのか？　もしそうだとしたら、おそらくこの世でいちばん正直な詐欺師だ。父親への資金洗浄疑惑は捜査ミスで、すぐに撤回された。エリス自身の記録では、3年間に20万ポンドの寄付を受け取っていたが、サイトの収支はほぼトントンで、今ではサーバー管理費に毎月6000ポンドもかかっていた。余った現金はすべて「軍資金」として、さらに容量の大きな専用サーバーを買うための貯金に回されていた。銀行口座の多額の預金は疑わしく見えたが、エリスが自分のためにそのカネを少しでも使ったという証拠はどこにもなかった。

　エリスはだれよりも純粋な素人だった。音楽とテクノロジーが死ぬほど好きだっただけだ。サイトのユーザーもみんなそうだった。マニアであって、犯罪者じゃなかった。捜索とサイトの閉鎖から48時間もしないうちに、新たなサイトがふたつ立ち上がった。ワッフルズ・ドット・fmとホワット・ドット・cdだ。どちらもピンクパレスの元管理人が立ち上げたものだった。ピンクパレスと同じやり方で運営され、ドメイン名はそれぞれミクロネシア連邦とコンゴ民主共和国だったが、もちろん実際のサーバーはどこか別の場所にあった。ＩＰを追跡するとパナマのペーパーカンパニーにたどり着き、その背後にだれがいるのかはまったくわからなかった。ピンクパレスとパイレートベイが検挙されて匿名性がなにより重要だとわかり、新たな管理者はエリスの失敗を繰り返すまいと必死だった。

　数年もするとホワット・ドット・cdの音楽ライブラリーはピンクパレスのピーク時代を超えるまでに膨らんだ。[1]「ピンクムーン」には45種類ものバージョンがあり、ハリー・ポッターに至っては１０３枚ものＣＤがあった。スティーブン・フライによる１５４時間分の４２２４ページにもわたる朗読がそこに収まっていた。トレントは世界を駆け回り、インターネット通信がいちばん盛んな時間帯にはトラフィックの３分の１をトレントが占めるようになっていた。エリスを起訴する目的が何であれ、これだけは明らかだった。抑止効果はゼロだった。逆に、パイレートベイの時と同じで、エリスの逮捕はトレント技術の宣伝になったようだった。

　だが、著作権の保護者にとって、これは正義の問題だった。オランダでサーバーを押収した捜査官は、いつもの鑑識的な分析技術を使って詳しい捜査を行った。数多くのユーザーの身元が判明し、特に発売前のコンテンツを流出させていた人たちの身元が割れた。当局はこれを勝利として宣伝し、タブロイドはその宣伝を真に受けて、ピンクパレスを「世界一の発売前音楽リークサイト」として、事実とは違う説明をつけていた（ところで、本物の世界一の音楽リーク源はノースカロライナの自宅で罪状認否を待っていた。捜査は継続中で、マスコミに逮捕は知らされず、FBIの広報資料の下の方に一行だけ開示されていただけだった）。

裁判前のさまざまなインタビューの中で、エリスは無罪を主張し続けていた。ピンクパレスはリンクを提供していただけで音楽自体を実際に保管していたわけではないので、サイトの運営は法律違反ではないと言い張っていた。

エリスの弁護士で、著作権裁判の専門家であるアレックス・スタインは、エリスの解釈に反対し、有罪を認めることを勧めようとしていたほどだった。でも、エリスは著作権侵害の罪には問われなかった。その代わり、検察は銀行口座を証拠にピンクパレスが詐欺にあたるとしてエリスを起訴した。詐欺罪には最長10年の刑が科される。スタインは鉄壁の弁護を準備した。

予備審問が始まったのは2010年1月5日だった。検察官はピーター・メイクピース。彼の法廷戦略は、エリスを証言台に放り込んで、繰り返し嘘つきだと偉そうに大声でののしることだった。メイクピースはこの事件への理解不足をさらし、自分の無知を誇らしげに自慢しているように見えた。サイトにアップされたコンテンツを議論する時には、「50セントと呼ばれるバンドが」と何度も繰り返した。サイトがリナックスに移った話では、こんなやり取りがあった。

メイクピース　それはどこにあるのかね？
エリス　カナダだと思います。どこかは知りません。
メイクピース　リナックスという地名か？
エリス　知りません。[2]

10日後に裁判は終わった。スタインは最終弁論の最中に陪審員が自分に賛成するようにうなずいているのに気づき、勝ち目があると思った。メイクピースは最終弁論で「ピンクパレスはターミネーター2のロボットのようなものだ」と言った。その芝居くさいやり方は逆効果だった。どうしようもない嘘つきがサイボーグを動かして、カナダのリナックスという街にある本社で、50セントというグループの正直なメンバーたちからカネを巻き上げようとしているなどという図式は、事実に合わなかった。２０１０年1月15日に陪審員は部屋に引き上げ、2時間もしないうちに無罪評決を下した。

勝利を手にして法廷を出たスタインは、エリスにこう言った。専門家として言わせてもらうと、今回はすごくラッキーだった。エリスもそう思った。君にはふたつの道がある、と弁護士は続けた。外で待ち構えているタブロイド記者の群れの中に出ていって、なぜこんなことをしたのかを説明してもいい。でも、マスコミを避けて裏口から抜け出し、人目にさらされない生活を送ることもできる。エリスは後者を選んだ。バスでミドルズブラに戻り、インターネットから自分の痕跡をすべて消し去った。

パイレートベイの創立者たちはそんな幸運に恵まれなかった。物議を煽るような彼らの攻撃的な態度に同情は集まらなかったし、スウェーデンの検察官はしっかり勉強していた。2010年11月、創立者のうち3名が4か月から10か月の実刑判決を受けた。スピルバーグに中指を立てたスヴァルトホルムは、身柄引き渡し協定のないカンボジアに逃げた（その後、2年の刑に服した）[3]。創立者の実刑や逃亡にもめげず、サイトは成長し、その後も大手リークサイトとして生き延びた。

この打たれ強さは偶然ではなかった。トレント仲間はきちんとした階層のある複雑な組織を作っていた。ハンドル名の陰に隠れて、オンラインでの不正ファイルの流通を支えていた。その行為が違法だと知りつつ、自分たちになんのメリットもないのにやり続けていた。当局は彼らを犯罪者と見ていたが、ますます多くの一般人は彼らを政治的な反体制分子だと見るようになっていた。

2006年のはじめに、スウェーデンに新党が生まれた。海賊党だ。それまでの左翼政党と違い、彼らは著作権法の緩和とインターネットのファイル共有者への免責を求めていた。インターネットには希少性などという概念は存在しないし、エリスのような大学生が自室で世界最大の音楽ライブラリーを作り上げることが可能だということを、彼らは経験から知っていた。とすると、著作権所有者はおのずとひとつの道に走る。わざと供給を減らして人工的に希少性を作り上げるのだ。アラン・グリーンスパンがかつて指摘したように、そんな状況を作り上げるには、国が圧力をかけるしかない。

海賊党員にとっては、それが問題だった。国と企業が手に手をとってデジタル時代を生き延びるためにあくどい手を使うことは予想できた。ジェイミー・トーマス裁判や、パイレートベイの検挙はその一例だ。RIAAによる裁判を引き合いに出し、音楽業界が当局に圧力をかけて召喚状を出させていたことを指摘した。企業の追跡ソフトはプライバシーを侵害し、政府による監視が密かに行われ、データ通信への制約がますます高まっていると言っていた。著作権者がインターネットを検閲国家に変えたがっていることと、その必要があることを、彼らは訴えていた。

海賊党は過激な言葉で訴えていた。「商業目的でないファイルシェアを禁じることは不可能だ。それは基本的人権の侵害にあたる」[4] 人々は、特に若者はその主張に耳を傾けた。2009年のはじめに行われた欧州議会の選挙で、海賊党は20万票を獲得し、7パーセントの得票率を固めた。その後5年にわたって、ふたりの海賊党議員がEU議席を占めることになった。[5]

もちろん、751という欧州議会の議席数に比べれば、彼らの力は微々たるものだった。それでも、このことは何世紀も続いてきた知的財産法の理論的かつ倫理的根拠に対する初めての真剣な挑戦になった。メディア業界からの圧力で、もともと14年だった商業コンテンツの著作権保護期間は100年を越えるまでに延長されていた。[6] これによってパブリックドメインが縮小し、一握りの多国籍企業が文化的創作物の大半を握ることになった。[7] 海賊党のふたりの議員は孤立無援ながらこの流れに逆らって、著作権保護期間を5年に短縮し、ソフトウェアとバイオテクノロジーの特許をすべて抹消することを求めた。海賊党の目的は、パブリックドメインを拡充し、インターネット時代にだれでもそれを手に入れられるようにすることだった。

それは見かけほどバカげた主張ではなかった。海賊版のｍｐ3ファイルの流通がモバイル機器のイノベーションを引き起こしたのは確かで、スマートフォン開発のきっかけはナップスターにあるとも言えた。それはもっと幅広い範囲にも言えることで、国家によって人工的に作られた希少性が、さまざまな分野のイノベーションを疎外していると海賊党は主張していた。それ以外にも彼らが気づいたことがある。さらに過激なことだ。ダグ・モリスと同じように、ほかの産業の経営者たちも、この10年間何に投資していいのかわからなくなっていた。なにもかも潤沢なデジタルの世界では、利益を生むことが難しくなっていたのだ。

のちに、フィナンシャルタイムズのブロガー、イザベラ・カミンシュカは、海賊党の主張をマクロ経済の視点から解説し、この点を簡潔に指摘していた。世界中の中央銀行が経済成長を生み出せていないことを論じる中で、モリスが予算を5割以上も削った理由をズバリとまとめていた。

マイナス金利はグローバルなカネ余りをもたらし（テクノロジーの進歩も手伝って）、最強の中央銀行でさえその流れを止めることはできない。金利をプラスに留めるには、少しでも価値のあるものをすべてどこかにしまい込むしかない。こうして人工的に希少性を作り出すこれまでのやり方は、テクノロジーの民主化によって実現が難しくなってきた。テクノロジーが人々に開放されたことで、収益を無視した協働経済が生まれるからだ。[8]

現状とは違う世界を生み出すことができるかもしれない。だが組織化は難しく、スウェーデン以外に海賊党が基盤を持てたのはもう1か国だけだった。[9] ドイツだ。ドイツでは数年で3万人が海賊党に入党し、選挙でも10％近い得票率を得て、2011年の地方選挙でいくつかの議席を獲得し、ドイツ連邦議会に議員を送り込めそうな勢いだった。

フラウンホーファーで立場を確立していたブランデンブルクは、ドイツ海賊党の躍進を苦々しく感じていた。グリルもそうだ。別々の場所にいてもふたりは同じような考え方をしていた。海賊党は経済にとって劇薬だ。もし彼らの考えが通れば、これまでの投資とリターンの関係がまったく崩れてしまう。マイクロソフトやアドビの収益は半分になる。ユニバーサルやワーナーはすぐ破産に追い込まれる。ミュージシャンも作家も、あらゆる種類のクリエイティブな人たちが市場から追い出され、パトロンに頼らざるを得なくなる。そしてコンサルタントが次世代の発明家になる。

ある意味で、ブランデンブルクとグリルは海賊党の生みの親とも言えた。彼らがウェブ上に無料でｍｐ3エンコーダを公開したことが、著作権侵害の黄金時代を生み出し、それが音楽産業を殺し、一方で自分たちに莫大な富をもたらしたのだ。そして、これが今、政治運動のうねりとなって自分たちの食い扶持を脅かしていた。ソフトウェアの売上がなければ、ｍｐ3のライセンス収入は発生しない。ｍｐ3のライセンス収入がなければ、ドイツ国家は巨額の収入を取り逃がしていたはずだし、ブランデンブルクのピカピカのイルメナウの研究所もまだ牧草地だったはずだ。

ソフトウェアのライセンス料が見込めなければ、何年にもわたってリスニングテストを続けることは絶対にできなかった。ブランデンブルクは学者を続け、大学教授を目指していただろう。グリルはまだトランペット吹きのままだったかもしれない。「トムズ・ダイナー」を2000回続けて聞くのは大変な仕事だったけれど、それも将来の見返りを期待したからこそできたことだ。海賊党への究極の反論はそれだった。ソフトウェアが特許で保護されていなければ、ｍｐ3は絶対に存在していなかった。

20章　法廷で裁かれる

グローバーは家宅捜索の翌日に仕事に戻った。ほかにすることもなかったからだ。シフトの予定が入っていたし、まだ起訴が決まったわけでもない。フォードを警備室の横に停め、許可車両のチェックを受け、駐車場所を探した。車から降りると、工場の外で上司のロバート・ブキャナンが待っていた。

ブキャナンは長年工場管理主任として働いていた。グローバーを気に入り、能力と勤勉さを認めてくれていた。グローバーを包装ラインから昇進させ、一緒にペイントボールを撃ち合う仲だった。だが、なにかがおかしかった。FBIはブキャナンに連絡していなかったが、警官がやってきてグローバーが連行されたのを、シフトチェンジの間にたくさんの従業員が見ていた。

おい、デル。入るな。とブキャナンは言った。お前とは友達だが、捜査されてる身だろ。家に帰った方がいい。

グローバーが工場の敷地に足を踏み入れたのはそれが最後だった。1週間も経たずにグローバーはクビになった。トニー・ドッカリーもクビになり、数週間後にカレン・バレットもクビになった。DVD販売は止まった。FBIはコンピュータとバーナーとハードドライブとプレイステーションを押収した。スポーツバッグにいっぱいのCDだけが手もとに残ったが、一文にもならず、証拠としての価値さえなかった。

特別捜査官のピーター・ヴーは厳しかった。グローバーはアルバムを盗んだことも、それをコピーしたことも、カリに送ったことも認めた。ヴーはカリについて聞いてきたが、これまでに知ったこまごまとしたことをまとまりなく話すしかなかった。ヴーはカリの本名を知りたがった。カリとはこれまでに何百回も電話で話していたのに、グローバーは本名を知らなかった。

その日の遅くにカリが電話をかけてきた。声には焦りと不安がにじんでいた。

俺だ、とカリ。いいか、FBIが狙ってるみたいだぞ。

ヴーはカリからの連絡を予測して、なんでもないように振る舞えとグローバーに指示していた。どうするかはグローバー次第だ。なにも知らないふりをしてカリを泳がせて罠にかけ、協力の見返りにFBIに減刑を求めることもできる。カリに警告することもできる。

ふたりには愛憎の歴史があった。シーンの仲間とは切り離されて何年間もふたりだけの秘密の関係を結んできた。お互いに頼り合った時期もある。グローバーがカリとの会話を心待ちにし、友情を感じたこともある。反対に、カリから利用されていると感じ、自分を孤立させて支配しようとしていると思ったこともある。一方で、グローバーはDVDの密売を続けてカリのグループを何度も危険にさらしていたし、「グラデュエーション」の一件ではカリを裏切っていた。

カリ、もう遅い。とグローバーは言った。昨日ガサ入れされたんだ。逃げろ。

わかった、とカリが言った。恩に着るよ。そして電話を切った。

それから数か月の間にFBIは6回にわたって手入れを行った。グローバーとドッカリーのほかに、ニューヨークのパトリック・サンダースとサイモン・タイにもガサが入った。RNSに長年参加していたボルティモアに住む44歳のラジオDJ、エドワード・モーハンが逮捕された。テキサス州のミズーリシティに住む26歳のマシュー・チョウも捜索を受けた。チョウは下っ端の一般メンバーで、NFOにロゴとして載せていたマリファナの葉っぱをデザインしていた。OSCの「リックワン」ことリチャード・モンテジャーノも検挙された。グローバーが「グラデュエーション」を渡したあの相手だ。そしてFBIはカリとされる男も挙げた。音楽業界に莫大な損失をもたらし、RNSを史上もっとも洗練された海賊グループに押し上げた人物だ。彼の名前はアディル・R・カシーム。29歳のインド系アメリカ人IT技術者で、大麻常習者で、ラップミュージックのファンで、ロス郊外の実家に母親と暮らしていた。

　FBIの作戦は成功した。APCの「Jドウ」ことレイズに揺さぶりをかけ、「ダ・ライブ・ワン」というハンドル名からパトリック・サンダースのIPアドレスを手に入れた。2006年11月、FBIはニューヨーク州トロイにいたサンダースのインターネット通信を傍受した。カリの命令に従ってサンダースはチャットをすべてブロウフィッシュというソフトで暗号化していたため、最初はなにも得られなかった。暗号解読班に暗号を解いてもらおうとしたが、できないと言われた。それでも3か月間張り込みを続けていると、やっとサンダースが隙を見せた。

ニューヨークでの週末のクラブ遊びの最中でも、サンダースはRNSへの責任を感じていた。バーチャルクライアントを使って外から自分のコンピュータにログインし、次のリークの予定を数人のメンバーと相談した。自宅コンピュータからの送信はブロウフィッシュで暗号化されていたが、受信は暗号化されていなかった。捜査を始めてから5年後の2006年の終わりに、ヴーは初めてRNSのチャットチャンネルの内側を覗いたのだった。

だが勝利は長く続かなかった。1か月もしないうちにカリがグループを閉鎖した。完璧すぎるタイミングだった。サンダースを挙げるには充分な情報を集めていたが、そのほかのメンバーについてはまだだった。チャットの匿名性のせいで、手がかりは少なかった。事実、グローバーの存在さえまだ知らなかった。残された道はただひとつ。サンダースを揺さぶるしかない。2007年2月のあたまにFBIはサンダースのアパートを捜索した。尋問されたサンダースは、なにも知らないとはじめは否定していた。令状を元にコンピュータを押収し、FBIの分析課に送った。すると面白いものを発見した。あの最終日の#RNSのチャットの写しだった。サンダースは想い出にログをとっておいたのだ。

ヴーがこれを使ってサンダースに5年の実刑だと脅しをかけると、サンダースはすぐに口を割った。サンダースはグループの中でいちばん政治的イデオロギーの強いメンバーで、著作権は18世紀初頭の古すぎる法的概念だとしてソフトウェアの無料化を唱えていた。だが、インターネットの自画自賛話はたいていそうだが、この時も現実世界が目の前に現れるとサンダースの信条もすぐに崩れ去った。

刑務所に恐れをなしたサンダースは、FBIにとって役に立つ人材になった。3月5日には減刑と引き換えに協力を約束し、ヴーとともにRNS最終日のログを一日かけて見直していった。その日のチャットには42個のハンドル名が参加し、サンダースはそれぞれについて自分が知っていることを洗いざらい吐いた。たいした情報のないハンドルも多かった。年齢も居場所もアバウトで、経歴もあやふやだった。オンラインの仲間と何千時間も過ごしたのに、ひとりも本名を知らないことをサンダースは誇りにしていた。ドッカリーがおふざけで過去のメンバーを真似してハンドル名を次々に変えていたことで、いっそうことが複雑になっていた。それでもヴーはなにかしらの手がかりを得た。もしRNSのだれかが連絡よこしたら知らせるようにとサンダースに伝え、案の定4月にはグローバーが別のグループに入りたいと直接サンダースに声をかけてきたのだった。

そのメッセージを見たサンダースもまた、決断を迫られた。サンダースはRNSのいちばんの功労者と初めて話していた。最後のチャットでも話題にならなかったほど深く隠れた存在だった男とつながったのだ。ヴーがこのIPアドレスを手に入れれば、組織全体が明るみに出る。サンダースのコンピュータのすべての活動は記録されていたが、一瞬だけログアウトするか、コンピュータの電源コードを抜くかして、なんとかこの会話をすぐに止めて、近寄るなと伝えようかとも思った。

　だがサンダースはそうしなかった。ＩＰアドレスをＦＢＩに渡し、その日からＩＲＣはサンダースにとって裏切りの舞台になった。ヴーはＡＯＬの契約者リストを召喚し、すぐにグローバーの名前を見つけた。ここからは簡単だ。グローバーが1月にシーンから立ち去っていたら、永遠に捕まらなかったかもしれない。

　カリもまた欲張りすぎた。ＲＮＳのあとに始めた名前のないグループにはもっとも信頼できる一握りの仲間しか関わっていなかった。だがそのひとりだったグローバーのコンピュータにはカリの自宅サーバーのログイン記録があった。そこからふたつ目のＩＰアドレスが割れ、カリフォルニア州グラナダヒルズの住宅に行きついた。契約者の名前はビルキッシュ・カシーム。カリの母親だった。

　ヴーが最後に挙げたのが、エドワード・モーハン、マシュー・チョウ、サイモン・タイの3人だった。身元を隠すための初歩的な策もとっていなかったので、3人はすぐに判明した。特にチョウはＲＮＳとの関わりを隠そうともせず、彼の法的な知識によると（なんの資格もなかったが）、ＲＮＳは法律を破っていないとさえ言っていた。ヴーはメールアドレスからチョウの身元を割り出した。チョウはメンバー全員に自分のメールアドレスを公開していた。

　だが、全体に与えた打撃は限定的だった。ＡＰＣは18人を失ったがＲＮＳは6人だけだった。カリが匿名を徹底していたせいでもあるし、タイミングよく解散を決めたためでもあった。カリ自身は救えなかったが、グループの一兵卒は救えた。一般のリッパー、日本の輸入盤ハンター、イギリス人記者、イタリア人兄弟の「インキュボーイ」、スウェーデンのトップサイト管理者「タンク」、オクラホマに住む農夫の「KOSDK」、ハワイの水槽主「フィッシュ」、「アル・カポネ」、「ハボック」、「クラッシュ」、「イェスチャット」、「スリランカ」。だれも見つからなかった。

グローバー事件の司法省による陳述書は、この共謀の深刻さについて触れていた。検事補のジェイ・プラブーは、RNSはメンバーの利益のために運営される犯罪組織だと述べていた。トップサイトはメンバーに継続的で意図的な著作権侵害を行う経済的なインセンティブを与えていた、つまり、違法行為に対する物質的な見返りがあったのだと言っていた。そしてRNSは本物の犯罪組織だと強調していた。

このグループは音楽ファンの集まりではなく、ビジネスとして運営され、その見返りはカネというよりもこの世に存在するすべての著作物を手に入れられることだった。

判決の指針として、プラブーはこの点をさらにはっきりと打ち出していた。

RNSは歴史上もっとも浸透し悪名を誇ったインターネット上の著作権侵害グループである。

この文章はお世辞のようだが、数字がそれを裏付けている。RNSは11年間に2万枚を超えるアルバムをリークした。この数は、FBIの捜査、RIAAの内部データベース、そしてRNSのNFOから独自に算出したものだ。そのほとんどの間、キーパーソンになっていたのはグローバーで、FBIも今ではそれをよくわかっていた。グローバーが持ち出したアルバムは世界中のトップサイトを通してピンクパレスのような個人のトラッカーサイトにアップされ、そこからパイレートベイやライムワイヤー、カーザーといった公開サイトに広がった。数億、おそらく数十億というmp3のコピーファイルの元をたどると、グローバーに行きついた。この期間にユニバーサルが音楽市場を独占していたことを考えると、グローバーのリークした曲がiPodに入っていない30歳以下の人間はほとんどいなかったはずだ。グローバーは音楽業界のがんで、アンダーグラウンドの英雄で、シーンの王様だった。史上最高の音楽泥棒だった。

グローバーはウォルマートの仕事にありついた。流通センターは華やかさとは程遠く、給料も最低だったけれど、いつものように目いっぱい残業に励んだ。裁判前の数か月に先行きは暗くなっていった。住宅ローン。クレジットカードの借金。カレンはまた妊娠した。景気はどん底まで冷え込んでいた。

それでもまだ、グローバーには仕事があった。2009年2月にEDCがやはり破産を申請した。キングスマウンテン工場は閉鎖され、数百人の従業員が解雇され、CD製造ラインはラテンアメリカの買い手に売却された。職を無くした従業員は失業の手続きをし、近代アメリカ史上最悪の経済危機の中で先の見えない場所に取り残された。元の同僚と連絡を取ることを禁じられていたグローバーは、人づてに工場の閉鎖を知った。

２００９年９月９日、グローバーはバージニア東部の法廷に出頭し、著作権侵害の共謀罪に問われた。１か月後、彼は有罪の答弁をした。有罪答弁には迷いがあったけれど、裁判になれば無罪は得られないと思ったからだ。工場で働きはじめて14年が経った今、「一切の盗みを禁じる」ことに同意したポリグラムとの契約書が証拠として認められていた。おしゃべりなドッカリーはヴーになにもかも話していた。グローバーのコンピュータとハードドライブには大量の犯罪の証拠が残っていた。しかも、ファストリンク作戦でFBIが検挙した人間は全員有罪になっていた。FBIは司法取引から数多くの証言を得ていたし、著作権侵害の最高刑は5年の懲役だった。無罪を求めて闘った少数の人間は全員裁判で負けていた。

バージニアの法廷で、グローバーは初めてアディル・カシームを見た。その男を一目見た瞬間に、カリだとわかった。控えめな態度のカシームは、きちんとヒゲを剃り、髪を短く切っていた。趣味のいいスーツにおとなしいネクタイを合わせていた。ずんぐりして、太鼓腹だった。肌の色はグローバーと同じくらい黒かった。

ウォルマートに事件のことがバレて、グローバーはすぐクビになった。今のグローバーは、重罪の前科のある無職の黒人で、70年ぶりの不況の中に取り残されていた。人生で初めて真剣にカネのことを心配しはじめた。グローバーにとってこれまでカネは流動資産で、実際に使えるなにか、たとえばボンネットを改造するために消えていた。職なしで弁護士費用がかさむ中、これまでの浪費を悔やんでいた。喉から手が出るほど現金が必要だったし、実刑は免れないとわかっていたので、ＦＢＩに協力して少しでも刑期を短くしようと思った。絶望的な状況で、グローバーはカシームに不利な証言をすることに同意した。

ＦＢＩにはグローバーの助けが必要だった。カシームはグローバーが頭に描いていた通りの人物だった。南アジア人。大麻常習者。カリフォルニアに母親と暮らしている。パトリック・サンダースの証言もこのプロフィールに一致していたし、オンラインで何度か一緒に誕生日を祝い、ふたりはほぼ同い年だと言っていた。カシームとサンダースの誕生日は2週間と離れていなかった。シーンの重要メンバーの多くもそうだったが、サンダースとカシームも1997年に大学を卒業していた（僕もそうだ）。

だが、これらはすべて状況証拠だった。このプロフィールに合う人間なら何百人といる。2007年にグラナダヒルズに捜査が入った時には、カシームと母親が手錠をかけられたが、令状によって押収された証拠はたいしたものではなかった。見つかったコンピュータはラップトップ1台だけで、犯罪の証拠は残っていなかった。マリファナ用水パイプと大麻も見つかったが、それだけでは公判を維持できなかった。カシームはヴーにほとんどなにも話さず、検挙されたRNSメンバーの中で、カシームだけがグループへの参加を認めていなかった。

最後の電話のあとでカシームが証拠をぜんぶ捨てただろうとグローバーは思っていた。だが、完璧ではなかった。寝室のCDにカシームの履歴書のコピーが残っていた。ワードの「プロパティ」のタブには自動的に著作者の名前が残る。そこにあったのは「カリ」の名前だった。しかも、通話記録から彼が何百回もグローバーに電話をかけていたことは明らかで、携帯にはグローバーの番号が入っていた。番号の主は「D」と記されていた。[1]

カシームは無罪を主張し続けた。グローバーへの電話については何の説明もなかったものの、弁護士は架空のハンドル名である「カリ」と実在のアディル・カシームを結びつけるには、あのCDだけでは不十分だと訴えた。グローバーのFTPログからは、彼の母親のIPアドレスからだれかが違法コピーをアップロードしていたことがわかっていたが、それがカシームだとは言い切れなかった。だれであってもおかしくなかった。カシームの自宅から押収されたワイヤレスルーターには、パスワードさえかかっていなかった。グローバーがカリと電話で話した通り、「セキュリティのかかっていないワイヤレス通信」を抗弁に使っていたのだ。

マシュー・チョウもまた裁判で闘っていた。FBIでさえ、チョウはたいした役割を果たしていないと認めていた。もう何年も積極的に参加していなかったし、チョウがアップしたCDは店で正規に買ったものだった。チョウの貢献といえば、NFOでRNSのロゴとして使っていたマリファナの葉っぱをデザインしたことくらいで、それでは詐欺罪の共犯の証拠にはならなかった。それでも、検察は鉄壁だった。FBIの最初の取り調べで、チョウはRNSのメンバーだと認める宣誓書に署名していた。

カシームとチョウは一緒に裁判にかけられることになった。カシームの弁護人は、「インターネット弁護士」を自称するドミンゴ・リベラで、ハッカーの弁護を専門にしていた。リベラは弁護士にしては珍しい技術的な専門知識を持っていた。アメリカ海軍でコンピュータエンジニアとして働き、その後国土安全保障省のサイバーセキュリティ専門家になった。以前にも「セキュリティのないワイヤレス」戦略を抗弁に使い、何度も無罪を勝ち取っていた。

チョウも弁護士を雇っていた。ヒューストンのジョージ・マーフィとテリー・イェイツだ。[2]テキサスの刑事弁護士の中では、マーフィとイェイツは伝説的な存在で、そのカリスマ性と意外な法廷戦略で賞賛されていた。特にイェイツは陪審員の扱いがうまく、ヒューストンの地元民らしく輝くような笑顔と明るいテキサス訛りが武器だった。イェイツとマーフィは裁判所の管轄をバージニアから移動させることに的を絞った。一瞬の電気信号を盾にして、勝手に管轄を決めるなんてとんでもない。連邦裁判官もその意見を認め、裁判はヒューストンに移った。弁護士ふたりはコンピュータプログラミングも知らず、これが初めての知的財産権裁判だったが、自分たちの縄張りに持ち込むことができた。

陪審員を選ぶにあたって、検察は、たとえ合法的でも音楽を一度でもダウンロードした人間をすべてはじいていた。弁護側も同じことをして、40歳以下を全員外した。アメリカの刑事裁判史上もっとも重要な音楽著作権事件は、珍しくもいまだにCD時代に留まっている中年のテキサス人の手に委ねられた。

2010年3月15日、ヒューストンの連邦法廷で裁判が始まった。証人として呼ばれたグローバーは、あまり役に立たなかった。[3]カシームはカリに違いないとグローバーは確信していたが、リベラに反対尋問を受けるとはっきりとした証拠はないと認めてしまった。法廷でカシームの声を聞けば確かめられた。だがカシームは口を開かなかった。黙秘権によって自分に不利な証言をする必要はなく、弁護人もそうさせなかった。FBIは意外にもカシームの声の録音を証拠として提示せず、5日間の裁判でカシームはひとことも発しなかった。[4]

次にサンダースが証言に立った。サンダースも役に立たなかった。サンダースはグローバーよりもカリについて知らなかった。カリとカシームを結びつけることはできず、電話で話したこともなかった。リベラが「セキュリティのかかっていないワイヤレス通信」論法を披露すると、サンダースはばかげていると反論した。ふたりは互いのギーク度を競い合うようにIPアドレスの割り当て方法について熱いバトルを繰り広げ、しまいに裁判官が間に入ったほどだった。

裁判は出だしでつまずき、それを見たグローバーは落ち着かなくなった。カシームはカリに間違いないと確信していたが、陪審員は納得しないかもしれない。カシームが勝つ可能性はあるんだろうか？　だとしたら、もしかしたら自分も勝てたのだろうか？　有罪答弁をして証言台に立ったことを、グローバーは後悔しはじめていた。

その後、裁判は4日続いた。ジェイ・プラブーの部下のタイラー・ニュービーが、司法省の検察官としてさらに十数人の証人を呼び、その中にはピーター・ヴーもいた。サーバーのログを何ページも証拠として提出した。リークされたCDのリストも差し出した。グローバーがカシームの携帯に何百回となく電話をした記録も提出した。カシームは逮捕された時にその携帯を持っていた。リベラは繰り返し証拠に反論したが、なぜカシームが遠方に住むC

D工場の従業員と何年間も連絡を取り合っていたのかについて納得できる説明はなかった。

　裁判は3月19日に終わった。5時間の審議のあと、陪審は判決を下した。カシームは無罪になった。ファストリンク作戦が挙げた数百件の事件の中で、初めての無罪判決だった。グローバーは信じられなかった。自分は刑務所に入り、カシームは自由の身だ。しかも、あのワイヤレスルーターの抗弁のおかげで。腹が立った。カシームにではなく自分に怒りを感じた。司法取引に応じたのが間違いだった。FBIに口を割るべきじゃなかった。もっといい弁護士を雇えばよかった。リスクをとるべきだった。「セキュリティのないワイヤレス」作戦は正解だった。

　でもそれがなくても無罪になっていたのかも？　裁判にかけられていたのはカシームだけじゃない。グループへの参加を認めていたマシュー・チョウでさえ、無罪になった。チョウが無罪なら、ルーター以外のなにかが決め手になったはずだ。リベラとサンダースはIPアドレスの割り当てについて重箱の隅をつつき合っていたが、イェイツとマーフィは別の線で攻めていた。オタク用語で陪審員を退屈させないように、ふたりは「共謀」の法的定義に的を絞っていた。共謀者になんらかの明らかな利益がなければ共謀罪とは言えないが、チョウの場合にはそれがなかった。チョウがRNSへの参加からカネを稼いでいた証拠はなかった。実際、チョウはカネを払ってCDを買っていたし、その見返りにいったいなにを得たというのだろう？　タダの映画ならどこにでもあった。だからチョウは「共謀」に加担していない。仲間とオンラインで遊んでいただけだ。

この抗弁は効いた。裁判のあとで、何人かの陪審員は、被告人がおそらく有罪なのはわかっていたけれど、罰が重すぎるので無罪にしたと語っていた。いわゆる「陪審による法の無視」というやつだ。それはアメリカの司法制度に特有の珍しい現象で、検事や判事が見てみぬふりをしているものだ。法の無視は陪審員の特権で、証拠を認めていても正義ではないとして法律を覆してしまうことを指す。チョウが無罪評決を受けたのはこれが理由だったし、カシームの判決もおそらくそうだった。

RNSは10年以上も音楽業界のサプライチェーンに侵入していた。最初の頃はイーベイでCDを漁っていた。ラジオのDJやレコード店の従業員を賄賂で抱き込んだ。倉庫やテレビ局や音楽スタジオにスパイを送り込んだ。工場の中にも入り込んでいた。あらゆるジャンルのアルバム3000枚を毎年リークした。彼らは潜入と拡散の世界的なネットワークを作り上げた。インターネットの陰に隠れて違法コピーの山を築き、解読できない暗号にしてそれを保管していた。FBIの専門家集団と大勢の私立探偵がこのグループに潜入しようと試み、5年もの間挑んでは敗れていた。彼らが音楽業界に与えた損失は間違いなく本物で、何億、何十億ドルにものぼっていた。

それでも、2010年3月19日、テクノロジーの素人から選ばれたテキサスの陪審団は、こうした活動を禁止する法に従う必要はないと判断したのだった。

エピローグ

アディル・カシームの裁判が終わって6か月後に、僕は初めてブランデンブルクその人と対面した。この時ブランデンブルクは53歳で、ごま塩ひげのせいか優しい魔法使いのような雰囲気を醸し出していた。イルメナウのデジタルメディアテクノロジー研究所の所長として働いていて、研究所のあるじといった存在になっていた。学生には愛されていたが、彼自身に子供はいなかった。ｍｐ3が彼の遺産だった。

スポティファイのような音楽ストリーミング配信サービスができ、ｍｐ3の引退が見えてきた。ブランデンブルクの論文指導者だったディーター・ザイツァーは30年以上前にそれを予想していて、ｍｐ3は音楽の保存ではなくストリーミングのためのものだと考えていた。だが、スポティファイはｍｐ3を使わなかった。使われたのはオープンソースのオッグだ。ブランデンブルクとグリルはずっと、オッグが自分たちの特許を侵害していると疑っていたが、彼らの特許は20年以上も前のもので期限切れが近づいていた。彼らのテクノロジーはもうタダになった。有料なのは音楽だ。

どこから見ても金持ちで成功したブランデンブルクは、文句を言える立場になかった。家電製品の売り場に行けば、自分のアイデアの果実を見ることができた。大昔にセハンが作った5曲しか入らないｍｐ3プレーヤーがその始まりだった。ブランデンブルクはまだそのプレーヤーを持っていた。もちろんもう動かなくなっていた。バッテリーがダメになり、ファイルを送るための20ピンコネクタを使えるパソコンもない。でも、テクノロジーに「感傷的にならない」はずのブランデンブルクがなぜか、そのプレーヤーを手元に置いていた。

ダグ・モリスもまた幸運だった。ジェイ・Ｚとのコイントスに勝ち、ユニバーサルは１０００万ドルを節約できた。だが「ブループリント３」はジェイ・Ｚのキャリア後半の巻き返しのきっかけになり、売上は予想をはるかに上回った。２０１０年の終わりに勝ちを収めていたのはジェイ・Ｚだった。その年、音楽業界の業績は２０００年の半分にも届かない売上で底を打った。ヴィヴェンディはモリスに引退を勧告し、２０１１年のはじめにＣＥＯを降りて責任の少ないアドバイザー的な立場に移った。

ワーナー、シーグラム、ヴィヴェンディで20年を過ごしたモリスは、2億ドル以上を稼いでいた。音楽業界が煙をあげて沈んでいく中で、最終年でさえ１０００万ドルを超える報酬を得ていた。もらい過ぎだろうか？　おそらく。モリスが後継者として育て、ＣＥＯになったルチアン・グレンジは、その半分しかもらっていない。だが、もらい過ぎでないとも言える。彼は求められる人材だった。１９９５年にタイム・ワーナーをクビになったあとと同じように、引退したモリスをすぐにライバル会社が雇い入れた。今回はソニー・ミュージック・エンタテイメントの会長兼ＣＥＯとしてだった。72歳の自称テクノロジー知らずのモリスが、次世代のアーティストと彼らの楽曲を導くことになった。その年の終わりにイギリスの総合音楽会社ＥＭＩがユニバーサルに買収され、ビッグ4はビッグ3になり、音楽産業の8割がユニバーサル・ミュージック、ワーナー・ミュージック、ソニー・ミュージックの3社で占められるようになった。ダグ・モリスはその3社すべてをどこかの時点で経営していた。

アーティストとレーベルは新しい収入源を探し続け、そのうちにバイラルビデオ、版権、ストリーミングサービス、音楽フェスへの出演はますます重要になってきた。２０１１年には、蓄音機の発明以来初めて、アメリカ人は録音された音楽よりもライブにおカネを落としていた。２０１２年、北米のデジタル音楽売上はＣＤの売上を上回った。２０１３年、会員制と広告制のストリーミング収入が初めて10億ドルを超えた。

クリエイティブ業界はこぞってストリーミングメディアと契約を結びはじめた。アップルはビーツを買収し、ドクター・ドレーとジミー・アイオヴィンにそれぞれ5億ドル以上を支払った。グーグルプレイが始まった。スポティファイ、ラプソディー、ディーザー、アールディオ、パンドラはみな2ケタ成長していた。レッド・ツェッペリンやビートルズの旧譜のストリーミング権をめぐって入札戦争が起きた。業界の先頭に立ったのはＶｅｖｏで、月に50億ビューを記録し、年に50パーセントの勢いで伸びていた。これこそモリスの功績として記憶に残ることだと本人もわかっていた。

だが、ストリーミングがすべての解決にはならない。というより、なんの解決にもならないかもしれない。音楽ストリーミングのプラットフォームは初期ユーザーを集めるためにコンテンツに巨額のカネをつぎ込むような、永遠の赤字ビジネスだった。そこまでカネをつぎ込んで、何百万回とビデオが再生されたアーティストでも、ロイヤリティーは数百ドル程度だった。２０１３年、景気が上昇する中で、音楽業界の売上はふたたび下がり、この30年で最低になった。消費者への調査では、スポティファイの会員は、ほぼ完全に不正コピーをやめていた。彼らはアルバムも買っていなかった。レコード会社はふたつの難しい戦争の板挟みになっていた。一方でストリーミングサービスと闘い、もう一方で海賊行為と闘っていた。

　アーティストは実験を始めた。レディ・ガガは99セントで「ボーン・ディス・ウェイ」のアルバムを売り出し、1週間で１００万枚を売り上げた。ビヨンセは、自分の名前をタイトルにして、17本の動画を集めた「ビジュアル」アルバムを予告なしに発表し、アップルを通して独占販売した。レディオヘッドのトム・ヨークはスポティファイから作品を引き上げ、アルバム「トゥモローズ・モダン・ボクシーズ」をビットトレントに上げた。テイラー・スウィフトもスポティファイから曲を引き上げ、アルバム「１９８９」を1か月で２００万枚近く売り上げた。その大半は全国チェーンでのCD販売だった。

　リークはまだ起きていたが、業界は以前よりもうまく警戒していた。カニエ・ウェストは長年RNSのターゲットになってきた。２０１１年にカニエは反撃に出た。「軍事作戦並み」[1]の厳密さで、コラボアルバムの「ウォッチ・ザ・スローン」を社内に留めた。マスターをハードドライブに保存して防水ハードケース「ペリカン」に入れ、それをスタジオエンジニアに常に監視させた。ケースを開けるには生体認証が必要で、完成したマスターは厳格な監視のもとで製造工場に運ばれた。このアルバムは公式発売日まで外に漏れなかった。

もちろん、リークを防ぎたければCDを無くすのがいちばん簡単だ。だが、mp3が世に出てから17年もの混乱を経た2013年でさえ、業界にその余裕はなかった。アメリカの音楽売上の3分の1はまだアルバムCDからきていたし、世界的には半分以上がCDによるものだった。アメリカに残った最後の大規模CD生産工場はインディアナ州のテレホートにあり、業界はまだそこに頼っていた。CDがいったん小売店に運ばれれば、分散されたサプライチェーンは管理できず、CMS、MOD、CRといった新しいシーンのグループがRNSの穴を埋めようと競い合うことになった。だがRNSほどの力を持つグループは生まれず、シーンは下降しはじめた。

アディル・カシームはIT管理者として新しい仕事に就き、実家を出た。RIAAからの民事訴訟を恐れて、彼はマスコミに口を開かなかった。弁護士のドミンゴ・リベラは、カシームがインターネット人格の「カリ」とはなんの関係もないと主張し続けた。同じ裁判の被告人になったマシュー・チョウもマスコミを拒絶し、フェイスブックのプロフィールを消した。タレ込んだパトリック・サンダースは実刑を免れて執行猶予になり、パラリーガルの仕事についた。[2] リークのコーディネーターだったサイモン・タイは罪に問われなかった。[3] トニー・ドッカリーは短い刑期を終えてシェルビーの安モーテルの深夜勤務についた。アイオワ出身のAPCメンバーだったブルース・ハックフェルドとジェイコブ・ストーラーは保護観察処分になり、重量挙げを始めた。

アラン・エリスは隠れたままだった。裁判のあとはインタビューを受けることなく、インターネットからすべての痕跡を消していた。僕は彼が今なにをしているか、どこに住んでいるかを見つけられなかった。数か月間頑張って、最後に彼からメールをもらった。そこには「あれは僕の人生のほんの一時期のことで、楽しんだけれどもう過去のことだ」とだけ書かれていた。

そして、デル・グローバーだ。2010年3月、グローバーは初犯の集まる緩い刑務所に送られ、3か月の刑期を送ることになった。居心地は悪くなく、どちらかというと退屈で、グローバーは6月に出所した。元共犯者と連絡を取ることを法律で禁じられ、ドッカリーとの付き合いは終わった。保護観察に置かれたグローバーは仕事を見つけられるか不安だった。だが勤勉なグローバーはすぐにクリーブランドのトラック工場でフロントグリルを取り付ける仕事に就いた。

僕たちが初めて顔を合わせたのは2012年だ。出所したグローバーも重量挙げに興味を持ち、いつものように勤勉にジム通いを始め、9キロものがっちりとした筋肉をつけていた。身体は大きくムキムキでも、表情は柔らかく、人生を振り返る時の彼はいつものしかめっつらではなく優しいパパの顔になった。グローバーはCD流出のリスクを真剣に考えたことはなかったと思う。衝動的になにかを追いかけていただけだ。でもアメリカの司法制度との出会いは、消えない傷となって残った。当時のおいしい内輪話を僕に打ち明けている時、彼は窓際に行ってカーテンの陰から通りを見渡していた。まるでFBIがまだそこにいて、自分を引っ張ろうと待ち構えているかのように。

その年の終わりには、工場で16時間働くよりも簡単に金儲けできる方法はないかとグローバーは考えはじめていた。資本はグローバルになり、ニューヨークとモントリオールとパリと日本を行ったり来たりする。人手は地元にとどまり、ノースカロライナのシェルビーに閉じ込められている。この地理的なミスマッチが貧富の格差を生んでいることに、グローバーは気づきはじめた。彼は夜学に入り、コンピュータサイエンスの学位を取るために勉強しはじめた。仕事の時間を少し減らすと、生活も安定してきた。教会には毎週参加した。車はホイールもろともクレイグスリストで見つけた買い手に売り払った。

もちろん副業は続けていた。40歳になったグローバーは、自称「機械いじり屋」として働き続けていた。おこづかい程度の金額で、コンピュータの初歩的なメンテナンスと修理を請け負っていた。友達のコンピュータにソフトウェアをインストールした。お年寄りのためにワイヤレスルーターを取り付け、いつもパスワードで保護してあげていた。ハードドライブを初期化し、固まったOSをインストールし直した。20ドルでiPhoneの「脱獄」もやった。

光ディスク装置も扱うようになった。Xボックス、プレイステーション、Wii、ブルーレイ。機械が故障したらグローバーのところに持って行けば安く修理してくれる。たいていはディスクを重ねて入れてしまっていたり、レーザーがダメになっていた。修理は簡単で、スクリュードライバーと取り替え部品がひとつあれば事足りた。CDプレーヤーが壊れたら、デル・グローバーが直してくれる。

テクノロジーが進化するにつれ、そうした昔の機器は取り残されていった。時代遅れのテクノロジーに愛着を持つグローバーの気持ちが、僕にはわかる。僕も自分の音楽コレクションを手放せないままでいたからだ。これまでに持っていたすべてのコンピュータのすべてのハードドライブを、僕は手元に置いていた。1997年からため込んだドライブは、全部で7台あった。世代が変わるごとに容量は倍になっていた。いちばん最初のハードドライブは容量が2ギガバイトで、僕が初めてダウンロードした数曲が入っていた。7台のドライブをすべて合わせると、10万曲を超えるmp3ファイルが入っていた。

このファイルを集めるのに17年かかったけれど、クラウドコンピューティングの出現で意味がなくなった。全部ため込んでおきたいとも思わなくなったし、ライブラリーの管理が年々面倒になってきて、古いドライブは今のシステムでは動かなかった。とうとう諦めた僕はスポティファイに会員登録し、現実を受け入れた。僕がアーカイブだと思っていたものは、磁気の切れかけたゴミの塊だ。

でも、どうやって捨てる？　グーグルで「データ破壊サービス」を検索し、ドライブをビニール袋に入れてクイーンズの倉庫まで持っていった。[4] 料金を支払うつもりだったけれど、相手はたいした仕事じゃないからタダで始末してやるよと言ってくれた。さまざまな大企業が共有しているバカでかい倉庫の裏に回ると、金網で仕切られた小さな区画があった。僕が見ている前で、その男はゴーグルを着け、巨大なくぎ打ち機を手に取った。袋からドライブを1台取り出し、作業台にそれを載せ、狙いを定めて金属カバーを貫通するよう何度かくぎを発射した。それからドライブを持ちあげて耳の横で振り、磁石の中心が砕けた証拠にシャカシャカという音を聞いた。袋が空になるまで、ひとつひとつそれを繰り返した。全部終わると壊れたドライブを集めて、近くのゴミ箱に放り投げた。僕のドライブは山と積まれたゴミの上にポンと乗っかった。

情報源についての注意書き

その昔ある探偵が僕に調査のコツを教えてくれた。「まずは文書から。それを当人のところに持って行って話を聞く。その人が別の文書のことを教えてくれる。聞く人と文書がなくなるまで、それを繰り返す」。僕は、この本にも書いたオンライン雑誌のアフィニティに載ったインタビューから始めて、それから4年間このプロセスを繰り返し、何万枚ものページをめくり、何十人もの人に会った。全部はここに書ききれないので、その中から抜き出すことにする。

インタビューに応じてくれた主な登場人物は以下の通りだ。カールハインツ・ブランデンブルク、ロバート・ブキャナン、ブラッド・バックルズ、レオナルド・キャリリオーネ、エルンスト・エーバーライン、キース・P・エリソン、フランク・フォティ、ハーヴィー・ゲラー、ベニー・ライデル・グローバー、ベニー・グローバー・ジュニア、ロレッタ・グローバー、イアン・グラント、トム・グラッソ、ベルンハルト・グリル、ブルース・ハック、ユルゲン・ヘーレ、ブルース・ハックフェルド、ジェームズ・ジョンストン、ラリー・ケンズウィル、カルロス・リナレス、アンリ・リンデ、ダグ・モリス、ジョージ・マーフィ、タイラー・ニュービィ、ハラルド・ポップ、アイリーン・リチャードソン、ドミンゴ・リベラ、ヒラリー・ローゼン、ジョニー・ライアン、パトリック・サンダース、ディーター・ザイツァー、ジェイコブ・ストーラー、アレックス・スタイン、サイモン・タイ、スティーブ・ヴァン・ビューレン、テリー・イェイツ、そしてエリザベス・ヤング。

文書のリストはもっと長い。フラウンホーファーの年次報告書と研究所の記録、特にmp3の歴史を描いたドキュメンタリー、初期のmp3チームの短いビデオインタビュー。そのほかに、mp3の歴史についてのテロス・システムズの記録や、mp3の「公式」ストーリーについてはMPEG、ISO、AES、さまざまな特許当局の報告書と広報資料を参考にした。キャリリオーネ・ドット・ネット上のMPEGアーカイブも重要な情報源になった。L3enc、WinPlay3、その他90年代半ばの過去のソフトウェアの初期のデモはいろいろなアンダーグラウンドサイトから入手した（たいていは、海賊サイトが最高の記録保管庫だった）。

シーンの構造と特徴については裁判書類や証言記録を参考にした。RNS、APC、RiSCISOなどさまざまなリークグループを訴追中に司法省が提出した証拠も大いに役立った。FBIによるパトリック・サンダース捜査のファイルも参考になった。これは情報公開法のもとでサンダース自身が手に入れたものだ。公式の裁判記録は、シーン自身の影の官僚制度に匹敵するか、またはそれを超えていた。シーンのリークを探せるさまざまなサイトとリーク楽曲のデータベースには無数のNFOファイルが分散していたが、トニー・ソダーバーグがｓｒｒＤＢ・ドットコムを立ち上げて初めてきちんとまとまった。インターネット史家たちがたゆまぬ努力の末にやり遂げた仕事は、お金にかえられない価値のあるものだ。特にジェイソン・スコットとインターネット・アーカイブのチームは素晴らしい仕事をしてくれた。

デル・グローバーの人生と経歴については、３年にわたる本人との電話や対面での10回のインタビューをもとにした。昔の写真、法定証言、司法省の証拠、友人や家族や隣人からの情状酌量を求める手紙、フェイスブックの投稿、ヴィヴェンディ・ユニバーサルの企業記録、クリーブランド郡警察の逮捕記録、キングスマウンテン工場への訪問も参考にした。リークされたＣＤの詳細はＲＮＳのＮＦＯで確かめ、グローバーがまだ持っているＣＤそのものを見せてもらった。

ピンクパレスの興亡については、ユーザーとしての自分の経験とアンダーグラウンドの個人トラッカーサイト全般への参加体験（もちろん純粋に調査を目的として参加した）をもとに書いた。また、ヨーロッパでのトレント裁判で提示された証拠、証言、法廷資料も利用し、特にイギリスのアラン・エリス裁判とスウェーデンのパイレートベイ裁判を参考にした。サイトについての歴史的情報はトレントフリーク・ドットコムの素晴らしいレポートや、いくつかのドキュメンタリーフィルムを参考にした。特に「ＴＰＢ ＡＦＫ」は僕のこの世界に対する理解を大いに助けてくれた。

音楽業界の浮き沈みについてはビルボード、ＲＩＡＡ、国際レコード産業連盟の売上データを参考にした。また補助資料として、ワーナー・ミュージック・グループ（さまざまな変遷を含む）、MCA、シーグラム、アップル、ソニー、ヴィヴェンディ・ユニバーサルの業績記録を使った。そのほかに、ベイン&カンパニー、ニールセン、インスティテュート・フォー・ポリシー・イノベーション、タウンゼント・グリーンスパン、廃止されたUSオフィス・オブ・テクノロジー・アセスメントからの情報も参考にした。音楽業界による不正行為の証拠について、特にCD価格の談合と賄賂の証拠については公正取引委員会とニューヨーク州検察からの情報を参考にした。RIAAの組織構造、資金調達、意思決定のプロセスについては、公開された税務申告書、インタビュー、裁判証言、数多くの民事裁判で提出された証拠に基づいている。アーティストの人生については、音楽雑誌やビデオを参考にしたが、アダム・バラ・ラフが2009年に制作したリル・ウェインのドキュメンタリー「ザ・カーター」は特に役立った。

ダグ・モリスのキャリア、収入、資産については、企業業績資料や公開記録をもとにしながら、過去のさまざまなマスメディアの記録を参考にした。特に役立ったのは2007年にPBSで放映された「CEOエクスチェンジ」と2013年にモリス自身が行ったオクスフォード・ビジネススクールでの講演だ。ゲッティイメージズが所有する2203枚のモリスのパーティー写真は当時の様子を知る助けになったし、ラップ歌詞の内容を擁護した議会証言も参考になった。もちろんだが、モリスの華々しいキャリアはマスコミの注目を集めていたし、1995年の音楽業界の再編については多くのジャーナリストの仕事を参考にさせてもらった。特にジェームス・ベイツ、コニー・ブルック、ダン・チャーナス、フレドリック・ダネン、フレッド・グッドマン、ロバート・グリーンフィールド、ウォルター・アイザックソン、スティーブ・クノッパー、マーク・ランドラー、ジョセフ・メン、セス・ムヌーキン、そしてチャック・フィリップスの過去の記事や著作に助けられた。モリスの人生を調べれば調べるほど、新聞記者や雑誌記者といった玄人ジャーナリストの調査技術と粘り強さに僕はますます感銘を受けた。この伝統をみんなで受け継いでいきたい。

謝辞

この本を書き上げるのに、5年近くかかった。とても多くの人に助けてもらった。コロンビア大学ジャーナリズムスクールの教授たちにはなにものにも代えられない貴重な指導と支援をいただいた。特にサム・フリーマン、ケリー・マクマスターズ、クリステン・ロンバルディ、ジョン・ベネット、そしてリントン・フェローシップの理事たちには本当に感謝している。ジム・ミンツとシーラ・コロネルの授業はこれまで受けた中でいちばんためになった。

調査報道は、だれかの人生に踏み込む仕事ではあるけれど、僕の情報源はありえないほど協力的で親切だった。イルメナウのカール・ハインツ・ブランデンブルクはこちらが恐縮するほど寛大に僕を迎えてくれた。エアランゲンのベルンハルト・グリルもそうだった。フラウンホーファーのマティアス・ローズとスザンヌ・ロッテンベルガーは数々のインタビューをお膳立てしてくれて、僕のレンタカーが溝にハマってしまったときにも手を貸してくれた。ソニーに移ったダグ・モリスはとても気前よく知識と時間を僕に分けてくれた。ジュリー・スウィドラーとリズ・ヤングもそうだった。ニューヨークのパトリック・サンダースとサイモン・タイは非常に価値のある情報と背景を教えてくれた。なによりも、驚きのストーリーをつつみ隠さず話してくれたデル・グローバーに感謝したい。

エージェントのクリス・パリス・ラムが書類の山から僕の原稿を引っ張り出して、出版できるかもしれないと教えてくれた日のことは絶対に忘れない（偶然、それは僕の誕生日だった）。僕はライターとして無名だったし、34歳にもなってキャリアの方向を変えようと頑張ってはいたものの、その土台になるものも、知名度も、著作もなかった。でも、クリスはおそらく一時の気の迷いからかもしれないけれど、僕を売り出そうと考えてくれ、僕の人生を変えてくれた。彼のビジネス感覚と編集面での指導がなければ、この本が日の目を見ることはなかっただろう。映画「ザ・エージェント」でトム・クルーズが演じたジェリー・マグワイアみたいに、本当に彼は優秀なんだ。ウィル・ロバーツ、アンディ・キーファー、レベッカ・ガードナーほか、ガーナート社のチーム全員にも感謝したい。

僕は出版社にも恵まれた。ヴァイキング・プレスのアリソン・ロレンセンは無名の僕に賭けてくれ、僕が原稿を最初から最後まで音読をするのにも、週末を潰して辛抱強く付き合ってくれた。彼女は偉大な編集者だ。ヴァイキング社のみんな、ディエゴ・ヌネズ、ミン・リー、ジェイソン・ラミレス、ニコラス・ロヴェッチオ、リディア・ハート、サラ・ジャネット、リンジー・プリヴィッテ、ホイットニー・ピーリング、アンドレア・シュルツ、ブライアン・タート、クレア・フェラーロ、キャサリン・ボイド、ありがとう。ステュワート・ウィリアムズ、ヴァネッサ・ミルトン、カースティ・ホワース、ジョー・ピカリング、デイヴィッド・ボンド、ジェームス・ポール・ジョーンズは全員素晴らしかった（特にイギリスの名誉毀損法について教えてもらったのは楽しかった。ぜひまたやりたい）。そして忘れてはいけないのは、校閲のジル・マルターとダカス・トンプソンで、何千ページの参考資料を調べて、シャーロットはノースカロライナの州都じゃないってことを何度も教えてくれた。ニューヨーカー誌のレヴ・メンデスも追加の事実確認を行ってくれたし、編集者のウィリング・デヴィッドソンとデヴィッド・レムニックはこの本の抜粋を雑誌に掲載してくれた。

ライターなんて友達としてあんまりありがたいものじゃない。っていうか、最悪だ。だから何年間もこの本についての僕の愚痴を聞いてくれた（少なくとも聞くふりをしてくれた）親しい人たちに、ここできちんとお礼を言っておきたい。ロビン・レスポート、ダスティン・キンメル、ジョッシュ・モーゲンスターン、デイヴィッド・グラファンダー、エリオット・ロス、ブライアンとキンバリー・バーバー、ローラ・グリフィン、ダリル・スタイン、ダン・ダダリオ、ピート・ビーティ、ブライアン・ジョイナー、リサ・キンゲリー、ダン・デュレイ、ブライアンとクリスティ・バーリンゲーム、ベルナード・ドゥ・ソウサ・エ・シルバ、ローレンとルイ・メスキータ、ジェイミー・ロバーツ、ビバリー・リアング、アトッサ・アブラハミアン、ジハエ・ホングに感謝する。僕の心の兄弟ダニエル・キングリーはおよそ20年間も愛と友情を注いでくれた。そしてアマンダ・ワースの我慢強さと優しさと支えがなければこの本を書くことはできなかった。本当に、本当にありがとう。

最後に家族のみんな。僕は本当に幸せものだ。父のレオナード・ウィットもジャーナリストで、僕が書くことをいつも励ましてくれた。母のダイアナ・ウィットはプロの司書で、この本の索引を作ってくれた。だけど、この本が本当に実現できると教えてくれたのは、姉のエミリー・ウィットだ。エミリーは素晴らしいレポーターで、彼女にしかない考え方ができて、現存するライターの中でも僕のいちばんのお気に入りだ。エミリーは僕にとって永遠のインスピレーションでいてくれる。

文庫版訳者あとがき

本書『誰が音楽をタダにした？――巨大産業をぶっ潰した男たち』はフィナンシャル・タイムズ、ワシントン・ポスト、タイム、フォーブスの年間ベストブックに選出された第一級のノンフィクションだ。２０１６年9月に日本語翻訳版が刊行されると、日本でもさまざまなメディアに取り上げられた。いち早く評してくれたのがミュージシャンの菊地《きくち》成孔《なるよし》さんで、「この歳に成って、ここまで、と思うほど、メディア観について根底から揺さぶられる様な本を読んじゃった」[*1]、「徹底的な取材と斬新かつ誠実な選球眼により、「音楽が無料で入手出来る」という現状を構成する１００％総ての要因を網羅し、しかも極上のミステリー小説のように読ませ、先行類書としての『ＣＤは株券ではない』、『ＦＲＥＥ』、『グレイトフル・デッドにマーケティングを学ぶ』、『21世紀の資本論』[*3]等々を一撃で吹き飛ばした」[*2]、「圧倒的な本で、自分が音楽関係者じゃなくてもおもしろい」[*4]と各所で絶賛。その後tofubeatsさんとジェイ・コウガミさんがこの本について対談したり、『夏フェス革命』（blueprint）[*5]の著者、音楽ライターのレジーさんが同書を着想したきっかけとして本書を挙げていたりと、読んだ人たちが衝撃を受けた様子がうかがえた。また音楽業界を超えて話題になっていた証拠に、HONZとグロービス経営大学院とフォーブスジャパンとフライヤーが主催する「読者が選ぶビジネス書グランプリ2017」で政治経済部門の第2位に輝いたほか、テレビ東京系列「ニュースモーニングサテライト」で野村證券の若生寿一《わこうじゅいち》さんがおすすめの一冊として紹介。*6 女性誌のクロワッサンでも訳者インタビューをしていただいた。*7 この文庫版には『1998年の宇多田ヒカル』（新潮新書）や『小沢健二の帰還』（岩波書店）の宇野維正《うののこれまさ》さんが的確で熱い解説を寄せて下さっている。

ここでもう一度、本書の内容をおさらいしておこう。

著者のスティーヴン・ウィットはナップスター世代のど真ん中で、何万曲という海賊版の楽曲でハードディスクをいっぱいにしていた。曲をブラウズしているとき、ある疑問が頭に浮かんだ。あの無数の海賊版はいったいどこから来てるんだろう？　好奇心に駆られて調査していくうちに、誰も知らなかった事実を突き止めることになる。インターネットの中に、発売前のアルバムをリークする秘密の組織があったのだ。その厳密に組織された秘密グループにいたあるひとりが、ほとんどすべての話題のアルバムの流出源になっていた。いくつかの偶然が重なって、その男が史上最強のリーク源になり、それがインターネットで拡散されたことで、音楽はタダになっていく。

いくつかの偶然のひとつは、もとをたどれば音楽の圧縮技術が成熟したことだ。ｍｐ３という圧縮技術がなければ、CDというフォーマットはなくならず、音楽は物理的に流通されていたはずだ。

もうひとつの偶然は、ラップがひとつのジャンルとして確立し、それがデジタルネイティブのミレニアル世代にもっとも人気のあるジャンルのひとつになり、そのジャンルをある大手レーベルが独占するようになったことだ。それがユニバーサル・ミュージックだ。

この本の縦糸は、その3本だ。ひとつ目はmp3の生みの親でその後の優位を築いたあるドイツ人技術者の物語。ふたつ目は、鋭い嗅覚で音楽の新しいジャンルを作り、次々とヒット曲を生み出し、世界的な音楽市場を独占するようになったあるエグゼクティブの物語。そして、3つ目が、「シーン」と呼ばれるインターネットの海賊界を支配した音楽リークグループの中で、史上最強の流出源となった、ある工場労働者の物語だ。

この3つの縦糸が別々の場所で独立して紡がれるなか、横糸にはインターネットの普及、海賊犯を追う捜査官、音楽レーベルによる著作権保護訴訟が絡み合う。3人のメインキャラクターに加えて、リークグループの首謀者、それを追うFBIのやり手捜査官、ジェイ・Zやジミー・アイオヴィンといったこの20年でもっともヒットを生み出した音楽プロデューサー（今や既得権益側になってしまった！）が登場し、謎解きと冒険を足して2で割ったような群像活劇が繰り広げられる。

まるで映画のような実話だと思っていたら、やはり映画化が決定していると聞く。どの俳優が誰を演じるのか、ジミー・アイオヴィンやジェイ・Zは本人役で出演するのか（カニエ

・ウェストも重要な場面で登場する)、妄想しながら読むと本書の面白さがさらに増すはずだ。

このワクワクするような本を翻訳するチャンスを与えてくれた坂口玲実氏と文庫版の編集を担当してくれた早川書房の一ノ瀬翔太氏に心から感謝する。私が大好きだったスザンヌ・ヴェガの「トムズ・ダイナー」が世界で初めてｍｐ３になった曲だと知り、感激した。その理由は本書に詳しくあるので、是非ご一読を。

２０１８年２月

*1　公式ウェブサイト「菊地成孔の第三インターネット」２０１６年10月14日
*2　リアルサウンド「菊地成孔の欧米休憩タイム」２０１６年11月６日
*3　Ｍ・ｉ・ｋ・ｉ・ｋ・ｉ「菊地成孔の２０１６年総括」２０１６年11月24日
*4　リアルサウンド「tofubeats×ジェイ・コウガミ、名著『誰が音楽をタダにした？』を語る　音楽はネット時代にどう生き抜くか」２０１７年１月11日
*5　リアルサウンド「〝フェス〟を通して見る、音楽と社会の未来とは？　『夏フェス革命』著者インタビュー」２０１７年12月11日
*6　２０１６年12月27日放送「リーダーの栞」コーナー
*7　２０１７年２月10日号「本を読んで、会いたくなって。」コーナー

解　説

ストリーミング・サービスがもたらした「音楽シーン」の変化と現状

映画・音楽ジャーナリスト
宇野維正

自分も含め、音楽ジャーナリストやライターがよく用いる便利で安易な言葉の一つに「音楽シーン」という言葉がある。同時代のミュージシャンや作品の傾向だったり、音楽業界やマーケットの動向だったりを表す言葉。実際のところ、そのうちのどれを指しているのかが曖昧《あいまい》な言葉で、そこを曖昧にしたまま論を先に進める際に用いられがちな言葉だ。

スティーヴン・ウィットが本書で明らかにしていく「シーン」は、いわゆる「音楽シーン」のことではない。それは明確に「発売前のコンテンツをインターネットで流しているグループ」のことを意味している。その音楽作品や映画作品がそれぞれの歴史や同時代においてどのような価値があるのか、そしてその作品のどこを個人的に評価するか。そのようなアートやカルチャーの本質には目を向けず、その作品を裏から入手するスピードと、その作品がマーケットに及ぼすインパクトにしか興味を示さない「シーン」の人々の行動原理は、その「シーン」と対立する存在として本書に登場するダグ・モリスに代表される「音楽業界のエグゼクティブ」の行動原理と相似形を成している。彼らもまた、有望な新人と契約を交わすスピードと、彼らの作品がマーケットに及ぼすインパクトにしか興味を示さない。

実は同じ穴の狢《むじな》である「シーン」と「音楽業界のエグゼクティブ」。その最も大きな違いは、前者の大半が経済的には慎《つつ》ましい生活を送っているのに対して、後者が信じられないほど莫大な報酬を得ていることだ。「シーン」のキーマンとして本書に登場するデル・グローバーもそれなりに私欲を持ち合わせてはいるが、それはようやく2万4000ドルのリンカーン・ナビゲーターの中古車を手に入れてそこに改造を加えることができる程度の私欲である。デル・グローバーをはじめとする「シーン」のメンバー、及び類似グループのメンバーの多くが重罪を免《まぬが》れた理由も、彼らの行為が私欲に突き動かされたものというより、インターネット普及以降の「シェアの精神」に基づいていたもの、あるいは少なくとも重罪には値しない「いたずら行為」であったと陪審員から解釈されたからだ。本書では、ネット上の流出問題やコピー問題に悩まされる音楽業界に手を差し伸べようとしないアメリカ政府（とその背景）についても触れられているが、商業主義に徹してきた音楽業界を嫌っているのは、政府だけではなかったのだ。

本書の大きな特徴は、「シーン」と「音楽業界」、普通ならばどちらかの主義主張に重心が傾きそうなところで、著者が一貫して慎重にバランスをとっているところだ。それは、双方の取材対象とコミュニケーションをとっていく上で最初の段階から必要とされたスタンスであったのだろうし、もしかしたら取材対象と密なコミュニケーションをとってきたことで、最終的にどちらにも肩入れすることができなくなっていったのかもしれない。それでいて、音楽業界や音楽関連のテクノロジーについて書かれた類書にありがちな無味乾燥な本になっていない理由の一つは、（文章や構成がとても巧いという点に加えて）著者が音楽ジャーナリスト的な感性を持ち合わせていて、それを隠していないところにある。著者のフーティー・アンド・ザ・ブロウフィッシュやリンプ・ビズキットに対する容赦ない筆致には思わず笑ってしまうし、リル・ウェインに代表されるラップ・シーンのミックステープ文化にも深い理解があることがうかがえる。音楽のアートとしての側面、カルチャーとしての側面を置き去りにして暴走していった「シーン」や「音楽エグゼクティブ」とは違って、スティーヴン・ウィットは自分の目と耳で音楽をジャッジしている。音楽について書かれた本で、そのジャッジをあえて回避したもの、あるいはジャッジするだけの感性を持ち合わせていない書き手の文章は退屈でつまらないということを、本書は逆説的に証明している。

これまで誰もやってこなかった核心に迫る調査と取材をもとに本書がまとめあげた、1995年以降の音楽関連テクノロジー、音楽業界、そしてインターネット上でやりとりされる音源をめぐる激動の年月。もちろん日本で生活している音楽ファンの多くも、ゼロ年代前半以降は携帯電話やiPodでデータが圧縮された音源を聴くようになり、世の中でCDが売れていないことも肌で感じるようになり、YouTubeでミュージックビデオを見たり、違法合法問わずネット上で音源をダウンロードすることが当たり前のことになった。しかし、海外と比べると、ほんの数年前まではまだ牧歌的な時代を生きていたと言わざるを得ない。

本書のエピローグで記されている『軍事作戦並み』の厳密さで取り扱われるハードドライブに保存された音源」には、何度か見覚えがある。音楽ジャーナリストの仕事をしていて、これまでずっとレコード会社からCD‐Rに焼かれて送られてきた発売前の洋楽アルバムのサンプル音源が、ある時期から本国から直送された宛名入りのウォーターマークCD（ネット上にアップロードされると身元が一発で割れる仕様のCD。ネットに接続されたPCのディスクドライブで再生すると意図的でなくてもアップロードされてしまう恐れがあるため、音楽ライターの多くは今もCDプレイヤーを手離すことができないでいる）に取って代わり、ビッグネームの新作になるとレコード会社の会議室に行かないと事前に聴くことができなくなった。まるで現金輸送車から運び入れるかのようにボディガードをともなって会議室に持ち込まれた、試聴用音源の入ったハードドライブと初めて対面した時は、その物々しさに苦笑してしまったが（日本のレコード会社の担当者さえ戸惑っているように見えた）、その違和感は、当時の音楽業界が抱えていた流出音源問題の海外と日本との温度差からきていたわけだ（ちなみに、邦楽に関しては今でもCD‐Rのサンプル音源が普通に出回っている）。

2018年の現在、そうした奇妙な儀式めいた「洋楽作品のレコード会社での試聴会」も習慣的にまだ一部で残ってはいるものの、何か特別な理由（たとえば日本盤のライナーノーツの執筆を依頼されるとか）でもない限り、自分はそこに参加することはない。現在、ほとんどの海外アーティストの最初のリリース告知はレコード会社ではなく、アーティストのソーシャル・メディアのアカウントでされる。アーティストによってはリリースの前日、あるいは事前告知が一切ないサプライズで突然作品がリリースされる。そこでいう「リリース」とは、ＳｐｏｔｉｆｙやＡｐｐｌｅ Ｍｕｓｉｃといったストリーミング・サービス上に音源が供給されるタイミングを意味する（そしてミュージックビデオがある作品は、その仕組みを整備したダグ・モリスの貢献が本書に綴《つづ》られている、ＹｏｕＴｕｂｅのＶｅｖｏにアップされる）。フィジカル（ＣＤ、及びアナログレコード）はリリース当日から販売されることもあるが、しばらく経ってから販売されることが多く、フィジカルそのものが存在しないことも珍しくなった。そして、フィジカルを手に入れるのもネットを通じて、通販サイトかアーティストのホームページの物販ページから購入することになる。

日本以外の国において、その過程でほぼ絶滅したものは二つ。ＣＤショップ（都市部にはアナログレコードを中心に扱うショップは存在する）と違法音源がアップロードされたサイトだ。音楽ファンは月10ドル程度のサブスクリプション料金を支払って、ＳｐｏｔｉｆｙかＡｐｐｌｅ Ｍｕｓｉｃ（あるいはその両方）で聴きたい音楽をすべて聴けるようになった。いや、実際には「すべて」ではないのだが、利益分配の構造を理由に抵抗していたレディオヘッドや、音質上の技術的理由から抵抗していたニール・ヤングといった一部のバンドやアーティストが2016年までに相次いで現状を受け入れた（受け入れざるを得なかった）ことで、もはやストリーミング・サービス上にない音源は「存在しない」こととほぼ同義となった。

その手軽さによって、音楽は再びユース・カルチャー全体を牽引《けんいん》するクールな存在となった。現在、世界的にラップ・ミュージックを中心とするブラック・ミュージックが全盛となっているのも、本書に綴られている時代からさらに輪をかけて、若者の多くが熱心に支持しているのがラップ・ミュージックであり、それが合法的なストリーミング・サービスの普及によって顕在化するようになったからだ。そして、ケンドリック・ラマー、リル・ウージー・ヴァート、ポスト・マローン、レイ・シュリマー、フューチャー、ミーゴス、ザ・ウィークエンド、チャンス・ザ・ラッパーらがストリーミング・サービスやVevoにもたらす億単位の再生数は、薄利多売ならぬ「薄利多配信」に舵を切った音楽業界を再び潤《うるお》すようになった。

もちろん、そこには新たな問題もある。本書でも触れられているように、一部の売れっ子プロデューサーや売れっ子ソングライターらの分業制によるヒット曲製造のシステム化は、そのシステム内部でのトレンドの移り変わりこそあるものの、さらに強固なものとなっている。ストリーミング・サービスがもたらしたリスナー嗜好の平準化によって、カナダを含む北米の英語圏アーティストの市場独占力は増すばかりだ。本書はレコード会社とラジオ局の癒着や賄賂の実態も暴露しているが、現在、Spotifyの代表的なプレイリストの影響力は（権利者にダイレクトに収益をもたらすという点も含めて）あらゆる時代のあらゆるラジオ局よりも絶大なものとなっている。アルゴリズム、ビッグデータ、ディープラーニングといった言葉が飛び交うブラックボックスに隠されたストリーミング・サービス企業と音楽業界の結びつきを、いつか誰かが本書のような優れた著書で明らかにする日が来るかもしれない。

音楽はタダになって、やがて月10ドルになった。それがこの先どこに行き着くのかは、まだ誰にもわからない。

原　注

イントロダクション

1 会員制トレントサイトから高品質ファイルに移るにつれ、アルバム容量は普通のダウンロードよりも大きくなった。

2 特に、シーンのNFOデータベースは1982年にさかのぼる。

3 シーンではグループやサイトごとにビットレートやエンコーダの規格が異なっていた。こうした規格とファイルに埋め込まれたID3メタデータを照合すると、ファイルがいつどこから来たかがだいたいわかった。

1章

1 フラウンホーファーの同僚の言葉。3つ目はザイツァーのもの。

2 詳細は、ツビッカーとフェルドケラー著『The Ear as a Communication Receiver (Acoustical Society of America, 1999)』を参照。

3 1982年にフィリップスが行ったCDデモの宣伝文句は「純粋で完璧なサウンドを永遠に」だった。このCDにはエルトン・ジョン、ダイアー・ストレイツ、ダッチ・スイング・カレッジ・バンドの曲が入っていた。

4 デジタル情報はゼロと1の二進法で記録され、その単位は「ビット」と呼ばれる。CDのビットレートは1411.2キロビット／秒(kbps)、つまりCDサウンドを1秒間記録するのに141万1200ビットが必要になる。ドイツ初のデジタル電話線の伝送速度は128kbps、つまり1秒間に12万8000ビットしか伝送できなかった。だから、CDの容量はデータ伝送線の容量の11.025倍の大きさだった。ザイツァーはエンジニアの立場からこの数字を少し大きめに見積もって、12倍とした。

5 技術的には、ブランデンブルクのアルゴリズムは望ましいビッ

トレートに届くまで何度も音源を処理していた。処理のたびに情報は単純になりビット数が減る。128kbps の mp3 ファイルは256kbps のファイルより処理回数が多く、音質はその分劣化した。

6 ニュートンと同じで、ジョンストンも自分が先に発見したと不満げに訴え、ブランデンブルクの発表より 2 年前の 1984 年にトロントでのプレゼンテーションで知覚符号化のコンセプトを発表したと語っていた。だが AT&T はジョンストンの研究の価値を理解せず、ブランデンブルクが最初に特許を申請することになった。

7 MPEG はおそらく世界でもっとも奇妙な規格委員会だ。その存続はほぼひとりの肩にかかっている。レオナルド・キャリリオーネという風変わりなイタリア人エンジニアだ。この 25 年間、1 万時間以上をこの組織の管理運営に費やしているが、特許からは一銭も得ていないと言っている。キャリリオーネは自分の動機をこう語っている。「MPEG は人間と世界との懸け橋になるものだ」

8 ストックホルムコンテストの形式と結果の詳細は、1990 年に国際標準化機構が発行した“MPEG/ Audio Subjective Assessments Test Report”で見ることができる。

9 MPEG の妥協案に加えて、フラウンホーファーはトムソンと AT&T を喜ばせるためにエンジニアリング上の妥協もした。完成版はさまざまな音響サンプリングと圧縮方法を取り入れ、それをマスキングテープのコンピュータ版のようなものでひとつにまとめた。ジェームズ・ジョンストンは、mp3 をこう辛辣に評した。「ハイブリッド。というか、妾の子供のようなものだ」

10 ウィンドウズ 95 の発売前には、mp3 という呼び名はあまり一般的に使われていなかった。MPEG の発表のあと、mp3 は「レイヤー 3」と呼ばれていた。時代をさかのぼるが、混乱しないようこれ以降は mp3 と呼ぶことにする。

11 たとえば、ブランデンブルクが 1999 年の 9 月にイタリアで開か

れた高音質圧縮に関する国際カンファレンスで発表した“MP3 and AAC Explained”などを参照。

12 欧州デジタル音響放送規格の公式最終決定は1995年5月に申請された。

2章

1 工場が実際にあったのはノースカロライナ州のグローバーだ。しかし、僕が話を聞いた元工場従業員は全員、キングスマウンテン工場と呼んでいた。

2 BMWは以前にもドイツ国外で部品を製造していたが、海外の組み立てラインとしてはスパータンバーグ工場が初めてだった。

3 不動産サイトのZillowで著者の印象は裏付けられた。

3章

1 1995年7月10日付ニューヨーク・タイムズ紙、マーク・ランドラー記者による“The Perks of a Music Man”より。

2 1999年5月12日付ロサンゼルス・タイムズ紙、チャック・フィリップス記者による“Universal Music Chief's Winding Comeback Trail”より。モリスはこう言っている。「ああ、俺はニール・セダカとボビー・ダーリンを足して2で割ったみたいなもんだ。今じゃ軟弱っぽいけど、1962年にはそれが流行りだった」

3 アーティガンがいつもどのように扱われていたかについては、1978年5月29日と6月5日付ニューヨーカー誌にジョージ・W・S・トローが寄稿した“Eclectic, Reminiscent, Amused, Fickle, Perverse”に詳しい。

4 ロバート・グリーンフィールド著『The Last Sultan: The Life and Times of Ahmet Ertegun (New York: Simon & Schuster, 2011)』(『アトランティック・レコードを創った男　アーメット・アーティガン伝』野田恵子訳、スペースシャワーネットワーク)

5 より詳しくは、フレドリック・ダネン著『Hit Men: Power Brokers and Fast Money Inside the Music Business (New York:

Vintage, 1990)』(『ヒット・マン』吉田利子訳、角川書店) を参照。

6 モリスのインタビューより。モリスは以前からこの逸話をよく語っていた。グリーンフィールドの『The Last Sultan』にもこの逸話が紹介されている。

7 1994年4月8日付ロサンゼルス・タイムズ紙にジェームス・ベイツが寄稿した“Music Maven: Doug Morris Has Set the Tone for the Dinosaur-to-Diva Rise of Atlantic”などを参照。モリスは「チャンスをつかむまで何年もおとなしく待てる男」として描かれている。

8 ストーリーの全容は1994年11月21日付ニューヨーカー誌にフレドリック・ダネンが寄稿した“Showdown at the Hit Factory”を参照。

9 ユニバーサルのリー・ケンズヴィルが著者とのインタビューで語った言葉。

10 独立系アーティスト発掘会社Taxiのウェブサイト上でのマイケル・ラスコウによるマーク・ネイサンへのインタビューより。「スカウト部門は基本的にフーティーを素通りし、彼らをバーでしか通用しないバンドとして切り捨てていた。だが、調査アシスタントはこのバンドがカロライナのほぼ全店舗で安定的に売れていることを指摘し続けていた。ダグ・モリスは売上表を見るとこう言った。『このフーティーってのは何者だ?』スカウトマンたちは、『ああ、ただの居酒屋バンドで、契約は見送りました』と言う。モリスは返した。『見送るな。こいつら本物だ』」

11 フレッド・グッドマン著『Fortune's Fool: Edgar Bronfman Jr., Warner Music, and an Industry in Crisis (New York: Simon & Schuster, 2010)』より。ダニー・ゴールドバーグが小声でそう漏らしたところ、アイオヴィンが大声で繰り返した。ここではアイオヴィンが言ったことになっている。

12 スティーブ・クノッパー著『Appetite for Self-Destruction: The Spectacular Crash of the Record Industry in the Digital Age (New York: Free Press, 2009)』より。

13 1995年5月31日付C–SPANの映像から、ボブ・ドールによる“Dole Campaign Speech”より抜粋。

14 モリスは今もこの写真を持っている。この写真は彼のソニーのオフィスのコーヒーテーブルの上に飾られている。

4章

1 チャーチは2012年に脳腫瘍で亡くなった。56歳だった。テロスのウェブサイトでは、友人や家族や仕事仲間による温かい想い出が語られている。

2 L3encはDOSベースのコマンドラインインターフェースを使っていた。たとえば、1995年のコマンドは次のようなものだった。

```
l3enc track_ 10.wav ironic.mp3 -br 128000
```

これは、ブランデンブルクのアルゴリズムでアラニス・モリセットの「アイロニック」を12万8000bpsに圧縮するコマンドだ。

3 CDでなくても使えた。ブランデンブルクのアルゴリズムはどんな音源にも対応できた。

4 現在の名称はテクニカラー社。

5 フラウンホーファーのハードウェア専門家、ロバート・フリードリヒがこのデバイスを作った。

6 インターネット・アーカイブに残るこのサイトのいちばん古いスナップショットは、1996年8月のものだ。グリルによると、初期のページはみな同じようなものだったらしい。

7 L3encの初期バージョンに添付されたreadme.txtファイルよりの抜粋。

5章

1 現在の名称はヒューズ・コミュニケーションズ。

2 この描写は、インターネット・アーカイブにある1996年10月17日付の初期のYahoo!のスナップショットをもとにしている。

3 アフィニティ誌第3号「Spot Light」から引用。NetFraCkにインタビューしたのは“Mr. Mister”で、日付は1996年8月18

日となっている。このファイルはTextfiles.comから取り込めるが、閲覧にはDOSエミュレーターが必要になる。この記事の存在を教えてくれたユニバーシティ・カレッジ・ダブリンのジョニー・ライアンに感謝する。

6章

1 この言葉は、ピーター・C・ニューマン著『The Bronfman Dynasty (Toronto: McClelland & Stewart, 1978)』からの抜粋。

2 詳細は1998年5月11日付ニューヨーカー誌に掲載された、コニー・ブルックの“Bronfman's Big Deals”を参照。

3 グッドマン著『Fortune's Fool』より。タイム・ワーナーとモリスは条件非開示で和解し、反対訴訟は取り下げられた。

4 同上。

5 モリスは「哲学的な違い」を理由に辞任したアル・テラーの後任になった。ワーナーでモリスをクビにしたマイケル・フックスは偶然にも同じ日にクビになった。アトランティックのアーティガン、ワーナーのロバート・モルガドも含めて、モリスは4人の元上司よりも長く業界で生き延びている。詳細は1995年11月17日付ロサンゼルス・タイムズ紙に掲載されたチャック・フィリップスの“Company Town: Music Industry Shake-Up”を参照。

6 ジョスリン・クーパー、マーク・ネイサン、ディノ・デルヴェイルから成るモリスのスカウトチームが最初にキャッシュ・マネーに目をつけた。この詳細は、ダン・チャーナス著『The Big Payback: The History of the Business of Hip-Hop (New York: Penguin, 2011)』を参照。

7 ソニーのオフィスでモリスが新人アーティストの音楽を試聴しているところを見た僕自身の印象だ。

8 匿名のレコード会社幹部はブロンフマンをこう評した。「あいつは打ち出の小づちみたいなもんだ。叩けばカネが出てくる」ブルックの“Bronfman's Big Deals”より。

9 1709年、タトラー誌にイギリス人コラムニストのジョゼフ・アディソンはこう不満を漏らしている。「我々著作家は、本や詩や説教が世に現れるやいなや、それを少数の部数で印刷して売っている悪党を海賊と呼んでいる。彼らは盗品を安値で売っている泥棒と同じだ」

7章

1 L3encとWinPlay3の同時リリースによって、初期の導入は進んだ。対照的に、家庭用CDプレーヤーの発売から家庭用CDバーナーが出るまでに14年が経っていた。

2 1996年8月30日付デジタル・オーディオ・クルーによる初のシーンへのmp3リリースマニュアルなどを参照。

3 特に、ヒラリー・ローゼンの言葉はケンズウィル、ブランデンブルク、グリルによって裏付けられている。

4 意図的に抽出された特定のサンプルは、いまだにmp3圧縮で問題が出る場合もある。カスタネットの音は特に難しい。

5 ヤング自身は、数十年にわたるギターのフィードバックによって耳が半分聞こえなくなっていることを認めている。彼の闘いは空想じみていた。

6 mp3の特許に関する情報は、MP3licensing.com、ブランデンブルクとリンデへのインタビュー、欧州特許庁、そして僕自身の記録に基づいている。

7 Nullsoftは結局フラウンホーファーのライセンシーになったが、それはWinampプレーヤーの人気が確立されて、訴訟リスクにさらされたあとのことだった。

8 議会にこの権限を与える正確な文章は、以下の通り。「科学と有用な芸術の進歩を促すため、一定期間にわたって著者と発明者に著作や発見に対し独占的な権利を認める」(Article I, Section 8, Clause 8).

8章

1 ヘニング・ヨルゲンセン。現在もノースカロライナ在住。
2 いわゆる「日常活動理論」。犯罪学者はこの三角形ではなく、犯罪を核にしたベン図を使う。
3 僕が調査した100件を超えるシーン訴訟の中で、女性被告はわずかふたりだけだった。だが、1990年代に短期間、「ゴージャス・レディース・オブ・ウェアーズ」、通称GLOWという女性グループが存在していた。
4 1990年代の後半、IRCの参加者たちは一般的なFTPよりFXPを好んでいた。

9章

1 アイオヴィンが南カリフォルニア大学で2013年に行った卒業スピーチより。「ですが、私はこうした大きな不安が人生最大の原動力となり、目の覚めるようなエネルギー飲料になることを学びました。昔風に言えば、恐れということになります」
2 グッドマン著『Fortune's Fool』
3 2010年10月21日付ウォールストリート・ジャーナル紙に掲載されたジョン・ユルゲンセンの "Just Asking: Decoding Jay-Z" より。とはいえ、彼は今もこの曲を歌っている。
4 そのプロデューサーはランス・"Un"・リベラという人物だった。カーターは2001年に有罪を認め、3年の保護観察を言い渡された。
5 エリオット・スピッツァーが率いた検察グループは音楽業界から1億4300万ドルの現金と商品を回収した。どの場合にも、レーベルは罪を認めなかった。
6 ジョセフ・メン著『All the Rave: The Rise and Fall of Shawn Fanning's Napster (New York: Crown Business, 2003)』（『ナップスター狂騒曲』合原弘子／ガリレオ翻訳チーム訳、ソフトバンククリエイティブ）
7 ナップスターの元CEO、アイリーン・リチャードソンの回想から。その後有名アーティストがナップスターとの契約に臨んだ

とき、ジョン・ファニングはさらに過激に、「レコード会社なんてくそくらえ。契約金なんてくそらえ」と業界をけなしたとリチャードソンは言う。著者によるインタビューに基づく。

8 ダン・タイナンによる“The 25 Worst Tech Products of All Time”(PC ワールド、2006 年 5 月 26 日)など参照。

9 原告はアルファベット順にリストアップされていたので、A&M レコードの名前が最初だった。

10 ソニーのトミー・モットーラも高額の報酬を受け取っていたが、2003 年に退任した。

11 RIAA の数字と僕の計算から。マイケル・デグスタはレコード業界の過去の利益内訳についての優れた分析をしている。2011 年 2 月 18 日発行のビジネス・インサイダー誌の記事“These Charts Explain the REAL Death of the Music Industry”を参照。

10 章

1 2002 年 11 月号ワイアード誌に掲載されたフランク・ローズの“The Civil War Inside Sony”より。

2 2000 年 9 月、アトランティック誌に掲載されたチャールズ・C・マンの“The Heavenly Jukebox”より。

3 2000 年 8 月、ブリルズ・コンテント誌に掲載されたマーク・ボールの“Leonardo's Art”より。

4 証券取引委員会への申請書類によると、フランケルは AOL 株式を 52 万 2661 株保有していた。当時の株価は 1 株 112 ドル。

5 2001 年度フラウンホーファーの年次報告書より。

6 2012 年にインドの IIT ムンバイで催されたテックフェストでのブランデンブルクの基調講演など。

7 オッグを開発したクリス・“モンティ”・モンゴメリーはこうした行為を「ショバ代の取り立て」と呼んだ。オープンソース提唱者のエベン・モグレンは、「著作権侵害の訴えに法的効力はなく、そうした訴えが損になることはない」と言う。詳しくは、ジェイク・エッジによる“Xiph.org's 'Monty' on Codecs and

Patents"（2011 年 11 月 9 日付 Lwn.net に掲載）を参照。

11 章

1 シーンによる各種コンテンツのこれまでのリリース規格は Scenerules.irc.gs で見ることができる。

2 でも、読者の皆さんは興味があるのでは？　フラウンホーファーの最初の mp3 は圧縮プロセスの最初から最後まで同じレートを使っていた。曲の中で情報量が少ない箇所でもそうだった。これが固定ビットレート圧縮だ。1990 年代の終わりに Xing という音響ソフト会社が複雑な部分にはより多くのビットを使い、そうでない部分にはあまり使わないようにする方法を考えた。これが可変ビットレート圧縮だ。Xing は可変ビットレートを使える mp3 エンコーダを開発した。今日のほとんどの mp3 は可変レートを使っている。

3 グローバーがバイク仲間と写った写真のフェイスブック投稿につけられたコメント。

4 チェイニー・シムズはのちに盗品所持の軽罪で有罪を認めた。

12 章

1 2002 年 4 月 25 日付タイム誌に掲載されたフランク・ペルグリーニの "What AOL Time Warner's $54 Billion Loss Means" より。

2 2003 年 4 月に発売された 3 世代目の iPod。

3 1998 年 5 月 12 日付ビジネスウィーク誌に掲載されたアンディ・ラインハートの "Steve Jobs on Apple's Resurgence: Not a One-Man Show" より。

4 ファイルシェア訴訟で RIAA 側の専門家証人となったカルロス・リナレスは、僕にこの訴訟を説明するために何度もこの言葉を使った。

13 章

1 2011 年のライムワイヤー訴訟で、RIAA は 75 兆ドルを上限とする損害賠償を求めた。この金額は全世界の GDP を超える額だ。

2 偽のファイルで P2P サイトを埋めてその価値を下げようとする RIAA の作戦は「なりすまし」と呼ばれたが、長続きしなかった。

3 さらに知りたければ、サイモン・クロースがクラウドファンディングで制作した優れたドキュメンタリー「TPB AFK: The Pirate Bay Away from Keyboard (Nonami, 2013)」のトレントを合法的に見ることができる。

4 この返答は 2004 年 8 月にパイレートベイのウェブサイトに掲載され、「いつも礼儀正しい Anakata より」と署名されていた。Anakata はスヴァルトホルムのハンドル名だった。

5 現在はティーズサイド・ユニバーシティとして知られている。

6 具体的には、192kbps 以上の可変ビットレートの mp3 しか認めなかった。

7 のちにカセットテープ、レコード、ウェブストリームからのコピーも認めるようになった。

14 章

1 ケリー自身が何週間も前にその曲の 1 節をリークし、リミックスのさわりを披露した。普通はそんなことはしなかった。

2 そのうち 17 人は司法取引に応じた。バリー・ギターツひとりが裁判で有罪になり 18 か月の刑を宣告された。

3 EGO が 2002 年にリークしたディクシー・チックス「ホーム」の NFO より。

15 章

1 さらに詳しくは、グッドマン著『Fortune's Fool』を参照。

2 EDC はその後無線通信企業のグレナイル・テクノロジーズに買収された。グレナイルは社名を EDC に変更した。

3 2006 年 11 月 11 日付ビルボード誌 "Red Hot Chili Peppers,

QOTSA, T.I. Rock for Zune" を参照。正確には、「これらのデバイスは盗んだ音楽を保管するためのもので、みんなそれを承知なんだから、カネを払ってもらおうじゃないか」と言っていた。この言葉は、モリス自身がmp3市場に参入しようとしていた時のものだ。音楽販売のライセンスを提供する見返りに、モリスはZune売上の一定割合をユニバーサルがマイクロソフトに支払うよう交渉したが、Zuneが普及しなかったため収入はほとんどなかった。もし同じような契約をアップルと結んでいたら大金が転がり込んでいたはずだ。

4 その先頭に立ったのは、人気の音楽ブログ、レフセッツレターの筆者ボブ・レフセッツだった。レフセッツはモリスを「かしましい鳥」と呼んでいた。

5 サクラを要請する2003年7月11日付の電子メールはニューヨーク州検事局から証拠として提出された。ニセ電の費用は1750ドルだった。

6 2005年6月18日付のメールはニューヨーク州検事局から証拠として提出された。メールの送信者と受信者の名前は黒塗りされていた。

7 有名アーティストにとって状況はもっと悪かった。イーグルスの元ギタリスト、ジョー・ウォルシュは最高の売上をあげた「グレイテスト・ヒッツ」のあと、次のアルバムを早く出すようにレコード会社からプレッシャーを受けたと語っている。「レコード会社は俺たちがおならをしようがゲップをしようが気にしなかった。いつ次を出すのかしか気にしていなかったんだ。四半期業績がなにより大事だった」アリソン・エルウッド監督「History of the Eagles (Jigsaw Productions, 2013)」より。

8 ウェインの人生のこの時期については、アダム・バラ・ラフ監督の「The Carter (QD3 Entertainment, 2009)」を参照。

9 クノッパー著『Appetite』より。

10 このアイデアは、情報公開法で手に入れたパトリック・サンダースについてのFBIファイルに記されていた。コンピュータ犯罪

部門の法務担当者が業界での経験をもとに、このアイデアを没にした。FBI が今まで一度でもこれを試したかどうかは、黒塗りだらけのファイルからはよくわからない。

16 章

1 2000 年 4 月 7 日付バーミンガム・ポスト紙（イギリス）“Rock Star Back from the Dead” を参照。
2 Free Lossless Audio Codec とはオッグを開発したグループに由来するオープンソース規格だ。音響心理学的な手法を使わないため、圧縮率は 60% から 70% に落ちる。だがこれはロスのない圧縮技術で、圧縮ファイルから元の音を再生できる。
3 2007 年 10 月 30 日付のヴァルチャーに掲載されたベン・ウェストフの “Trent Reznor and Saul Williams Discuss Their New Collaboration, Mourn OiNK” より。レズナーはその後も芸術のパトロンであり続け、レディオヘッドの「イン・レインボウズ」に 5000 ドル支払ったと語っている。
4 Last.fm のエリスのアカウントはその後削除された。
5 ジェイムス・ボイルの “The Second Enclosure Movement and the Construction of the Public Domain (Creative Commons, 2003)” より。
6 裁判証拠として提出された電子メールより。
7 今なら What.cd に同じようなクレームが集まっているだろう。

17 章

1 2007 年 9 月 6 日号ローリング・ストーン誌のエヴァン・セルピックの “Kanye vs. 50 Cent” を参照。
2 工場のメンテナンス作業員だったジェリー・スウィンク。

18 章

1 その他数名の被告はその後、裁判で闘った。全員が負けた。
2 バージンレコードアメリカ対トーマス - ラセット裁判は延々と

続いた。最初の裁判の判事は22万2000ドルの損害賠償判決を退けて裁判のやり直しを命じた。トーマスは再審でも有罪になり陪審員は彼女に24曲を不正にダウンロードした罪で192万ドルの支払いを命じた。同じ判事がこの金額を「あまりに巨額でショッキングすぎる」と言い、5万4000ドルに減じた。3度目の裁判は損害額を確定するためのものだった。陪審員はトーマスに150万ドルの支払いを命じた。金額はふたたび5万4000ドルに減らされ、トーマスはまた支払いを拒否した。彼女は控訴し、そこで損害賠償額は最初の裁判での金額と同じ22万2000ドルに戻った。トーマスは最高裁に控訴したが、棄却された。

3 2011年2月16日付ミネアポリス・シティ・ページに掲載されたニック・ピントの“Jammie Thomas- Rasset: The Download Martyr”を参照。

4 2007年11月号ワイアード誌に掲載されたセス・ムヌーキンの“Universal's CEO Once Called iPod Users Thieves. Now He's Giving Songs Away”より。

5 2007年11月27日にゴーカーに掲載されたメアリー・ジェーン・アーウィンの“Is Universal's Doug Morris the Stupidest Recording Exec Ever?”より。

6 2009年7月1日付タイム誌に掲載されたスティーブン・ガンデルの“Michael Jackson's Estate: Saved by the Beatles”を参照。

7 ジェイ・Zはこの出来事を「ラン・ディス・タウン」の歌詞に取り入れた。

19章

1 またそれはオンラインの著作権侵害を擁護する代表的なサイトになった。リークされたJ・D・サリンジャーの未発表短篇“The Ocean Full of Bowling Balls”はこのサイトに初めてアップされ、ネイサン・ミルボルドの分厚い『Modernist Cuisne』の2438ページにわたる高画質フルカラースキャンもアップされていた。

2 裁判記録。2010年1月13日のアラン・エリスとマシュー・ワ

イアットの証言から。

3 スヴァルトホルムの法律的な問題はまだ続いている。パイレートベイの仕事とは無関係に、スウェーデンとデンマークで政府と企業のデータベースに侵入した罪に問われている。2014年10月にデンマークの裁判で有罪になり3年の実刑判決を受けた。

4 クリスチャン・エングストロームとリック・ファルクヴィンゲ著『The Case for Copyright Reform (Creative Commons, 2012)』

5 どちらも再選されなかった。現在は欧州議会に1議席をドイツ海賊党のジュリア・レダが守っている。

6 1790年のアメリカ著作権法は14年間の保護期間と著作権者がまだ生きていた場合には追加で14年間の選択権を与えた。1710年に成立した同じようなイギリスの著作権保護法を真似たものだ。

7 これに関係するアメリカの法律が、ソニー・ボノ法、またの名をミッキーマウス保護法として知られる1998年の著作権延長法だ。この法律は著作権を著作者の死から70年に延長し、企業の著作物についてはさらに強い保護を与えた。この法案は超党派の幅広い支持によって成立した。

8 2013年4月26日付FTアルファヴィルに掲載されたイザベラ・カミンシュカの "Counterintuitive Insights That Are Only Now Making the Mainstream Now [sic]" より。

9 2013年、海賊党はアイスランド議会で3議席を獲得した。2014年にはチェコ共和国の小さな市の市長に当選した。

20章

1 その携帯電話にはグローバーのIPアドレスも保存されていた。

2 マーフィはその後、これを過去の裁判の中でいちばんのお気に入りだと述べている。「始まった瞬間からコテンパンにやっつけてやった」

3 グローバーはバージニアでの裁判前の罪状認否の時にカシームと少し言葉を交わしたと語っていた。リベラはこの言葉に疑い

を投げ、自分はずっとカシームの横に立っていたがそのような会話はなかったと訴えた。

4 そのような録音があったかどうかはわからない。グローバーの弁護士は、FBIがグローバーの携帯電話を傍受していたと言っていたが、司法省は裁判中にそのことには触れなかった。

エピローグ

1 2011年8月20日付ビルボード誌に掲載されたスティーブン・J・ホロウィッツの“Protecting the Throne”より。

2 サンダースもまたDeleteMeというサービスにお金を払ってインターネットから自分の痕跡をすべて消した。僕は追跡用データベースを通して彼を見つけた。

3 牧師の娘と結婚しクリスチャンになったタイは、神さまの思し召しだと言っていた。

4 その業者はロング・アイランド・シティのガーディアン・データ・デストラクションだ。僕的にはすごくお勧めだ。

本書は、二〇一六年九月に早川書房より単行本として刊行された作品を文庫化したものです。

Mossad

モサド・ファイル

――イスラエル最強スパイ列伝

マイケル・バー＝ゾウハー＆ニシム・ミシャル

上野元美訳

ハヤカワ文庫ＮＦ

佐藤優氏推薦

謎めく諜報活動の舞台裏が明らかに！

世界最強と謳われるイスラエルの対外情報機関「モサド」。ナチスへの報復、テロとの果てなき戦い、各国のユダヤ人保護など、インテリジェンス作戦の真実を人気作家が活写。国家存亡を左右する暗闘の真実を描くベストセラー・ノンフィクション。解説／小谷賢

黒い迷宮（上・下）
——ルーシー・ブラックマン事件の真実

People Who Eat Darkness
リチャード・ロイド・パリー
濱野大道訳
ハヤカワ文庫NF

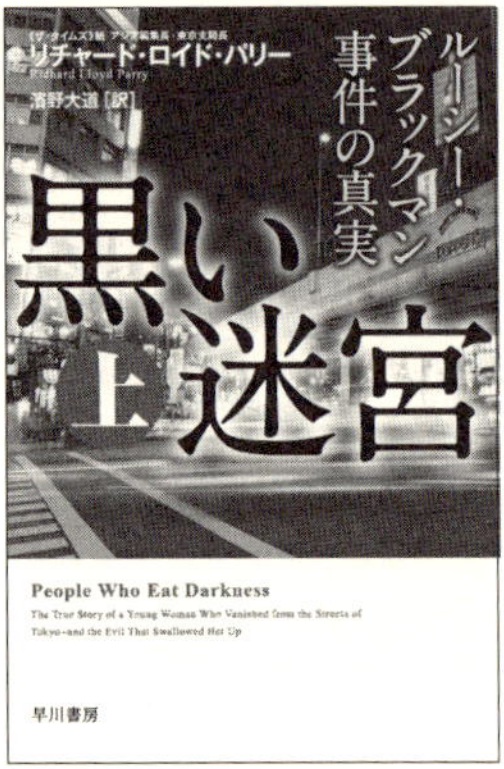

二〇〇〇年、六本木で働いていた英国人女性が突然消息を絶った。《ザ・タイムズ》東京支局長が関係者への十年越しの取材をもとに事件の真相に迫る。絶賛を浴びた犯罪ノンフィクションの傑作。著者が事件現場のその後を訪ねる日本語版へのあとがきを収録。　解説／青木理

響きの科学

——名曲の秘密から絶対音感まで

How Music Works

ジョン・パウエル

小野木明恵訳

ハヤカワ文庫NF

音楽の喜びがぐんと深まる名ガイド！

音楽はなぜ心を揺さぶるのか？　その科学的な秘密とは？　ミュージシャン科学者が、ピアノやギターのしくみから、絶対音感の正体、ベートーベンとレッド・ツェッペリンの共通点、効果的な楽器習得法まで、クラシックもポップスも俎上にのせて語り尽くす名講義。

音楽嗜好症《ミュージコフィリア》

——脳神経科医と音楽に憑かれた人々

Musicophilia

オリヴァー・サックス

大田直子訳

ハヤカワ文庫ＮＦ

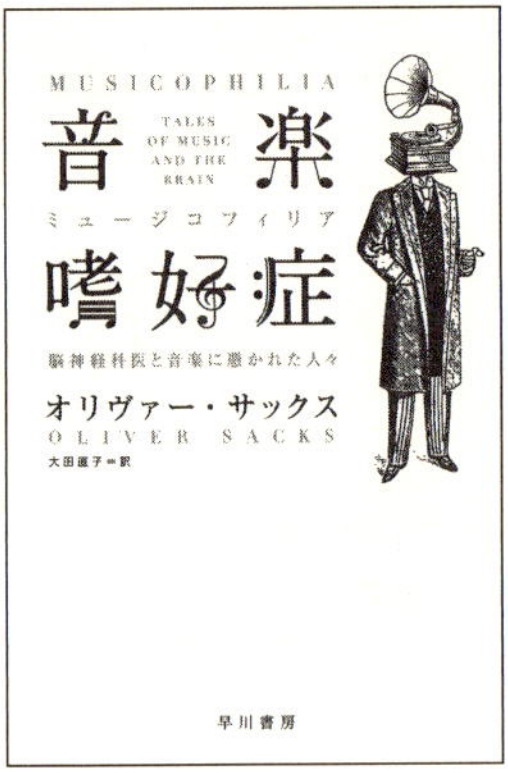

ピーター・バラカン氏絶賛！
池谷裕二氏推薦！

落雷による臨死状態から回復するやピアノ演奏にのめり込んだ医師、指揮や歌うことはできても物事を数秒しか覚えていられない音楽家など、音楽と精神や行動が摩訶不思議に関係する人々を、脳神経科医が豊富な臨床経験をもとに描く医学エッセイ。解説／成毛眞

訳者略歴　翻訳家　慶應義塾大学文学部卒業，ハーバード・ビジネススクール MBA 取得　訳書にフラード＝ブラナー＆グレイザー『ファンダム・レボリューション』，ポーゼン『ハーバード式「超」効率仕事術』（以上早川書房刊）ほか多数

HM=Hayakawa Mystery
SF=Science Fiction
JA=Japanese Author
NV=Novel
NF=Nonfiction
FT=Fantasy

誰《だれ》が音楽《おんがく》をタダにした？
巨大産業をぶっ潰した男たち

〈NF518〉

二〇一八年三月　十五日　発行
二〇二〇年五月二十五日　三刷
（定価はカバーに表示してあります）

著者　スティーヴン・ウィット
訳者　関《せき》　美《み》和《わ》
発行者　早川　浩
発行所　株式会社　早川書房

郵便番号　一〇一 - 〇〇四六
東京都千代田区神田多町二ノ二
電話　〇三 - 三二五二 - 三一一一
振替　〇〇一六〇 - 三 - 四七七九九
https://www.hayakawa-online.co.jp

乱丁・落丁本は小社制作部宛お送り下さい。
送料小社負担にてお取りかえいたします。

印刷・株式会社精興社　製本・株式会社フォーネット社
Printed and bound in Japan
ISBN978-4-15-050518-9 C0130

本書のコピー、スキャン、デジタル化等の無断複製は著作権法上の例外を除き禁じられています。

本書は活字が大きく読みやすい〈トールサイズ〉です。